당송 예악지 역주 총서 04

구당서
음악지

1

이 책은 2018년 대한민국 교육부와 한국연구재단의 지원을 받아 수행된 연구임
(NRF-2018S1A5B8070200)

당송 예악지 역주 총서 04

구당서
음악지

1

연세대학교 중국연구원
당송 예악지 연구회 편

學古房

　연세대학교 중국연구원은 부상하는 중국에 대한 전문적인 연구의 필요성에 부응하고자 설립되었다. 본 연구원은 학술 방면뿐만 아니라 세미나, 공개강좌 등 대중과의 소통으로 연구 성과를 사회적으로 확산하는 데 노력해왔다. 그 일환으로 현재의 중국뿐만 아니라 오늘을 만든 과거의 중국도 중요하다고 판단하고 학술연구의 토대가 되는 방대한 중국의 고적古籍에 관심을 기울였다. 중국 고적을 번역하여 우리의 것으로 자기화하고 현재화하려는 중장기적 목표를 세우고, 이를 단계적으로 추진하고자 '중국 예악禮樂문화 프로젝트'를 기획하였다. 그 결과 '당송 예악지 연구회'는 2018년 한국연구재단의 중점연구소 지원 사업에 선정되어 출범하였다.

　중국 전통문화의 중요한 특성을 대변하는 것이 바로 예악이다. 예악은 전통시대 중국을 포함한 동아시아 국가 체제, 사회 질서, 개인 간의 관계를 설명할 수 있는 중요한 개념이다. 국가는 제사를 비롯한 의례를 통해 정통성을 확보하였고, 사회는 예악의 실천적 확인을 통해 신분제 사회의 위계질서를 확인하였다. 개개인이 일정한 규범 속에서 행위를 절제할 수 있었던 것 역시 법률과 형벌에 우선하여 인간관계의 바탕에 예악이 작동했기 때문이다.

　이렇게 예악으로 작동되는 전통사회의 양상이 정사 예악지에 반영되어 있다. 본 연구원이 '중국 예악문화 프로젝트'로 정사 예악지에 주목한 이유도 이것이다. '당송 예악지 역주 총서'는 당송시대 정사 예악지를 번역 주해한 것이다. 구체적으로 『구당서』(예의지·음악지·여복지), 『신당서』(예악지·의위지·거복지), 『구오대사』(예지·악지), 『송사』(예지·악지·의위지·여복지)가 그 대상이다. 여복지(거복지)와 의위지를 포함한 이유는 수레와 의복 및 의장 행렬에 관한 내용 역시 예악의 중요한 부분이기 때문이다.

'당송 예악지 역주 총서'는 옛 자료에 생명력을 부여하는 작업이다. 인류가 자연을 개조하고 문명을 건설한 이래 그 성과를 보존하고 전승하는 중요한 수단 중의 하나는 문자였다. 문자는 기억과 전문傳聞에 의한 문명 전승의 한계를 극복해준다. 예악 관련 한자 자료는 그동안 접근하기 어려워서 생명력이 없는 박물관의 박제물과 같았다. 이번에 이를 우리말로 풀어냄으로써 동아시아 전통문화를 보다 정확히 이해하는 데 토대가 되길 기대한다. 이 총서가 우리 학계를 포함하여 사회 전반에 중요한 자산이 되길 바란다.

연세대학교 중국연구원 원장 김현철

구당서 「음악지」 해제 …………………………………………… 9

舊唐書卷二十八 『구당서』 권28
音樂一 음악 1 ……………………………………………………… 17

舊唐書卷二十九 『구당서』 권29
音樂二 음악 2 ……………………………………………………… 97

참고문헌 ……………………………………………………………… 238

일러두기

1. 본 총서는 『구당서』 『신당서』 『구오대사』 『송사』의 예악禮樂, 거복車服, 의위儀衛 관련 지志에 대한 역주이다.

2. 중화서국中華書局 표점교감본標點校勘本을 저본으로 사용하였다.

3. 각주에 [교감기]라고 표시된 것은 중화서국 표점교감본의 교감기를 번역한 것이다.

4. 『구당서』 [교감기]에서 약칭한 판본은 구체적으로 다음과 같다.

　　　　殘宋本(南宋 小興 越州刻本)

　　　　聞本(明 嘉靖 聞人詮刻本)

　　　　殿本(淸 乾隆 武英殿刻本)

　　　　局本(淸 同治 浙江書局刻本)

　　　　廣本(淸 同治 廣東 陳氏 菷古堂刻本)

5. 번역문의 문단과 표점은 저본을 따르는 것을 원칙으로 하되, 원문이 너무 긴 경우에는 가독성을 위해 문단을 적절히 나누어 번역하였다.

6. 인명·지명·국명·서명 등 고유명사는 한자를 병기하되, 주석문은 국한문을 혼용하였다.

7. 번역문에서 서명은 『　』, 편명은 「　」, 악무명은 〈　〉로 표기하였다.

8. 원문의 주는 【　】안에 내용을 넣고 글자 크기를 작게 표기하였다.

9. 인물의 생졸년, 재위 기간, 연호 등은 (　)에 표기하였다.

구당서 「음악지」 해제

1. 음악 관련 '지' 명칭의 변화

사마천의 『사기』가 「악서樂書」를 두어 음악에 관한 서술을 정통 역사서에 편입한 이래 중국의 정사는 이러한 전통을 계승해 왔다. 『구당서』 「음악지」도 이러한 전통의 연속선상에 있지만, 음악에 관한 내용을 실은 '지'의 명칭은 시대에 따라 다양한 변화과정을 거쳐 왔다. 『구당서』 이전의 정사 중 『한서』만은 특이하게도, 『사기』에서 「예서」와 「악서」로 분리된 예와 악의 체계를 합쳐 '예악지禮樂志'라는 명칭을 사용했다. 그러나 위진남북조 이후의 사서들은 주로 '악지'라는 명칭을 사용했고, '음악지'라는 명칭이 처음 등장한 것은 『수서』에 이르러서다.1) 『수서』는 음악의 이론·연혁·악률·악장樂章 등의 측면에서 보다 체계화되었는데, 『구당서』 역시 '음악지'라는 명칭을 사용하면서 『수서』의 전통을 잇고 있다. 따라서 『구당서』 「음악지」는 그 내용과 구성에서도 『수서』 「음악지」와 많은 유사성을 가지면서 보다 완성된 체제를 구축하였다.

---

1) 25사에 나타나는 음악과 관련된 志의 명칭은 樂書(『사기』), 禮樂志(『한서』 『신당서』 『원사』), 音樂志(『수서』 『구당서』) 등이 있고, 이외 대부분의 역사서는 '樂志'라는 용어를 사용하고 있다.

2. 『구당서』「음악지」의 내용

『구당서』는 후량後梁을 거쳐 후당後唐과 후진後晉 세 왕조에 걸쳐
완성되었다. 그 중 「음악지」는 전체 4권으로 구성되어 있다. 권1과
권2는 역대 음악의 연혁, 당의 아악雅樂, 개악凱樂, 이부기二部伎, 청
악淸樂, 사이악四夷樂, 산악散樂 등에 관한 내용이다. 권3과 권4는 주
로 태상시太常寺에서 전하는 아악 악장을 수록하고 있다.

구체적으로 살펴보면 권1에서는 먼저 "옛 성인이 감정을 다스리
는 도구로 악을 사용했다. 樂者, 太古聖人治情之具也."라는 주장을 제
기한 뒤 삼대 이래 음악의 연혁을 언급하였다. 특히 서진 이래 예악
이 붕괴되어 혼란한 상황, 그 이후 수대에 이르러 음악이 정비된 과
정 등을 자세히 서술하고 있다. 이어서 당나라 초에는 대체로 수의
제도를 계승하면서도 조효손祖孝孫이 선궁법旋宮法과 수월용률법隨
月用律法을 아악에 도입한 사실, 그리고 그 뒤 장문수張文收가 이를
보완한 일 등을 언급하였다. 마지막 부분에서는 당대 개악凱樂의 발
전과 명칭의 변화를 서술하고 있다.

권2는 크게 다음의 6부분으로 나뉜다. ① 입부기立部伎와 좌부기
坐部伎 ② 청악淸樂 ③ 서량악西涼樂과 사이四夷의 음악 ④ 산악散樂
과 백희百戲 ⑤ 팔음八音에 해당하는 악기 ⑥ 36가架를 비롯한 악현
樂縣제도 등이다. 이 부분에서는 서역을 비롯한 외국 음악의 유입·
교류·융합 양상을 보다 명확하게 살필 수 있다. 특히 고구려와 백
제의 음악도 언급하고 있어서 고대 한국의 음악을 살피는 데도 도움
이 된다.

권3은 실제 현실에서 사용되었던 교사악郊祀樂의 가사를 소개하
고 있다. 주요 제목은 다음과 같다. 동지에 원구에서 호천에게 제사

지낼 때의 악장 8수, 측천대성황후가 호천에 제사지낼 때의 악장 12수, 경룡 3년 중종이 친히 호천상제에게 제사지낼 때의 악장 10수, 개원 11년 현종이 원구에서 호천에 제사지낼 때의 악장 11수, 현종 개원 13년 태산에서 하늘에 봉제를 올릴 때의 악장 14수, 정월 상신일上辛日에 남교에서 기곡제를 올릴 때의 악장 8수, 계추에 명당에서 상제에게 제사지낼 때의 악장 8수, 측천대성황후 명당 악장 12수, 맹하에 남교에서 상제에게 우사雩祀를 올릴 때의 악장 8수, 우사 악장 2수, 오교에서 오방의 상제에게 제사지낼 때의 악장 40수, 오교 악장 10수, 아침해에게 제사지낼 때의 악장 8수 및 2수, 저녁달에 제사지낼 때의 악장 8수, 백신에게 사제蜡祭를 지낼 때의 악장 8수 및 2수, 하지에 방구에서 황지기皇地祇에 제사지낼 때의 악장 8수, 측천황후 영창 원년에 낙수洛水에 제사할 때의 악장 15수, 예종 태극 원년에 방구에서 황지기에게 제사할 때의 악장 8수, 현종 개원 11년에 분음에서 황지기에 제사할 때의 악장 11수, 현종 개원 13년에 사수산社首山에 선례禪禮를 올리며 지기에게 제사지낼 때의 악장 8수, 북교에서 신주에 제사지낼 때의 악장 8수 및 또 다른 악장 2수, 태사에 제사지낼 때의 악장 8수와 또 다른 악장 2수, 선농에 제사지낼 때의 악장 1수와 또 다른 악장 1수, 선잠에 제사지낼 때의 악장 5수, 황태자가 친히 석전할 때의 악장 5수, 공묘에 제사지낼 때의 악장 2수, 용지龍池에 제사지낼 때의 악장 10수 등이다.

　권4는 종묘악의 가사를 소개하고 있다. 태묘에 바치는 악장 13수 및 또 다른 악장 5수와 3수 등 세 개의 가사, 측천황후가 청묘에 제를 올릴 때의 악장 10수, 중종 효화황제 신룡神龍 원년 태묘에 제사지낼 때의 악장 20수, 현종 개원 7년 태묘에 제사지내는 악장 16수 및 또 다른 악장 14수, 의곤묘儀坤廟 악장 12수 및 또 다른 악장 2수, 소덕황후실 묘실에 술을 따라 제사올릴 때의 〈곤원坤元〉 악장 9수, 효경황제묘 제사에 쓰이는 악장 9수, 은태자隱太子묘에 제사지낼 때의 악장 6수와 또 다른 악장 2수, 장회태자章懷太子묘에 제사지낼 때의 악장 6수, 의덕태자懿德太子묘에 제사지낼 때의 악장 6수, 절민태자節愍太子묘에 쓰는 악장 6수, 측천대성황후의 숭선묘崇先廟에 제사지낼 때의 악장 1수, 포덕묘褒德廟에 제사지낼 때의 악장 5수 등이다.

3. 『구당서』 「음악지」의 특징

『구당서』 「음악지」의 첫 번째 특징은 우선 그 체계의 완비에 있다. 역대로 음악에 관한 '지'에는 음악의 연혁, 음악 이론, 음악의 형식과 분류, 악장 등 네 유형의 기록이 포함되어 있는데, 이 네 유형을 모두 갖춘 것이 바로 『구당서』 「음악지」이다.[2] 『진서』와 『수서』도 이 네 유형을 다루고 있긴 하지만 악장이 독립되어 있지 않은 반면, 『구당서』에서는 악장에 관한 부분을 권을 분리하여 독립적으로 서술하고 있다.

음악 관련 지의 이러한 구성을 세세히 살펴본다면, 우선 음악 자체의 역사에 해당하는 음악의 연혁에 관해서는 모든 지에서 공통적으로 기술하고 있다. 다음으로 음악 이론의 경우, 『사기』 「악서」가

---

2) 李方元, 「唐宋時期的正史樂志及其文體傳統」, 『中國音樂』 2004年 4期, 144쪽.

『순자』의 「악론」 등을 본떠 서술하면서 음악의 사회적 역할과 그 의미를 명확히 규정하였는데, 의아하게도 '악지'로 명명된 위진시대 음악 관련 '지'에서는 음악 이론 부분이 모두 제외되었다. 다만 『진서』에 이르러 악도樂道라는 형식으로 일부 부활하였고, 이는 『수서』와 『구당서』에서 다시 재현되었다. 한편 『한서』에서부터 수록되기 시작한 악장은 『송서』와 『진서』 「악지」를 거쳐 『수서』 「음악지」에 이르면 아악·연악宴樂·산악 등으로 분류되어 기록되었다. 이에 더하여 『구당서』는 악장 부분이 본격적으로 독립되어 두 권의 분량으로 편찬되어 가사의 비중이 강조되었을 뿐만 아니라 가사의 창작자, 창작 시간, 사용 상황과 사용 경우 등이 아울러 기록되었다. 가사의 내원과 근거를 명확하게 밝혔다는 점에서 매우 의미가 있는 것이다. 이러한 측면에서 『구당서』 「음악지」는 당대까지의 음악에 대한 완결이라고 평가할 수 있다.

『구당서』 「음악지」의 두 번째 특징은 주로 교사악과 종묘악으로 칭해지는 아악 이외에 민간의 속악俗樂과 헌악獻樂 등의 형태로 들어온 외국 음악이 수록되었다는 점이다. 속악 기록의 전통은 『송서』 「악지」에서부터 시작되었지만, 『수서』와 『구당서』로 이어지면서 그 위상과 비중이 커졌다. 『구당서』 「음악지」에서 속악은 아악 속에 편입되거나 연악 등의 형태로 등장하였다. 본래 속악이었던 것이 아악 속으로 들어온 것으로는 〈진왕파진악秦王破陣樂〉〈공성경선악功成慶善樂〉〈경운하청가景雲河淸歌〉〈일융대정악一戎大定樂〉〈상원무上元舞〉 등이 있다. 한편 연악으로 이름 붙여진 음악은 대체로 속악이 기록된 것인데, 실질적으로 속악을 서술한 권2는 그 분량이 아악을 넘어설 뿐만 아니라 이전의 음악 관련 지와는 다른 서술 중심의 변화를 보여준다. 또한 서역 및 사이 등 외국 음악까지 포괄한 것은 『수서』의 전통이 심화된 것일 뿐만 아니라 개방적인 당대의 문화적 분위기 속에서 외국 음악과의 접촉과 교류가 크게 활성화되었음을 말해준다.

『구당서』「음악지」의 세 번째 특징은 의례화된 음악이 갖는 정치성 이외에도 일상생활 속의 예술성과 오락성을 지닌 음악이 등장한다는 점이다. 당대에는 전문적으로 국가 음악을 관장하던 태상시 외에 이원梨園, 내교방內敎坊, 좌우교방, 의춘원宜春院 등 음악을 관장하는 기구가 이전 시대보다 다양해졌다. 이들 여러 음악기구의 설립은 궁정 의식에 사용되는 음악의 수요 이외에 오락과 예술 등 일상생활에서의 음악에 대한 기호를 반영하기 위한 조치였다.3) 이원의 법곡法曲은 아악 이외에도 속악·호악胡樂·도교악·불교악 등도 포함된 다양한 음악의 혼합체였고, 가무를 위주로 하는 교방의 음악은 주로 속악이 궁정에 들어온 것으로 알려져 있다. 더구나 이 시기에 주로 유행한 이부악二部樂이나 다부악多部樂 등도 정치성 외에 예술성이 크게 강조되는 음악이었다. 따라서 이들 음악기구와 음악은 전통적으로 예와 연칭되어 언급되던 음악과는 성격이 크게 다른, 향연·오락·예술을 즐기는 궁정음악의 일면을 보여준다.

『구당서』「음악지」의 마지막 특징은 『신당서』「예악지」와의 비교를 통해 분명해지는데, 일반적으로 『구당서』가 객관적 역사적 사실의 서술에 치중했다면 『신당서』는 음악에 대한 견식 등에서 뛰어나다고 평가한다.4) 『신당서』「예악지」의 경우 총 열두 권 중 앞 열 권

---

3) 左漢林, 『唐代樂府制度與歌詩硏究』, 商務印書館, 2010, 266-267쪽.

은 예의에 관한 서술이고 뒤의 두 권만 음악에 관한 서술이다. 그런데 이 두 권은 『구당서』「음악지」 네 권을 기초로 하면서 『구당서』에서는 자세히 언급되지 않은 아악과 속악의 관계, 황종관黃鍾管의 길이, 84조調 이론, 태종과 현종 등 황제의 음악 정책 등에 관한 논쟁 등이 서술되어 『구당서』「음악지」를 보완하는 측면이 있다. 한편 『구당서』는 역사적 사실 관계에 대한 서술의 객관성에서 『신당서』보다 강점이 있다. 사마광司馬光이 『자치통감』을 저술할 때 『구당서』「음악지」를 자주 활용했던 것도 이러한 『구당서』의 강점에 주목했기 때문이다.

4. 『구당서』「음악지」의 서술자료

『구당서』「음악지」 서술에는 오긍吳兢, 위술韋述 등이 편찬한 『당서唐書』 및 고조에서 문종 시기의 실록을 포함하여 육조·수당 시기의 각종 악서가 동원되었다. 대표적인 악서로는 유지기劉知幾의 아들로 알려진 유황劉貺의 『대악령벽기大樂令壁記』와 단안절段安節의 『악부잡록樂府雜錄』이 있다. 대악령이 관할하는 악무 활동이 기록되어 있는 『대악령벽기』는 각종 문헌에 일문이 흩어져 있는데, 저자가 친히 견문한 것을 기록한 것으로 자료적 가치가 매우 높다. 『구당서』「음악지」 권2에 기록된 이부기나 사이악의 내용 등 출처가 표기되지 않은 많은 부분이 이 자료를 인용한 것으로 추정된다. 『악부잡록』은 소종昭宗 건녕乾寧 연간(894~897) 국자사업國子司業 단안절이

---

4) 孔曉暉, 「《新唐書·禮樂志》的史料來源」, 『中國音樂學』, 2003年 4期, 25쪽

직접 접했던 음악 관련 사실을 태상太常 7부로 분류하여 서술한 것
으로, 당대 중후기 태상 음악을 파악하는 데 귀중한 자료이다.

수당 시대는 음악의 양상이 확실히 이전 시대와 다른 측면을 보
인다. 민간음악이 궁정의 아악 중심 의례 음악에 개입되기도 하고,
북방과 서역 등지의 외국 음악과 악기의 유입이 아악의 내용과 면모
에 영향을 주기도 하였다. 태상시 외 음악을 담당하는 기구의 다양
화, 향연 음악의 활성화 등은 음악의 오락성과 예술성을 부각시키는
데 일정한 역할을 하였다. 『구당서』 「음악지」는 '음악'이라는 명칭을
사용하면서 이렇게 다양화된 그 시대 음악의 면모를 반영하고자 했
던 것으로 보이며, 악장가사의 비중을 높여 전통 시기 음악 관련
'지'의 체계를 완성했다. 『구당서』 「음악지」의 음악사적 의미는 바로
여기에서 찾아야 할 것이다.

舊唐書卷二十八
『구당서』 권28

音樂一
음악 1

최진묵 역주

樂者, 太古聖人治情之具也. 人有血氣生知之性, 喜怒哀樂之
情. 情感物而動於中, 聲成文而應於外. 聖王乃調之以律度, 文之
以歌頌, 蕩之以鐘石, 播之以絃管, 然後可以滌精靈, 可以祛怨思.
施之於邦國, 則朝廷序 ; 施之於天下, 則神祇格 ; 施之於賓宴, 則
君臣和 ; 施之於戰陣, 則士民勇.

악이라는 것은 태고로부터 성인이 (사람들의) 감정을 다스리는 도
구였다. 인간은 혈기와 태어나면서부터 아는[生知]1) 본성, 그리고 희
로애락의 감정을 가지고 있다. 감정이 외물에 감응하면 안에서 움직
이고, 목소리가 무늬를 형성하여 외부에 호응하게 된다. 이에 성왕
께서 율려律呂로써 (감정과 소리를) 조절하고, 가송歌頌으로써 문식
하고, 종경鐘磬으로써 연주하며, 관현악기로써 (소리를) 퍼뜨렸으니,
그런 연후에 정령精靈을 씻어내고 원망을 없앨 수 있게 되었다. 이
를 국가에 시행하면 조정에 질서가 잡히고, 이를 천하에 시행하면
천지 신께서 강림하였으며, 빈객 연회에 시행하면 군신이 화락해지
고, 군대의 진영에서 시행하면 군사와 백성들이 용감해졌다.

三五之代, 世有厥官, 故虞廷振干羽之容, 周人立絃誦之敎. 洎
蒼精道喪, 戰國塵飛, 禮樂出於諸侯, 雅·頌淪於衰俗. 齊竽燕筑,
俱非畷繹之音 ; 東缶西琴, 各寫哇淫之狀. 乃至播鞉入漢, 師摯寢
絃, 延陵有自鄶之譏, 孔子起聞韶之歎. 及始皇一統, 傲視百王. 鐘

---

1) 태어나면서부터 아는[生知] : 『禮記』 「樂記」에 "夫民有血氣心知之性 而
無哀樂喜怒之常"이라는 구절이 있고, 『論語』 「季氏篇」에는 "生而知之
者 上也. 學而知之者 次也"라는 언급이 있다.

鼓滿於秦宮, 無非鄭·衛 ; 歌舞陳於漢廟, 並匪咸·韶. 而九成·六
變之容, 八佾·四懸之制, 但存其數, 罕達其情. 而制氏所傳, 形容
而已. 武·宣之世, 天子弘儒, 采夜誦之詩, 考從臣之賦, 朝吟蘭殿,
暮奏竹宮, 乃命協律之官, 始制禮神之曲. 屬河間好古, 遺籍充庭,
乃約詩頌而制樂章, 體周官而爲舞節. 自玆相襲, 代易其辭, 雖流管
磬之音, 恐異莖·英之旨. 其後臥聽桑·濮, 雜以兜離, 孤竹·空桑,
無復旋宮之義 ; 崇牙樹羽, 惟陳備物之儀. 煩手卽多, 知音蓋寡.

　　삼황오제의 시대에는 대대로 그 (음악을 담당하는) 관리를 두었기
때문에 (오제의 마지막 임금인) 순의 조정에서는 문무의 춤2)이 위용
을 떨치고, 주나라 사람은 관현에 맞춰 시와 악장을 노래하고3) 백성
을 교화하는 방법을 확립해왔다. 주문왕의 도가 사라진[蒼精道喪]4)
전국시대에는 전쟁의 먼지가 날려 예악은 제후에 의해서만 행해지
게 되어 아송雅頌은 쇠퇴한 풍속으로 빠져들었다. 제의 우竽5)나 연

---

2) 간우干羽 : 文舞는 깃털을 들고 武舞는 방패를 든다. 『尙書』「大禹謨」에
　"舜 임금이 文德을 크게 베풀어 양쪽 계단에서 방패와 깃털을 들고 춤추
　었는데, 70일이 되자 有苗가 항복하였다."라고 하였다.

3) 현송絃誦 : 『詩經』「鄭風·緇衣」의 "寧不嗣音"에 대해 毛傳은 "嗣 習也.
　古者敎以詩樂 誦之 歌之 絃之 舞之"라고 주석하였다. 이에 의하면 가사
　를 암송하여 노래하고 현악기를 연주하며 춤을 추는 모습이 연상된다.
　따라서 絃誦은 현악기에 맞춰 노래 부른다는 의미이다.

4) 창정도상蒼精道喪 : 蒼精이 주왕조 혹은 주문왕과 관계있다는 확실한 근
　거는 없다. 청대 段復昌의 『周易補注』 권41 夬에 삼국 吳의 虞翻의 말로
　"然則文王周公所遭遇之運　武王成王所先後之政　蒼精受命短長之期
　備于此矣"라는 언급을 인용하고 있기에, 이에 근거하여 주왕조나 주문왕
　으로 추정할 수 있다고 지적한다.(隋唐樂府文學硏究班,「『舊唐書』「音
　樂志」譯注稿 1」, 7쪽 참조)

의 축筑6)은 모두 (공자가 이상으로 했던 음악과 같이) 상쾌하고 분
명하여 여운이 오랫동안 남는[皦繹]7) 음이 아니며, 동쪽의 부缶(질
장구)8)와 서쪽의 금琴은 각기 비속하고 음란한 소리를 쏟아냈다. 이
리하여 작은 북을 흔들던 무武는 한중漢中으로 도피하고, (악장에
해당되는) 태사 지摯는 제로 망명하였고,9) 오의 계찰季札10) 즉 연릉

---

5) 제우齊竽 : 전국시대 齊의 宣王이 竽를 좋아했다 (『韓非子』「內儲說篇
上」)는 근거에 의해 연칭된 것이다.

6) 연축燕筑 : 축에 연나라 이름이 붙은 것은 『사기』「자객열전」의 高漸離
고사와 상관있다.

7) 교역皦繹 : 음절이 분명하고 연속적이어서 끊어지지 않은 모양을 말함.
『論語』八佾篇에 "樂其可知也. 始作. 翕如也. 從之. 純如也. 皦如也. 繹
如也. 以成"라는 구절에서 따온 말이다.

8) 부缶 : 질그릇이다. 이것으로 음악의 음률을 조절할 수 있
다. 또 마시는 데 사용하는 그릇으로도 쓸 수 있다.

부缶

9) 『論語』「微子篇」에 "태사 지는 제나라로 갔고, 아반 간은 초나라로 갔으
며, 삼반 료는 채나라로 갔으며, 사반 결은 진나라로 떠나갔다 북을 치는
방숙은 하내로 들어갔고, 소고를 흔드는 무는 한중으로 들어갔으며, 소사
양과 석경을 치는 양은 해도로 들어갔다.大師摯適齊. 亞飯干適楚. 三飯
繚適蔡. 四飯缺適秦. 鼓方叔, 入於河. 播鼗武, 入於漢. 少師陽, 擊磬襄,
入於海."라는 구절을 말한다.

10) 계찰季札 : 춘추시대 吳王 壽夢의 넷째 아들로 연릉에 봉해져 延陵季子
또는 延州來季子 등으로도 불린다. 노나라에 사신으로 가서 주나라 및
각국의 음악을 들으며 논평한 '季札觀樂'과 徐國의 군주가 탐냈던 자신
의 검을 그가 죽은 뒤 무덤을 찾아가 나무에 검을 걸어 주었다는 '季札掛
劍'의 고사가 유명하다.

계자延陵季子는 음탕한 회풍鄶風이하의 음악에 대해서는 (비평하지 않는 형식으로) 탓하고,[11) 공자가 제에 가서 (순임금 때의 음악인) 소韶를 듣고 (그것이 주왕실에서는 잃어버렸던 것에 대해) 탄식했던 것이다.[12) 진의 시황제가 천하를 통일하고서 모든 왕들을 멸시하였다. 종과 북이 진의 궁궐에 가득 하였지만, (음란한) 정鄭과 위衛의 음악이 아닌 것이 없었다. 한의 묘당에는 가무가 펼쳐졌지만, 모두 옛날의 함咸과 소韶는 아니었다. 9악장[成],[13) 6변變[14)의 위용, 팔일

---

11) 『춘추좌씨전』 「襄公 29年」條에 의하면 오의 계찰이 각국의 음악을 청해 들으면서 '아름답다' 등의 여러 평을 하는데, 鄶이하에 대해서는 '無譏焉' 이라 하여 아무런 평을 하지 않았던 상황을 말한다.

12) 『論語』 「述而篇」에 "공자는 제나라에서 소 음악을 듣고 석 달 동안 고기 맛을 몰랐으며, '음악이라는 것이 이러한 경지에 이를 줄은 생각하지 못했다.'子在齊聞韶 三月不知肉味. 曰 不圖爲樂之至於斯也."라고 하였다.

13) 성성 : 成은 주무왕의 은 정벌 성공을 기념한 〈大武〉등의 곡에서도 출현하는 보편적인 음악용어로 완성되었다는 의미이다. "夫武始而北出 再成而 滅商 三成而南 四成而南國是疆 五成而分 周公左 召公右 六成復綴以 崇"(武舞에서 1악장[始]에서는 북쪽으로 나아가고, 2악장[再成]에서는 상을 멸망시키고, 3악장[三]에서는 남쪽으로 돌아오고 4악장[四]에서는 남쪽 나라를 평정하고, 5악장[五]에서는 둘로 나뉘어 주공은 왼쪽을 (다스리고) 소공은 오른쪽을 (다스림을) 나타내며, 6악장[六]에서는 다시 원위치로 돌아옴으로 숭배함을 표현한다) 始, 再成, 三成 등으로 〈대무〉라는 악곡 전체를 크게 6개로 구분할 때 쓰는 용어이며, 淸華簡 「周公之琴舞」에 나오는 "九統"에서의 '統'이 이 '成'과 같은 역할을 하는 것으로 이해하는 것도 자연스럽다. 교향곡의 악장을 연상하여 악장이라고 번역했다. 다만 「음악지」내 등장하는 '樂章'이라는 용어는 노래 가사를 의미한다. 『周禮』 「春官·大司樂」에 보면, '樂章을 아홉 번 완성[九成]하여 奏樂하면 사람과 귀신을 다 감동시킨다.' 하였고, 『尙書』 「益稷」篇에는 樂의

무나 사현의 악은 다만 악무의 숫자만을 남겼던 것으로 (옛날의) 진면모를 그대로 전하는 것은 드물었다. 제씨制氏[15]가 전하는 악도 다만 겉모습뿐이었다. (한의) 무제 선제의 시대에 천자는 유자儒者를 널리 모아, 악부에서 밤에 읊는 시詩를 채집하고,[16] 종신從臣의 부부賦를 고찰하여 아침에는 난전蘭殿[17]에서 음송하고 저녁에는 죽궁竹宮[18]에서 연주하니. 이에 협률관에 명하여 비로소 신에게 예배하는

매 곡[一曲]을 한 번 마치면 반드시 완성[一成]하여 다시 주악한다 하였다. 또 『尙書』 益稷의 "순 임금의 음악이 아홉 번 연주되자, 봉황새가 와서 춤을 추었다.簫韶九成 鳳凰來儀."는 말이 나온다.

14) 변變 : 현대 음악의 후렴처럼 반복되는 곳을 의미하는 것으로 이해된다. 『周禮』「春官·大司樂」에 악을 지어 한 번 연주하고 여섯 번 연주함에 이르면 온갖 신이 모두 이른다는 것은 바로 '귀신에 통한다'는 것이다.作樂一變, 以至六變, 百神俱至, 是通乎鬼神也."라고 하였다.

15) 제씨制氏 : 『한서』「예악지」에 처음 출현하는 음악전문가인데, 『송서』 악지에는 "漢興 樂家有制氏, 但能記鏗鏘鼓舞 而不能言其義"라고 하여 음악연주와 춤추는 등의 예능은 있었지만, 그 의미를 알지 못한 것으로 언급하고 있다.

16) 『한서』「예악지」에 "至武帝定郊祀之禮……乃立樂府, 采詩夜誦, 有趙·代·秦·楚之謳."라는 내용이 보인다.

17) 난전蘭殿 : 猗蘭殿을 가리킨다. 漢 景帝가 꿈에 붉은 돼지가 궁성 안 芳蘭閣으로 들어감을 보고 기이하게 여겨 그 이름을 猗蘭殿으로 고쳤는데, 그 후 황후가 그 의란전에서 아들을 낳으니 그가 바로 무제였다는 고사가 알려져 있다.

18) 죽궁竹宮 : 漢 武帝가 甘泉에 있는 圜丘의 祠壇에 모여드는 流星과 같은 귀신의 불빛들을 보고 望拜했다는 궁실 이름인데, 대나무를 써서 만들었으므로 죽궁이라고 하였다. 후대에는 祠壇을 가리키는 말로 쓰였다. 『漢書』「禮樂志」에 이르기를, "天子가 죽궁에서 망배하는데, 모시고 제사

곡을 짓게 하였다. 마침 그 때 하간왕河間王 유덕劉德[19]이 옛 것을 좋아하여 고대의 전적이 궁정에 가득 하였기에 시송詩頌의 편을 모아 악장樂章을 제정하고, 『주관周官』에 기초하여 무도의 절도를 삼았다. 이때부터 인습하며 대대로 가사를 바꾸었는데, 비록 관현이나 종경鐘磬[20]으로 연주한 음이라 할지라도 아마도 〈오경五莖〉[21]이나 〈육영六英〉[22]의 뜻과는 달랐을 것이다. 그 후 누워서 (음탕한 망국의 음악) '상간복상桑間濮上의 음'[23]을 듣고, 그것에 (이적의 음악) '두리兜離'[24]가 더해졌다. 고죽孤竹의 관管과 공상空桑의 슬瑟에는[25]

반드는 백관들이 모두 숙연하여 마음이 동했다."라고 하였다.

19) 『史記』권59 「五宗世家」에 傳이 있다. 유덕이 樂章의 정비에 관여했다는 것은 『한서』「예악지」의 주석에 "劉德曰 歌樂 在逸詩"라는 언급에 근거한다.

20) 『禮記』「樂記」에 "故鐘鼓管磬, 羽籥干戚, 樂之器也."라는 구절이 나온다. 종고관경은 옛날 음악에서 연주하는 樂器를 가리키며, 우약간척은 순 임금 때 文舞와 武舞에서 추는 춤의 도구를 말하므로 상고시대의 악기를 상징하는 말로 보아야 한다.

21) 오경五莖 : 『周禮』「春官·大司樂」에 대한 賈公彦의 주에는 顓頊의 악이라고 하였다.

22) 육영六英 : 『呂氏春秋』에는 帝 嚳이 咸黑에게 명하게 만들었다는 聲歌라고 구체적으로 설명했으나, 『淮南子』의 高誘의 注에는 帝 顓頊의 樂이라고 주석하였다. 『周禮』에 대한 賈公彦의 주는 帝 嚳의 樂이라고 하였다.

23) 『禮記』「樂記」에 "桑間濮上之音, 亡國之音也"라는 구절이 있다. 『한서』「지리지」는 상간은 衛나라 땅으로 濮水의 위쪽에 있으며, 남녀가 은밀히 만나는 곳이라고 설명하고 있다.

24) 두兜 : 班固의 〈兩都賦〉에 대한 李賢의 注에는 四夷의 음악명을 소개하면서 '西夷의 음악을 朱離'라고 주석하고 있다.

25) 고죽孤竹, 공상空桑 : 『周禮』「春官·大司樂」에 "冬日至, 於地上之圜丘奏之, 若樂六變, 則天神皆降, 可得而禮矣. 凡樂, 函鐘爲宮, 大蔟爲角,

더 이상 '선궁旋宮'26)의 뜻이 남아있지 않았다. 순거簨簴[악기 다는 틀]에 장식된 상아[崇牙]나 깃털장식 수우樹羽도 단지 장식구를 갖추는 의용儀容일 뿐이었다. 손을 번잡하게 놀리는 교묘한 솜씨의 비속한 음악은 많았지만, 진실로 음을 아는 자는 적었던 것이다.

自永嘉之後, 咸·洛爲墟, 禮壞樂崩, 典章殆盡. 江左掇其遺散, 尚有治世之音. 而元魏·宇文, 代雄朔漠, 地不傳於淸樂, 人各習其舊風. 雖得兩京工胥, 亦置四廟金奏, 殊非入耳之玩, 空有作樂之名. 隋文帝家世士人, 銳興禮樂, 踐祚之始, 詔太常卿牛弘, 祭酒辛彦之增修雅樂. 弘集伶官, 措思歷載無成, 而郊廟侑神, 黃鐘一調而已. 開皇九年平陳[一],27) 始獲江左舊工及四懸樂器, 帝

姑洗爲徵, 南呂爲羽, 靈鼓靈鼗, 孤竹之管, 空桑之琴瑟, 咸池之舞"이란 구절이 나온다. 동지날 환구에서 함종을 宮으로 하여〈함지무〉와 함께 연주할 때 사용하는 악기인데 고죽은 특별한 대나무로 만든 관악기이며, 공상은 『한서』 예악지에서 안사고가 '地名으로 좋은 나무가 생산되어 금슬을 만들 수 있다'고 하여 지명으로 보았지만, 『초사』에 대한 王逸의 주석은 산이름으로 말하기도 하고 瑟名으로 보기도 하였다.

26) 선궁旋宮 : 선궁법은 『禮記』「禮運」에 "오성, 육률, 십이관이 돌아가며 서로 궁이 된다.五聲六律十二管, 還相爲宮也."라고 한 데서 유래한 것으로 秦漢 이전의 諸音 법칙이다. 즉 십이율을 宮, 商, 角, 徵, 羽, 變宮, 變徵의 7음에 배합해서 율마다 골고루 궁성을 내게 하여 수많은 곡조를 이루게 하였다.

27) [교감기 1] "開皇九年平陳"에서 '九'자는 각 판본에서는 원래 '八'자로 되어 있다. 여기에서는 『隋書』권15「音樂志」및 『通鑑』권177에 의해 고쳤다.

令廷奏之, 歎曰:「此華夏正聲也. 非吾此擧, 世何得聞.」乃調五
音爲五夏·二舞·登歌·房中等十四調, 賓·祭用之. 隋氏始有雅
樂, 因置淸商署以掌之. 旣而協律郞祖孝孫依京房舊法, 推五音
十二律爲六十音, 又六之, 有三百六十音, 旋相爲宮, 因定廟樂.
諸儒論難, 竟不施用. 隋世雅音, 惟淸樂十四調而已. 隋末大亂,
其樂猶全.

(서진) 영가의 난 이후 함양과 낙양은 폐허로 되고, 예악은 붕괴
되어 경전이나 악장도[典章]28) 거의 없어지게 되었다. (진晉왕조가
옮겼던) 강좌의 땅(강남)에서 그 남아 흩어진 것들을 모아 그나마
치세의 음악이 생겨났다. 그러나 원씨의 북위北魏나 우문씨(의 북주
北周)가 잇달아 북쪽의 사막지대에서 패권을 차지함에 따라 그 땅에
서는 청악淸樂이 전해지지 않고 사람들은 각기 자신의 옛 음악29)을
전습傳習할 뿐이었다. 비록 장안과 낙양의 악인과 영관伶官을 얻어
사상금주四廂金奏(사면에 종경鐘磬을 두는 것)의 악을 두었다고는
해도30) 귀에 맞는 연주는 전혀 아니었고 다만 악곡을 만들었다는
명분만 있었을 뿐이다. 수 문제는 대대로 사인의 가문이었고, 힘써
예악을 흥기시키려는 마음이 있어 황위에 오른 초기에 태상경 우홍
牛弘31)과 좨주 신언지辛彦之32)(?~691) 등에게 아악을 증수增修하라

---

28) 전장典章 : 전적과 악장으로 이해했지만, 전장 제도로 볼 여지도 있다.
29) 구풍 : 북위 탁발씨의 토착음악으로 보는 견해와 북위말부터 수에 걸쳐서
    조씨 일족이 중심이 되어 승계했던 옛 곡으로 보는 견해가 있다.(「舊唐書
    音樂志譯注稿 1」, 9쪽 참조)
30) 북위가 사상금주의 악을 정비했다는 사실은 『魏書』「악지」5에 수록된 永
    熙 2년의 長孫稚와 祖瑩의 상주문에 있다.

는 조를 내렸다. 우홍이 영관을 모아 몇 년동안 구상했지만 이루지
못하였고, 조종망령에게 올리는 교묘악도 황종 한 조調만 두었을 뿐
이었다. 개황 9년(589)에 진陳을 평정하고, 강남의 옛 악인과 사현의
악기를 잇달아 손에 넣게 되었는데, 문제는 궁정에서 연주하게 하고
는 "이것이야말로 중화의 바른 음악이다. 짐이 이번에 이렇게 연주
하게 하지 않았다면 세상이 어떻게 (이 음악을) 들을 수 있겠는가?"
라고 감탄하였다. 이에 오음을 조율하여 오하五夏,33) 문무 2무, 등가
登歌, 방중곡房中曲34) 등의 14편을 만들고, 향연과 제사에 사용했다.
수 왕조에 이르러 아악이 정비되었기 때문에 청상서淸商署를 두어
아악을 관장하게 하였다. 그 후 협률랑 조효손祖孝孫35)이 경방京

---

31) 우홍牛弘(545~610) : 개황 3년(583)에 예부상서가 되어 『오례』를 편찬했
   다. 개황 6년 태상경이 되어 아악을 개정하고 樂府歌詞를 만들었으며
   圓丘五帝凱樂을 만들었다.

32) 신언지辛彦之(?~691) : 수 문제시 太常少卿, 國子祭酒, 禮部尙書를 역
   임하였다. 비서감 牛弘과 함께 『新禮』를 편찬했다.

33) 오하五夏 : 수 왕조의 묘당에서 연주되었던 〈昭夏〉, 〈皇夏〉, 〈誠夏〉, 〈需
   夏〉, 〈肆夏〉를 말한다.

34) 방중곡房中曲 : 여기에서의 방은 종묘나 사당건축의 일부를 말하는 것이
   다. 따라서 방중은 여인이 거주하는 閨房 즉 후비가 거주하는 공간이나
   方伎에서 말하는 남녀합기술, 양생술, 방중술 등의 의미는 아니다. 방중곡
   혹은 房中祠樂은 宗廟食擧樂이나 燕樂의 성질을 갖는다. (張哲俊,「房
   中與房中祠樂的性質」참조)

35) 조효손祖孝孫(?~624) : 范陽 祖氏 가문의 律曆 算數學의 전문가로, 수초
   개황 연간에 協律郎으로 임명되었다. 수대 궁정에서 사용하던 종악의
   12율에는 종은 설치하지만 치지 않는 것이 있어서 '아종'이라고 불렸는데,
   조효손이 조씨 가학의 율학과 張文收의 '耳決之明'을 서로 결합하여 조

房36)의 옛 법에 의거하여, 5음 12율을 펼쳐 60음으로 만들고 이를
다시 6배하여 360음으로 만든 다음 번갈아가며 궁宮이 되게 함으로
써 묘당의 악을 제정하였다. 그러나 여러 유학자들의 논란37)으로 결
국은 시행되지 못했다. 수 왕조의 아악은 청악 14조38) 뿐이었으나,

율과 12율 선궁의 문제를 해결했다. 이 일은 당 이후 역대 악률지에서
천고의 미담으로 남아있다. 정관 14년 장문수가 조효손의 업적을 계승하
고 재차 악률을 정비할 당시 「음악지」나 「예악지」에 기록된 조효손의 학설
이외에 그의 율학 저술은 이미 전해지지 않았다.

36) 경방京房(기원전 77~기원전 37) : 전한대의 주역학자로 焦延壽에게서
易을 배워 天邊災異를 해석하는 독특한 京房易이라는 象數易學을 개창
했다.

37) 유학자들의 논란 : 『수서』 「음악지」에 의하면 수 왕조 초기 開皇 연간 雅
樂을 개정할 때 何妥 등 유학자들이 이의를 제기하여 鄭譯 등의 旋宮法
이 채택되지 못했던 상황을 말한다.

38) 청악 14조 : 앞서 언급된 '오하, 문무 2무, 등가, 방중곡 등의 14조'를 말하
는 것 같은데, 『신당서』에도 "수 왕조의 말기에 사용된 것은 황종 1궁이고,
오하, 2무, 등가, 방중곡 등 14조 뿐이었다.終隋之世 所用者 黃鍾一宮
五夏·二舞·登歌·房中等十四調而已"고 하므로 위 『구당서』 원문에 나
오는 두 번의 14조는 사실상 같은 것으로 이해할 수 있다. 그럼에도 이
청악 14조는 황종 1궁 외에 또 14조가 있었다는 것인지, 황종 1궁이 합하
여 모두 14조라는 것인지는 불분명하다. 『兩唐書樂志硏究』(孫曉輝)는
『수서』 음악지에 나오는 "後周故事 懸鍾磬法 七正七培 合爲十四"라는
구절에 근거하여 14조는 7正 7培로 보고 수 왕조에서의 14조를 鍾과 磬을
걸어두는 궁현 배치의 법으로 이해했다. 문제는 여기에 나오는 14를 청악
14조로 이해할 수 있는 것인가 하는 것이다. 만약 같은 것이라면 7正이
『수서』에 의하면 "宮商角徵羽 5음을 正으로 하고, 變宮과 變徵를 和로
하여 이를 더한 것이고, 이에 7을 더하여 14를 만든 것이다."라고 하므로
調式(mode)에 따라 악기의 배치가 달라졌다는 것을 말하는 것인지도 모

수나라 말기 대 혼란에도 그 악은 여전히 보전되었다.

高祖受禪, 擢祖孝孫爲吏部郎中, 轉太常少卿, 漸見親委. 孝孫由是奏請作樂, 時軍國多務, 未遑改創, 樂府尚用隋氏舊文. 武德九年, 始命孝孫修定雅樂, 至貞觀二年六月奏之. 太宗曰:「禮樂之作, 蓋聖人緣物設敎, 以爲撙節, 治之隆替, 豈此之由?」御史大夫杜淹對曰:「前代興亡, 實由於樂. 陳將亡也, 爲玉樹後庭花; 齊將亡也, 而爲伴侶曲, 行路聞之, 莫不悲泣, 所謂亡國之音也. 以是觀之, 蓋樂之由也.」太宗曰:「不然, 夫音聲能感人, 自然之道也, 故歡者聞之則悅, 憂者聽之則悲. 悲歡之情, 在於人心, 非由樂也. 將亡之政, 其民必苦, 然苦心所感, 故聞之則悲耳. 何有樂聲哀怨, 能使悅者悲乎? 今玉樹·伴侶之曲, 其聲具存, 朕當爲公奏

른다. 그렇다면 7正은 7개의 正格 調式이고, 7偏는 7개의 副格 調式인 것인가하는 의문이 있다. 예컨대 아래 그림은 청악 조식의 일부를 나타낸 것이다.

清樂宮調式 :   宮 商 角 清角 徴 羽 変宮 宮

清樂商調式 :   商 角 清角 徴 羽 変宮 宮 商

또한, 이렇게 청악 14조를 청악을 연주하는 14개의 조식으로 이해한다면, 오하, 2무, 등가, 방중곡 등은 각 곡에 14개의 조식이 있는 것이 아니라 각 조식의 한 곡의 명칭으로 보는 것이 자연스러운 것 같다.

之, 知公必不悲矣.」尚書右丞魏徵進曰：「古人稱：『禮云禮云, 玉
帛云乎哉！樂云樂云, 鐘鼓云乎哉！』樂在人和, 不由音調.」太宗
然之.

　　고조(이연)가 선양을 받고 조효손을 발탁하여 이부랑중吏部郎中으
로 하였지만, 곧 태상소경太常少卿으로 옮겼고 점점 가까이 두고 의
지하였다. 효손은 이에 (궁정의) 아악을 만들 것을 주청했으나 그 때
는 국가가 군사에 관한 일이 많아 새롭게 (음악을) 만들 겨를이 없
었기에 악부는 여전히 수나라 때 옛 곡을 사용하였다. 무덕 9년(62
6)[39]에 비로소 조효손에게 아악을 정비 제정하라고 명이 내려졌
고,[40] 정관 2년(628) 6월에 이르러 완성하여 상주하였다. 태종이 말
하기를, "예악의 창조는 대체로 성인이 외물[사회정황]에 의해 교화
를 행하고 사람들을 규범[41]으로 이끄는 것일 뿐,[예악의 창제는 성
인께서 외물을 좇아 가르침을 펼침으로써 절제시키는 방도로 삼은
것일 뿐,] 정치의 흥성과 쇠망이 어찌 이것에 연유하겠는가?"하였다.
어사대부 두엄杜淹[42]이 답하여 말하기를 "전대 왕조의 흥망은 실제
로 음악에 기인했습니다. 진陳이 장차 망할 때 〈옥수후정화玉樹後庭

---

39) 무덕 9년 : 당고조 이연의 재위 말년으로 이 해에 재위를 당태종 이세민에게
　　양위한다. 「구당서」 「조효손전」에는 무덕 7년으로 되어 있지만, 오류이다.
40) 『新唐書』 「禮樂志」에는 조효손 이외 협률랑 竇璡도 기록되어 있다.
41) 준절撙節 : 『禮記』 「曲禮上」에 "是以君子恭敬撙節 退讓以明禮"라는 구
　　절에 근거한다. 법도나 규범에 따르는 것을 말한다.
42) 두엄杜淹(?~628) : 수대에서 어사중승을 맡기도 했고, 당조 건립 후 태종
　　에게 발탁되어 병조참군, 문학관학사 등을 역임했다. 楊文干 사건으로
　　유배되기도 했지만, 당태종 때 어사대부, 이부상서 등의 직책을 맡았다.
　　의례방면에서는 『신정삼례도』의 서문을 쓴 것이 유명하다.

花)[43]가 만들어지고, 북제北齊가 장차 망할 때 〈반려곡伴侶曲〉이 만들어졌습니다. 길을 가던 사람이 이를 들으면 비통하여 울지 않는 이가 없었으니, (이것이) 이른바 '망국의 음'[44]입니다. 이로 보건대 대개 (국가의 흥망성쇠는) 음악으로부터 말미암은 것입니다."라고 하였다. 태종이 (다시) 말하기를 "그렇지 않다. 무릇 음성이 사람을 감동시키는 것은 자연의 도리이다. 그러므로 기뻐하는 자가 들으면 즐겁고, 근심하는 자가 들으면 비통한 것이다. 비통함과 기쁨의 감정은 인간의 마음에 있는 것이지 음악에서 연유하는 것은 아니다. 장차 망하는 정치는 그 백성이 반드시 고달프고, 그 고달픈 마음이

---

43) 옥수후정화玉樹後庭花 : 후정화는 흰 색과 붉은 색의 두 종류의 색을 가진 정원에서 재배하는 화초의 이름이다. 흰 색 꽃이 피면 나무가 옥처럼 아름답게 보여 '옥수후정화'라고 불렀다고 전해진다. 이 명칭은 악부민가 중의 애정가요 이름이기도 했는데, 남조 陳의 마지막 황제 陳後主 陳叔寶가 새로운 가사를 넣었다고 알려진다. 昏主였던 진숙보는 정사를 돌보지 않고 애첩들과 연회를 즐겼는데, 이 때 부르던 '옥수후정화' 중에 '옥수후정화, 꽃은 피었는데 오래가지 못하네'라는 가사가 있어, 남조 陳의 단명을 보여주었다고 평가한다. 이후 남조 진이 수에 의해 멸망하고, 진숙보가 낙양에서 병사하면서 '옥수후정화'는 망국의 음으로 칭해지기 시작했다. 『수서』「오행지」에는 요망한 시로 기록되어 있고, 「음악지」에는 가사가 경박하고 슬픈 곡조로 되어 있다고 언급하고 있다. '옥수후정화'의 가사는 다음과 같다. "麗宇芳林對高閣, 新裝艶質本傾城. 映户凝嬌乍不進, 出帷含態笑相迎. 妖姬臉似花含露, 玉树流光照後庭. 花開花落不長久, 落紅満地歸寂中."

44) 망국의 음 : 『禮記』「樂記」에 "治世之音 安以樂 其政和, 亂世之音 怨以怒 其政乖, 亡國之音 哀以思 其民困"이라 하여 聲音의 도가 정치와 통한다고 역설하고 있다.

느끼는 대로 (음악을) 들으면 반드시 비통해지는 것이다. 어찌 음악의 소리에 애통하고 원망스러움이 있어서 기쁨에 있는 자를 슬프게 할 수 있단 말인가? 지금 〈옥수〉와 〈반려곡〉은 그 소리가 모두 남아 있기에 짐이 공을 위해 연주해 주려 하나니, 공이 분명코 슬퍼지지 않는다는 것을 알 수 있을 것이다."라고 하였다. 상서우승尚書右丞 위징魏徵[45]이 진언하기를 "옛 사람이 칭하기를 '예여! 예여! 어찌 옥백만을 칭하는 것이겠느냐? 악이여! 악이여! 어찌 종과 북만을 말하는 것이겠느냐?'[46] 하였습니다. 즐거움은 인심의 조화에 의한 것이지, 음조에 연유하는 것이 아닙니다."라고 하였다. 태종이 그렇다고 여겼다.

孝孫又奏:陳·梁舊樂, 雜用吳·楚之音;周·齊舊樂, 多涉胡戎之伎. 於是斟酌南北, 考以古音, 作爲大唐雅樂. 以十二律各順其月, 旋相爲宮. 按禮記云,「大樂與天地同和」, 故制十二和之樂, 合三十一曲, 八十四調. 祭圜丘以黃鐘爲宮, 方澤以林鐘爲宮, 宗廟以太簇爲宮. 五郊·朝賀·饗宴, 則隨月用律爲宮. 初, 隋但用黃鐘一宮, 惟扣七鐘, 餘五鐘虛懸而不扣. 及孝孫建旋宮之法, 皆遍扣鐘, 無復虛懸者矣. 祭天神奏豫和之樂, 地祇奏順和, 宗廟奏永和.

---

45) 위징魏徵(580~643) : 수당대의 관료로 당태종의 '정관의 치'를 도운 것으로 유명하다. 『羣書治要』를 편찬하였다.
46) 옛 사람이 … 말하는 것이겠느냐 : 『論語』「陽貨篇」에 나온다. 예와 악의 실행이 玉帛類의 예기와 종과 북의 악기에만 얽매이지 않는다는 점을 역설한 것으로 해석한다.

天地·宗廟登歌, 俱奏肅和. 皇帝臨軒, 奏太和. 王公出入, 奏舒和.
皇帝食擧及飮酒, 奏休和. 皇帝受朝, 奏政和[二].47) 皇太子軒懸
出入, 奏承和. 元日·冬至皇帝禮會登歌, 奏昭和. 郊廟俎入, 奏雍
和. 皇帝祭享酌酒·讀祝文及飮福·受胙, 奏壽和. 五郊迎氣, 各以
月律而奏其音. 又郊廟祭享, 奏化康·凱安之舞. 周禮旋宮之義,
亡絶已久, 時莫能知, 一朝復古, 自此始也.

조효손이 또 상주하였다. "(남조) 진과 양의 옛 음악은 오와 초의
음을 섞어 사용하였고, 북주와 북제의 옛 음악은 대부분 호와 융의
기예가 섞여 있습니다. 이에 남북의 것을 참작하고 옛 음을 고증하
여 대당왕조의 아악을 만들었는데, 12율을 (1년 12개월) 각각의 달
에 합치시키고 돌아가면서 서로 궁宮이 되게 하였습니다. 『예기』를
살펴보니 '대악은 천지와 조화를 함께 한다.'48)라고 합니다. 그래서
12화和49)의 악을 제정하고 모두 31곡, 84조調50)를 두었습니다. 원구

---

47) [교감기 2] "皇帝受朝 奏政和"는 『冊府元龜』 569와 똑 같다. 『通典』 권
    143·『唐會要』 권32·『樂府詩集』 권 4에는 '政'자가 '正'으로 되어 있다.
    『卄二史考異』 권58에서 말하기를 "『冊府元龜』에는 후한 張昭가 12和를
    고쳐 12成으로 했다는 것을 기록하고 있다. 논의에서 말하기를 '皇帝受
    朝, 皇后入宮, 奏正和, 請改爲屎成.'라고 하였기에 '皇帝受朝' 다음에
    당연히 '皇后入宮' 4글자가 있어야 한다. 이 음악지에서 탈루된 것이고
    또 正을 잘못하여 政으로 기록했다고 했다.

48) 『樂記』「樂論」. 여기에서 대악은 전아 장중한 음악으로 제왕의 제사, 조회,
    향연 등에 사용하는 음악을 칭한다.

49) 12화和 : 『신당서』「예악지」에는 祖孝孫이 정했던 某某 '和'자로 끝나는
    12개의 당 왕조 아악명과 그 용도에 대해 기록하고 있다. 그 명칭은 〈豫
    和〉, 〈順和〉, 〈永和〉, 〈肅和〉, 〈雍和〉, 〈壽和〉, 〈太和〉, 〈舒和〉, 〈昭和〉,
    〈休和〉, 〈正和〉, 〈承和〉 등이다. 大唐樂은 이 조효손의 12화와 그 뒤 張文

에서 (하늘에) 제사지낼 때에는 황종을 궁으로 하고, 방택에서 (땅에) 제사할 때는 임종을 궁으로 하며, 종묘에서 (조상에게) 제사지낼 때에는 태주를 궁으로 합니다. 오교와 조하, 향연의 경우에는 그달에 따라 그달에 맞는 율을[51] 궁으로 합니다." 처음에 수 왕조는 다만 황종궁만 사용하였으며, 오직 7개의 종만 치고, 나머지 5개의 종은 그냥 걸어만 놓고 치지 않았는데, 조효손이 선궁의 법을 만든 이후 모든 종을 두루 치게 되니 더 이상 그냥 걸어놓기만 하는 종은 없어졌다. 천신을 제사할 때에는 〈예화豫和〉의 악을 연주하고, 지신을 제사할 때에는 〈순화順和〉를 연주하며, 종묘에서 제사할 때에는 〈영화永和〉를 연주하였다. 천지와 종묘에서의 등가를 부를 때는 모두 〈숙화肅和〉를 연주하였다. 황제가 임헌할 때는 〈태화太和〉를 연주하고, 왕공이 출입할 때는 〈서화舒和〉를 연주하였다. 황제가 식사를 하거나 음주할 때에는 〈휴화休和〉를 연주하였다. 황제가 (신하로부터) 축하를 받을 때에는 〈정화政和〉를 연주하였다. 황태자가 헌현軒懸[52]에 출입할 때는 〈승화承和〉를 연주하였다. 정월초하루와 동지에 황제의 예회禮會에서의 등가는 〈소화昭和〉를 연주하였다. 교묘에 조俎(라는 제기)가 들어갈 때는 〈옹화雍和〉를 연주하였다. 황제가 참

收가 정했던 아악을 계승한 것으로, 개원 년간에 다시 〈祴和〉, 〈豐和〉, 〈宣和〉 등 3和가 추가되어 15화의 악이 되었고, 이는 오대십국 및 요대에도 계승되었다. (孫曉輝, 「兩唐書樂志硏究」, 125, 136쪽)
50) 84조調 : 7調에 12律을 조합하여 이루어진 것을 말한다.
51) 『禮記』「月令」에 각 월의 律呂가 기록되어 있다.
52) 『周禮』「春官·宗伯·小胥」에 "악기를 진열하는 위치는 천자는 궁현, 제후는 헌현한다."라고 하였다.

여한 제향 의식에서 술을 따르거나 축문을 읽고 음복, 수조受胙(제사 고기를 받는 것)할 때는 〈수화壽和〉를 연주하였다. 오교에서 새로운 기운을 맞이할 때는 각기 해당하는 달의 율령으로써 그 음을 연주하였다.[53) 교묘에서 제사할 때는 〈화강化康〉을 연주하고 〈개안무凱安舞〉를 추었다. 『주례』에 보이는 선궁의 의미가 끊긴지 오래라 (당시에) 알 수가 없었지만, (이것을) 일시에 복고할 수 있었던 것은 이로부터 시작된 것이다.

　及孝孫卒後, 協律郎張文收復採三禮, 言孝孫雖創其端, 至於郊禋用樂, 事未周備. 詔文收與太常掌禮樂官等更加釐改. 於是依周禮, 祭昊天上帝以圜鐘爲宮, 黃鐘爲角, 太簇爲徵, 姑洗爲羽, 奏豫和之舞. 若封太山, 同用此樂. 若地祇方丘, 以函鐘爲宮, 太簇爲角, 姑洗爲徵, 南呂爲羽, 奏順和之舞. 禪梁甫, 同用此樂. 祫禘宗廟, 以黃鐘爲宮, 大呂爲角, 太簇爲徵, 應鐘爲羽, 奏永和之舞. 五郊·日月星辰及類于上帝, 黃鐘爲宮, 奏豫和之曲. 大蜡·大報, 以黃鐘·太簇·姑洗·蕤賓·夷則·無射等調奏豫和·順和·永和之曲. 明堂·雩, 以黃鐘爲宮, 奏豫和之曲. 神州·社稷·藉田, 宜以太簇爲宮[三],[54) 雨師以姑洗爲宮, 山川以蕤賓爲宮, 並奏順和之

---

53) 오교 : 곧 東郊·南郊·中郊·西郊·北郊로서, 황제가 立春에는 동교에서 靑帝 句芒을, 立夏에는 남교에서 赤帝 祝融을, 立秋 전 18일에는 중교에서 黃帝 后土를, 立秋에는 서교에서 白帝 辱收를, 立冬에는 북교에서 黑帝 玄冥을 제사하는 것을 말한다.

54) [교감기 3] "宜以太簇爲宮"은 『唐會要』 권32·『冊府元龜』 권569와 똑같다. 『通典』 권 143에는 '宜'자가 '並'으로 되어 있다.

曲. 饗先妣, 以夷則爲宮, 奏永和之舞. 大饗燕, 奏姑洗·蕤賓二調.
皇帝郊廟·食擧, 以月律爲宮, 並奏休和之曲. 皇帝郊廟出入, 奏
太和之樂, 臨軒出入, 奏舒和之樂, 並以姑洗爲宮. 皇帝大射, 姑
洗爲宮, 奏騶虞之曲. 皇太子奏貍首之曲. 皇太子軒懸, 姑洗爲
宮, 奏永和之曲. 凡奏黃鐘, 歌大呂 ; 奏太簇, 歌應鐘 ; 奏姑洗,
歌南呂 ; 奏蕤賓, 歌林鐘 ; 奏夷則, 歌中呂 ; 奏無射, 歌夾鐘. 黃鐘
蕤賓爲宮, 其樂九變 ; 大呂·林鐘爲宮, 其樂八變 ; 太簇·夷則爲
宮, 其樂七變 ; 夾鐘·南呂爲宮, 其樂六變 ; 姑洗·無射爲宮, 其樂
五變 ; 中呂·應鐘爲宮, 其樂四變. 天子十二鐘, 上公九, 侯伯七,
子男五, 卿六, 大夫四, 士三. 及成, 奏之, 太宗稱善, 於是加級頒
賜各有差.

　　조효손이 죽은 뒤에 협률랑 장문수張文收가 삼례의 뜻을 채집하
여 말하기를, 조효손이 비록 (아악의) 단서를 열었으나 교인郊禋에
사용하는 음악의 경우 사안이 아직 미비하다고 하였다. 장문수와 태
상에서 예악을 담당하는 관료들에게 조를 내려 다시 수정 정리하게
하니, 이에 『주례』55)에 의거하여 호천상제에게 제사할 때에는 원종
圜鐘을 궁으로, 황종黃鐘을 각으로, 태주太簇를 치로, 고선姑洗을 우
로 하여 〈예화〉의 무곡을 연주하였다. 태산에서 봉제封祭를 지낼 경
우에도 똑같이 이 음악을 썼고, 방구에서 지신에게 제사 지낼 경우
에는 함종函鐘을 궁으로, 태주를 각으로, 고선을 치로, 남려를 우로
하여 〈순화〉의 무곡을 연주하였다. 양보梁甫에서 지신에게 제사할
때도 똑같이 이 음악을 썼다. 종묘에서 협체祫禘 제사를 지낼 때는

---

55) 『周禮』 「春官·大司樂」을 말한다.

황종을 궁으로, 대려를 각으로, 태주를 치로, 응종을 우로 하여 〈영화〉의 무곡을 연주하였다. 오교와 일월성신 및 상제에 유제類祭를 올릴 때에는56) 황종을 궁으로 하여 〈예화〉의 곡을 연주하였다. 대사大蜡57)와 대보大報58) 제사에서는 황종·태주·고선·유빈·이칙·무역 등의 조로 〈예화〉·〈순화〉·〈영화〉의 곡을 연주하였다. 명당에서의 제사와59) 기우제에서는 황종을 궁으로 하여 〈예화〉의 곡을 연주하였다. 신주·사직·적전에서는 의당 태주를 궁으로 삼도록 하였다. 우사에게 제사 지낼 때에는 고선을 궁으로,60) 산천제에서는 유빈을 궁으로 하여 아울러 〈순화〉의 곡을 연주하였다. 선비先妣를61) 제사할 때는 이칙을 궁으로 하여 〈영화〉의 무곡을 연주하였다. 대향연에서는 고선 유빈 두 개의 조를 연주하였다. 황제의 교묘와 식사의 때에는 각기 월별로 정해진 율을 궁으로 하여 모두 〈휴화〉의 곡을 연주하였다. 황제가 교묘에서 입퇴장할 때는 〈태화〉의 악을 연주하고, 임헌하여62) 입퇴장할 때는 〈서화〉의 악을 연주하며, 모두 고선을 궁

---

56) 『尙書』「泰誓」上에 "상제에게 類祭를 지내고 총토에서 宜祭를 지낸다.類于上帝 宜于冢土."라고 하였다.

57) 대사大蜡 : 周代의 12월에 지내던 제사 이름이다.

58) 대보大報 : 천신에게 지내는 郊祭 이름이다.

59) 명당 : 고대 제왕들이 정사와 교화를 선포하고 밝히는 곳으로 조회·제사·포상·人選·양로·교육의 大典을 모두 여기에서 거행하였다.

60) 『文獻通考』「郊社考」23에 "如祭雨師之儀, 以龍致雨也. 其牲用少牢, 樂用鼓鐘, 奏姑洗, 4歌南呂. 鄭元云風師, 雨師及小祀用此樂."이라는 구절이 있다.

61) 선비先妣 : 『舊唐書』「禮儀志」5에 나오는 陳貞節 등의 奏議를 참고하면, 여기에서 선비는 제곡의 비이며 후직의 어머니인 姜嫄을 말한다.

으로 하였다. 황제의 대사례에서는 고선을 궁으로 하여 〈추우騶虞〉의 곡을 연주하였다. 황태자의 (대사례의) 경우는 〈이수貍首〉의 곡을 연주하였다. 황태자의 헌현軒懸63)은 고선을 궁으로 하여 〈영화〉의 곡을 연주하였다. 무릇 황종을 (주음으로) 연주할 때에는 대려를 노래하고, 태주를 연주하는 때에는 응종을 노래하며, 고선을 연주하는 때에는 남려를 노래하고, 유빈을 연주할 때는 임종을 노래하였다. 이칙을 연주할 때는 중려를 노래하며, 무역을 연주하는 때에는 협종夾鐘을 노래하였다. 황종과 유빈을 궁으로 하면 그 음악은 아홉 번 연주하고, 대려와 임종을 궁으로 하면 그 음악은 여덟 번 연주하고, 태주와 이칙을 궁으로 하면 그 음악은 일곱 번 연주하며, 협종과 남려를 궁으로 하면 그 음악은 여섯 번 연주하였다. 고선과 무역을 궁으로 하면 그 음악은 다섯 번 연주하고, 중려와 응종을 궁으로 하면 그 음악은 네 번 연주하였다. 천자는 열두 개의 종으로 하고, 상공은 아홉 개, 후백은 일곱 개, 자작과 남작은 다섯 개, 경은 여섯 개, 대부는 네 개, 사는 세 개로 한다. (이 체계를) 완성하여 상주하니 태종은 칭찬을 하고 직책에 따라 상급을 내렸다.

十四年, 敕曰:「殷薦祖考, 以崇功德, 比雖加以誠潔, 而廟樂未

---

62) 임헌 : 임금이 正殿에 앉아있지 않고 전각 앞부분의 난간에 나와 있는 것을 말한다.
63) 『周禮』「春官宗伯·小胥」에 "懸樂하는 위치는 천자는 궁현, 제후는 헌현이다.正樂懸之位 王宮縣 諸侯軒縣."라고 하였다. 樂懸은 편경과 편종 등 타악기를 설치하는 틀, 또는 그 악기들을 일컫는다.

稱. 宜令所司詳諸故實, 制定奏聞.」八座議曰：「七廟觀德, 義冠
於宗祀；三祖在天, 式章於嚴配. 致敬之情允洽, 大孝之道宜宣.
是以八佾具陳, 肅儀形於綴兆；四懸備展, 被鴻徽於雅音. 考作樂
之明義, 擇皇王之令典, 前聖所履, 莫大于兹. 伏惟皇帝陛下, 天
縱感通, 率由冥極. 孝理昭懿, 光被於八埏；愛敬純深, 追崇於百
葉. 永言錫祚, 斯弘頌聲. 鐘律革音, 播鏗鏘於饗薦；羽籥成列,
申蹈厲於烝嘗. 爰詔典司, 乃加隆稱, 循聲覈實, 敬闡尊名. 竊以皇
靈滋慶, 濬源長委, 邁吞燕之生商, 軼擾龍之肇漢, 盛韜光於九二,
漸發跡於三分. 高祖縮地補天, 重張區宇, 反魂肉骨, 再造生靈. 恢
恢帝圖, 與二儀而合大；赫赫皇道, 共七曜以齊明. 雖復聖跡神功,
不可得而窺測；經文緯武, 敢有寄於名言. 敬備樂章, 式昭彝範.
皇祖弘農府君 · 宣簡公 · 懿王三廟樂, 請同奏長發之舞. 太祖景皇
帝廟樂, 請奏大基之舞. 世祖元皇帝廟樂, 請奏大成之舞. 高祖大
武皇帝廟樂, 請奏大明之舞. 文德皇后廟樂, 請奏光大之舞. 七廟
登歌, 請每室別奏.」制可之.

정관 14년(640)에 칙을 내려 말하기를 "선조를 성대히 제사지냄
으로써 공덕을 높인다고 하였는데,[64] 근자에 비록 정성을 더 하였다
고는 하나 종묘악이 이에 걸맞지 않으니, 악을 담당하는 관리들에게
명하여 옛일을 상세히 고증하여 종묘악의 형식을 제정하고, 이를 상
주하도록 하라"고 하였다. 팔좌[65]의 관리들이 논의하여 말하기를

---

64) 『주역』 豫卦의 象傳에 이르기를 "우레가 땅에서 나와 분발함이 豫이니,
선왕이 이를 보고서 음악을 지어 德을 높임으로써 성대하게 상제께 올려
祖考로 배향하였다.雷出地奮, 豫, 先王以作樂崇德, 殷薦之上帝, 以配
祖考."라고 하였다.

"칠묘[66)에서 덕을 드러내 보인다는 것은 조상의 제사에서 그 의의가 가장 큰 것이고, 삼조가 천에 존재한다고 하는 것[三祖在天][67)은 엄배嚴配[68)에서 그 형식이 분명히 드러납니다. (선조에 대한) 지극한 공경의 정이 실로 충만해야 대효의 도리가 선양됩니다. 그러므로 〈팔일무八佾舞〉를 모두 갖추고 춤추는 자들의 대오를 [綴兆][69) 엄숙하게 하는 것입니다. 4현의 (체계를) 모두 갖춰 전개하여 아악의 음

---

65) 팔좌 : 『통전』 권22에 "八座는 後漢代에는 六曹尙書와 令僕 2인, 魏와 宋齊에서는 五曹尙書와 2僕射 1令, 隋代에는 6尙書와 左右僕射 및 令을 八座라고 한다고 하였다. 唐代에는 隋와 같다.

66) 칠묘 : 여기에서는 당 고조의 선조들인 皇祖 弘農府君부터 宣簡公, 懿王의 3廟와 太祖 景皇帝, 世祖 元皇帝, 高祖 大武皇帝 및 文德皇后까지를 말한다. 『舊唐書』 「音樂志」4 〈享太廟樂章3首, 迎神〉에 '七廟觀德 百靈攸仰'이라는 가사가 보인다. 한편 『상서』 「商書」에 "아, 7世의 祠堂에서 그 덕을 관찰할 수 있으며, 萬夫의 우두머리에게서 정사를 관찰할 수 있습니다.鳴呼 七世之廟 可以觀德 萬夫之長 可以觀政."라고 하였는데, 이는 선왕의 제사를 잘 모시는 것을 의미한다.

67) 삼조재천三祖在天 : 三祖는 『좌전』 哀公條에는 皇祖 (周)文王, 烈祖 康叔, 文祖 襄公을 거론하고 있고, 『詩經』 「下武」에서는 '三后在天 王配于經'의 구절에 대해 太王, 王季, 文王을 三后로 주석한 것이 있다.

68) 엄배嚴配 : 천지에 제사할 때 선조를 그 신들에게 붙여 같이 제사지내는 일을 말한다.

69) 철조綴兆 : 『禮記』 樂記의 "屈伸俯仰 綴兆舒疾 樂之文也"라는 구절에 대한 정현의 주석에서 '綴은 춤추는 자의 위치이고, 兆는 그 바깥의(춤사위가 미치는) 영역이다'라고 하였다. 王夫之는 좀 더 상세하게 '綴은 보조를 밟아가는 舞人사이의 간격이 성글고 조밀한 정도이다. 兆는 舞人이 빙그르 돌거나 나아갔다 물러서는 자리이다'라고 해석하였다. (김승룡 편역주, 『樂記集釋』, 256-262쪽 참조)

악에 큰 아름다움을 입혔던 것입니다. 음악을 만드는 명확한 의미를 고찰하고 성왕의 뛰어난 전장제도를 채택하는 것은 이전의 성왕들도 따랐던 것으로 이보다 더 큰 것은 없습니다. 엎드려 생각건대 황제폐하께서는 천과 감응하여 통하고 다스림은 오묘한 극점[천]에서 비롯되었으니, 효의 도리가 밝고 아름다워 그 빛이 팔방의 끝까지 비춰집니다. 친애함과 공경함이 순수하고 깊어 백세 후에까지 추승될 것입니다. 자손은 영원히 번영할 것이며 태평의 소리가 널리 퍼질 것입니다. 종률70)이 소리를 바꾸어 제사에서 그 소리가 널리 퍼지고 우약羽籥71)의 춤은 대열을 이루어 증상烝嘗72) 제사에서 의기양양하게 펼쳐집니다. 더하여 관리에게 조를 내려 성대한 칭호73)를 부여하게 되고 악률에 따라 그 선조의 공적을 명확히 하니 삼가 존명尊名을 널리 퍼뜨리는 것입니다. 삼가 생각해보니 황령께서 경사

---

70) 종율 : 聲律과 같은 뜻이다.

71) 우약羽籥 : 文舞 때에 쓰던 무구로, 羽는 꿩의 깃털로 만들었고, 籥은 관악기이다. 『詩經』「邶風 · 簡兮」에 "왼손에는 피리를 쥐고, 오른손에는 꿩깃을 잡고서 춤을 춘다.左手執籥 右手秉翟."라고 하였고, 『수서』「음악지」하에 "지금 문무는 우약을 쥐고, 무무는 간척을 잡는다.今文舞執羽籥 武舞執干戚."라고 하였다.

72) 증상烝嘗 : 『詩經』「小雅 · 天保」의 "禴祠烝嘗 于公先王"이라는 구절에 대한 毛氏傳의 주석에 "春日祠, 夏日禴, 秋日嘗, 冬日烝 公事也"라는 구절이 보인다. 따라서 상은 가을제사, 증은 겨울제사를 말하지만, 일반적으로 제사의 범칭으로 사용되기도 한다.

73) 성대한 칭호 : 원문은 '隆稱'인데, 선조의 尊名과 대응하여 선조에게 큰 칭호를 붙였다는 의미로 이해되지만, 악률을 통해 선조의 공적을 밝힌다는 측면에서는 훌륭한 樂舞의 이름으로 해석할 가능성도 있다는 점이 지적되고 있다.(『舊唐書音樂志譯註稿』 2, 40쪽 참조)

스러움이 흡족하시어 그 자손이 길이 번영하게 하시니, (간적簡狄
이) 현조玄鳥의 알을 먹고 상商나라의 시조 (설을) 낳은 것보다 원대
하고, 용을 길러 창건했던 한나라보다도 뛰어나,74) 구이九二[64괘의
두 번째 양효陽爻]75)에 감추어있던 빛이 성대해지며, 삼분천하의 상
태76)에서 점차 발자취를 남겼습니다. 고조는 땅을 통합하고 하늘을
메워77) 천하를 다시 바로잡았으니 (사람들에게) 혼을 되돌려주고 뼈
에 살을 붙여 백성을 다시 만들었습니다. 광대한 제국의 판도는 천
지[이의二儀]와 크기가 부합했으며, 혁혁한 황제의 도는 칠요七曜78)
와 함께 나란히 빛났습니다. 비록 (선조들의) 성스런 자취와 신령스

---

74) 『한서』「高帝紀」에 "劉累가 용 길들이는 것을 배워 孔甲을 섬겼다."라는
   구절이 보인다. 유누는 전설에 보이는 용을 잘 길들였다는 사람이다.
75) 구이九二 : 64괘의 괘상을 문자로 표현할 때 양효는 숫자 9로, 음효는 숫자
   6으로 나타낸다. 따라서 여기의 '九'는 爻가 陽이라는 의미이다. '二'는
   아래에서 두 번째 위치에 있는 爻라는 뜻이다. 여기에서는 구체적으로
   乾卦의 두 번째 효를 말한다. 그 爻辭는 '見龍在田, 利見大人'으로 드디
   어 용이 밭에 나타난 상황을 묘사하고 있다.
76) 삼분 : 당 고조 李淵이 칭제한 후 황하유역에서 형성된 竇建德의 夏와
   낙양일대의 王世充의 鄭과 삼분 정족지세를 유지한 것을 말한다. 두건덕
   과 왕세충은 연합하여 당에 대항했으나, 무덕 4년(621) 武牢關 전투에서
   당시 秦王 李世民은 두건덕을 사로잡았고, 왕세충은 투항하였다.
77) 축지보천 : 축지는 멀리있는 땅을 가깝게 한다는 일종의 신선술로 알려져
   있고, 補天은 『列子』에 " 옛날 하늘에 틈이 생겨 여와가 오색석으로 기웠
   다"는 기사에서 연유한 것으로 후에는 주로 大局을 만회한다는 의미로
   사용된다. 여기서는 천지우주를 개조했다는 뜻으로 사용되어 당왕조를
   개창한 비범한 업적을 남긴 것을 비유한 것이다.
78) 칠요七曜 : 해와 달 및 목, 화, 토, 금, 수의 오성을 말한다.

런 공업을 복원하여 살펴 헤아릴 수는 없지만 문文을 날줄로 삼고 무武를 씨줄로 삼은 (왕업을) 감히 명언名言에 부칩니다. 삼가 악장을 갖추어 항상적인 본보기로 밝힙니다. 황조 홍농부군弘農府君, 선간공宣簡公, 의왕懿王 3묘의 악은 청컨대 함께 〈장발무長發舞〉를 연주하십시오. 태조 경황제景皇帝의 묘악은 〈대기무大基舞〉를 연주하십시오. 세조 원황제元皇帝의 묘악은 청컨대 〈대성무大成舞〉를 연주하십시오. 고조 대무황제大武皇帝의 묘악은 청컨대 〈대명무大明舞〉를 연주하십시오. 문덕황후의 묘악은 청컨대 〈광대무光大舞〉를 연주하십시오. 칠묘의 등가는 청컨대 매 실마다 별도로 연주하십시오.” 제制를 내려 허가했다.

二十三年, 太尉長孫無忌·侍中于志寧議太宗廟樂曰:「易曰: 『先王作樂崇德, 殷薦之上帝, 以配祖考.』請樂名崇德之舞.」制可之. 後文德皇后廟, 有司據禮停光大之舞, 惟進崇德之舞.

정관 23년(649)에 태위 장손무기長孫無忌[79]와 시중 우지녕于志寧[80]이 태종 묘악에 관해 논의하여 말하였다. “『주역』에서 말하기를

---

79) 장손무기長孫無忌(?~659) : 선비족 출신으로 하남 낙양사람이다. 당태종 과는 布衣之交가 있어 그의 사방정벌에 심복으로 참여하여 司空, 司徒兼 侍中 등의 직위에 올랐다. 태종의 후사로 第9子인 高宗 李治를 지지하여 후에 顧命大臣에 임명되고 太尉를 역임했다. 貞觀律에 기초하여 「唐律 疏義」 수정을 주도한 업적이 있다.
80) 우지녕于志寧(588~665) : 선비족으로 隋代에 縣令이었으나 진왕 이세민 에게 투항하여 秦王府의 18學士에 들었다. 당태종이 즉위한 후 中書侍郎

'선왕이 악을 제정하고 덕을 숭상하여 성대하게 상제께 올려 조고祖考를 배향하였다.'[81]고 하였습니다. 청컨대 악을 〈숭덕무崇德舞〉라고 명명하십시오" 제를 내려 허가했다. 후에 문덕황후의 묘에서는 유사가 예에 의거하여 〈광대무〉를 중지하고 오직 〈숭덕무〉만을 바쳤다.

光宅元年九月[四],[82] 高宗廟樂, 以鈞天爲名. 中宗廟樂[五],[83] 奏太和之舞. 開元六年十月敕, 睿宗廟奏景雲之舞.

광택 원년(684) 9월 고조의 묘악을 〈균천鈞天〉이라고 명명하였다. 중종의 묘악은 〈태화무太和舞〉를 연주하였다. 개원 6년(718) 10월 칙에 의해 예종의 묘악은 〈경운무景雲舞〉를 연주하였다.

이 되었고, 당고종이 즉위한 후에는 侍中, 左僕射 등을 역임했다. 『于志寧集』40卷과 『諫苑』20卷의 저술이 있다.

81) 『周易』 豫卦, 象傳에 나오는 말이다.

82) [교감기 4] "光宅元年九月"에서 '元'자는 각 판본에는 원래 '三'자로 되어 있다. 『册府元龜』 권569에 의해 고쳤다. 『校勘記』 권13에서 말하기를 "측천무후기 및 『통감』을 살펴보면, 연호를 光宅으로 개원한 것은 그해 9월이다. 다음 해 정월에 이르기까지 改元은 垂拱되었으므로 光宅이라는 연호는 다만 元年이 있을 뿐이고 三年이 있을 수 없다. (따라서) 『舊唐書』 「音樂志」 4에 나오는 '高宗天皇大帝酌獻用鈞天'라는 구절의 주석에서 말한 '光宅元年造'에서 '三'자는 '元'자의 잘못인 것이 의심의 여지가 없다"고 하였다.

83) [교감기 5] "中宗廟樂" 이 구절 위에 탈문이 있다. 『册府元龜』 권569上에는 '睿宗景雲元年有司奏'라는 9글자가 있다.

二十九年六月, 太常奏：「準十二年東封太山日所定雅樂, 其樂曰元和, 六變, 以降天神；順和, 八變, 以降地祇；皇帝行, 用太和之樂. 其封太山也, 登歌·奠玉幣, 用肅和之樂；迎俎, 用雍和之樂；酌獻[六]84)·飲福, 用壽和之樂[七]85)；送文·迎武, 用舒和之樂；亞獻·終獻, 用凱安之樂；送神, 用夾鐘宮元和之樂. 禪社首也, 送神用林鐘宮順和之樂. 享太廟也, 迎神用永和永樂；獻祖宣皇帝酌獻用光大之舞, 懿祖光皇帝酌獻用長發之舞, 太祖景皇帝酌獻用大政之舞, 世祖元皇帝酌獻用大成之舞, 高祖神堯皇帝酌獻用大明之舞, 太宗文皇帝酌獻用崇德之舞, 高宗天皇大帝酌獻用鈞天之舞, 中宗孝和皇帝酌獻用太和之舞, 睿宗大聖貞皇帝酌獻用景雲之舞；徹豆, 用雍和之舞；送神, 用黃鐘宮永和之樂. 臣以樂章殘缺, 積有歲時. 自有事東巡, 親謁九廟, 聖情慎禮, 精祈感通, 皆祠前累日考定音律[八].86) 請編入史冊, 萬代施行.」下制曰：「王公卿士, 爰及有司, 頻詣闕上言, 請以『唐樂』爲名者, 斯至公之事, 朕安得而辭焉. 然則大咸·大韶·大濩·大夏, 皆以大字表其樂章, 今之所定, 宜曰大唐樂.」皇祖弘農府君至高祖大武皇帝六廟, 貞觀中已詔顏師古等定樂章舞號. 洎今太常寺又奏有司所定獻祖宣皇帝至睿宗聖貞皇帝九廟酌獻用舞之號.

---

84) [교감기 6] "酌獻"은 聞本에서는 '酌福'으로 되어 있다. 殿本과 懼盈齋本, 局本, 廣本에서는 '酌酒'로 되어 있다. 여기에서는 『舊唐書』 권30 「音樂志」 및 『樂府詩集』 권5에서 인용한 본지 기록에 의해 고쳤다.

85) [교감기 7] "用壽和之樂"에서 '壽'자는 각 판본에서는 원래 '福'자로 되어 있다. (여기에서는)『舊唐書』 권30 「音樂志」 및 『唐會要』 권32, 『樂府詩集』 권5에 인용된 본지의 기록에 의해 고쳤다.

86) [교감기 8] '累日'은 『唐會要』 권32, 『冊府元龜』 권569에서는 '累月'로 되어 있다.

개원 29년(741) 6월 태상이 (다음과 같이) 상주했다.

　　12년 동쪽 태산에 봉封 제사했던 날에 제정했던 아악에 준거한다면 그 악의 이름이 〈원화元和〉인 것은 6변이 되어서 천신을 강림하도록 하고, 이름이 〈순화順和〉인 것은 8변이 되어서 지신을 강림하도록 합니다. 황제가 행차할 때는 〈태화악太和樂〉을 씁니다. 태산에 봉제를 올릴 때에 등가와 옥폐玉幣를 올리는 예에서는 〈숙화악肅和樂〉을 씁니다. 조組를 맞이하는 예에서는 〈옹화악雍和樂〉을 씁니다. 작헌[87], 음복에는 〈수화악壽和樂〉을 씁니다. 문무文舞를 보내고 무무武舞를 맞이할 때에는 〈서화악舒和樂〉을 쓰고, 아헌과 종헌에는 〈개안악凱安樂〉을 쓰며, 송신送神에는 협종궁의 〈원화악元和樂〉을 씁니다. 사수산社首山[88]에서 선禪 제사를 지낼 때 송신에는 임종궁의 〈순화악〉을 씁니다. 태묘에서 제향을 드릴 때 영신迎神에는 〈영화악永和樂〉을 씁니다. 헌조 선황제의 작헌에는 〈광대무光大舞〉를 씁니다. 의조 광황제의 작헌에는 〈장발무長發舞〉를 씁니다. 태조 경황제의 작헌에는 〈대정무大政舞〉를 씁니다. 세조 원황제의 작헌에는 〈대성무大成舞〉를 씁니다. 고조 신요황제의 작헌

---

87) 작헌 : 제사를 지낼 때 술잔을 세 번 올리는 것을 三獻이라 하는데, 각각 初獻, 亞獻, 終獻이다.
88) 사수산社首山 : 『한서』 「교사지」에 "周成王封泰山 禪於社首"라는 기사에 등장하는 泰山에 부속된 神山이다. 역대 제왕들이 봉선을 할 때 이곳에 제단을 설치하고 后土에 제사지냈다. 이 산은 1950년대 取石으로 훼손되어 현재는 존재하지 않고 기록으로만 남게 되었다.

에는 〈대명무大明舞〉를 씁니다. 태종 문황제의 작헌에는 〈숭덕무崇德舞〉를 씁니다. 고종 천황대제의 작헌에는 〈균천무〉를 씁니다. 중종 효화황제의 작헌에는 〈태화무〉를 씁니다. 예종 대성정황제의 작헌에는 〈경운무〉를 씁니다. 철두徹豆에는 〈옹화무〉를 씁니다. 송신에는 황종궁의 〈영화악〉을 씁니다. 신이 생각해보니 악장이 손실되어 오랜 세월이 흘렀습니다. 동쪽으로 순수가 행해지고 친히 구묘[헌조부터 예종까지]에 아뢰게 된 이래로 폐하의 심정은 예를 신중히 하고 정성스런 기도는 신과 감응하니 모든 제사에 앞서 날마다 음률을 살펴 정했습니다. 청컨대 사책史冊에 편입시켜 만대에 시행하도록 하십시오.

(황제가) 제를 내려 말하였다.

왕공경사에서 유사에 이르기까지 자못 궐에 와서 상소하여 말하기를 당악唐樂으로 명명할 것을 주청하였는데, 이 일은 지극히 당연한 일이니 짐이 어찌 거절할 수 있겠는가! 그런즉 〈대함大咸〉, 〈대소大韶〉, 〈대호大濩〉, 〈대하大夏〉는 모두 큰 대자大字를 가지고 악장과 춤의 호칭으로 하였다. 지금 정하고자 하는 것도 마땅히 '대당악大唐樂'이라 부르도록 하라.

황조 홍농부군에서 고조 대무황제에 이르기까지 6묘는 정관 연간에 이미 안사고顔師古[89] 등이 악장의 이름을 정하였다. 따라서 이

---

89) 안사고顔師古(581~645) : 顔之推의 손자로 당태종시 中書侍郞, 秘書監,

시점에서 태상시는 또 유사가 정한 헌조 선황제에서 예종 성정황제까지의 9묘의 작헌례에 사용할 춤의 명칭을 상주하였다.

天寶元年四月, 命有司定玄元皇帝廟告享所奏樂, 降神用混成之樂, 送神用太一之樂.

천보 원년(742) 4월에 유사에게 명하여 현원황제묘의 고향告享할 때에 연주할 음악을 정하게 하니, 강신降神에는 〈혼성악混成樂〉을 쓰고 송신送神에는 〈태일악太一樂〉을 썼다.

寶應二年六月〔九〕,90) 有司奏 : 玄宗廟樂請奏廣運之舞, 肅宗廟樂請奏惟新之舞. 大曆十四年, 代宗廟樂請奏保大之舞. 永貞元年十月, 德宗廟樂請奏文明之舞. 元和元年, 順宗廟樂請奏大順之舞. 元和十五年, 憲宗廟樂請奏象德之舞. 穆宗廟樂請奏和寧之舞. 敬宗廟樂請奏大鈞之舞. 文宗廟樂請奏文成之舞. 武宗廟樂請奏大定之舞〔一〇〕.91)

弘文館學士 등을 역임했다. 『한서』 연구의 전문가로 『漢書注』와 함께 『急就章注』 『匡謬正俗』 등을 남겼다.

90) [교감기 9] "寶應二年 六月"기사에서 '二'자는 각 판본에 의하면 원래 '三'으로 되어 있다. 『冊府元龜』 권 569에 의거하여 고쳤다. 교감기 권 13에서 말하기를 "대종본기 및 통감에서는 모두 寶應 二年 七月로 되어 있다. 그런데 광덕에 개원하여 寶應은 다만 二年밖에 안되기에 三年은 없는 것이다. 따라서 『冊府元龜』를 따랐다."

91) [교감기 10] "穆宗廟樂 … 大定之舞"에 대해 『二十二史考異』 권58에서

보응 2년(762) 6월에 유사가 상주하였다. "청컨대 현종 황제 묘악에는 〈광운무廣運舞〉를 연주하고, 숙종 황제 묘악에는 〈유신무惟新舞〉를 연주하시옵소서." 대력 14년(779)에는 대종 황제 묘악에는 〈보대무保大舞〉를 연주할 것을 주청하였다. 영정 원년(805) 10월에는 덕종 황제의 묘악에 〈문명무文明舞〉를 연주할 것을 주청하였다. 원화 원년(806)에는 순종 황제의 묘악에 〈대순무大順舞〉를 연주할 것을 주청하였다. 원화 15년(820)에는 헌종 황제의 묘악에는 〈상덕무象德舞〉를 연주할 것을 주청하였다. 목종 황제의 묘악에는 〈화령무和寧舞〉를 연주할 것을 주청하였다. 경종 황제의 묘악에는 〈대균무大鈞舞〉를 연주할 것을 주청하였다. 문종 황제의 묘악에는 〈문성무文成舞〉를 연주할 것을 주청하였다. 무종 황제의 묘악에는 〈대정무大定舞〉를 연주할 것을 주청하였다.

貞觀元年, 宴群臣, 始奏秦王破陣之曲. 太宗謂侍臣曰:「朕昔在藩, 屢有征討, 世間遂有此樂, 豈意今日登於雅樂. 然其發揚蹈厲, 雖異文容, 功業由之, 致有今日, 所以被於樂章, 示不忘於本也.」尙書右僕射封德彝進曰:「陛下以聖武戡難, 立極安人, 功成化定, 陳樂象德, 實弘濟之盛烈, 爲將來之壯觀. 文容韜儀, 豈得爲比.」太宗曰:「朕雖以武功定天下, 終當以文德綏海內. 文武之道, 各隨其時, 公謂文容不如蹈厲, 斯爲過矣.」德彝頓首曰:「臣不

말하기를 "생각해보니 헌종 이전의 묘악은 모두 주청한 연대가 기록되어 있다. 다만 이 목종 4묘악 만이 누락되었다. 선종이후의 악무명도 역사가 들이 잃어버렸다."고 하였다.

敏, 不足以知之.」 其後令魏徵·虞世南·褚亮·李百藥改制歌辭, 更名七德之舞, 增舞者至百二十人, 被甲執戟, 以象戰陣之法焉.

정관 원년(627) 군신들에게 연회를 베풀고 처음으로 〈진왕파진곡秦王破陣曲〉[92]을 연주했다. 태종이 주위의 신하들에게 일러 말하였다. "짐이 옛날 번왕이었을 때[93] 자주 정벌을 나갔는데, 세간에서 이 음악이 있다는 것을 알았지만, 어찌 금일에 아악에 오르리라 생각했겠는가? (그 춤이) 손발을 격하게 움직이며 발로 땅을 구르는 기세가[94] 비록 문아文雅한 모양과는 다르지만, 공업이 이와 같은 (격한 위무威武함으로) 유래하기 때문에 금일과 같은 결과에 이르렀던 것이다. (이것을) 악장에 입히는 것은 근본을 잊지 않는다는 것을 보이는 것이다." 상서우복야 봉덕이封德彝[95]가 진언하였다. "폐하께서는 뛰어난 무용으로 전란을 평정하고 제위에 올라 민을 안정시켰습니다. 공을 이루고 교화가 정해졌으니 음악을 올려 덕을 상징하는 것은 실로 널리 민을 구제하는 큰 공적이고 장래의 볼거리가 될 것입니다. 문무文舞를 실연實演하는 것을 어찌 이것과 비교하겠습니까?" 태종이 말하였다. "짐이 비록 무공으로 천하를 평정했으나 종국에는

---

92) 진왕파진곡秦王破陣曲 :「音樂志」2〈파진악〉에서는 태종이 진왕시절 사방을 정벌할 때 민간에서 '진왕파진악'이란 곡을 불렀는데, 즉위한 후 앞에서는 魏徵 등에 명하여 가사를 붙였다고 설명하고 있다.

93) 태종이 秦王에 봉해진 무덕 원년(618) 6월부터 무덕 9년 6월까지이다.

94) 발양도려 : 원래 처음 춤을 시작할 때 수족을 세차게 놀리고 발로 땅을 밟는 기세가 세찬 것으로 『禮記』 「樂記」에 보인다.

95) 봉덕이封德彝(568-627) : 발해 봉씨로 고조 이연의 신임을 받아 중서령이 올랐고, 당 태종시 상서우복야가 되었다.

문덕으로 해내를 위무하는 것이 당연하니 문무의 도리는 각기 그 시기에 따르는 것이다. 공은 문아의 모습이 격렬한 (무무武舞의 모습)에 못 미치는 것으로 말하지만, 이것은 지나친 것이다." 봉덕이가 머리를 조아리며 말했다. "신이 불민하여 그 뜻을 알기에 부족하였습니다." 그 후 위징魏徵, 우세남虞世南, 저량褚亮, 이백약李百藥에게 명하여 가사를 고치도록 하고 이름을 〈칠덕무七德舞〉로 고쳤다. 춤을 추는 사람을 늘려 120인으로 하여 갑옷을 입고 창을 들어 전쟁의 진법을 상징하게 하였다.

六年, 太宗行幸慶善宮, 宴從臣於渭水之濱, 賦詩十韻. 其宮卽太宗降誕之所. 車駕臨幸, 每特感慶, 賞賜閭里, 有同漢之宛·沛焉. 於是起居郎呂才以御製詩等於樂府[一一],96) 被之管絃, 名爲功成慶善樂之曲, 令童兒八佾, 皆進德冠·紫褲褶, 爲九功之舞. 冬至享醮, 及國有大慶, 與七德之舞偕奏于庭.

(정관) 6년 태종은 경선궁慶善宮97)으로 행차하여 위수渭水가에서 종신들과 연회를 열면서 시 10운98)을 지었다. 그 궁전은 곧 태종이

---

96) [교감기 11] "等於樂府"는 聞本, 殿本, 懼盈齋本, 局本에서는 똑 같다. 그러나 廣本에서는 '等'이 '編'으로 되어 있고,『교감기』권13에서는 閣本 '等'자를 '著'자로 고쳤다.

97) 경선궁慶善宮 : 지리적으로 당시 京兆府 武功縣(현재 섬서성 무공현)에 속해 있었으며, 당 태종이 태어난 곳이다. 『신당서』「지리지」무공현에 "남쪽으로 18리에는 경선궁이 있고, 渭水에 임해 있고, 무덕 원년에 고조가 궁전으로 하였으나, 후에 폐하여 慈德寺가 되었다"라고 기술되어 있다.

태어난 곳이다. 어가가 임하여 특별히 경사스럽게 여겨 민간에 상을 하사하신 것은 한漢 왕조가 완宛99)과 패沛100)에서 한 것과 똑같이 하였다. 이에 기거랑 여재呂才101)가 어제시御製詩를 악부시에 편입하여102) 관현악을 입히고 〈공성경선악功成慶善樂〉103)이라는 곡명을

98) 시 10운 : 『唐會要』 권33 〈경선악〉에 이 시의 일부가 다음과 같이 기록되어 있다. "上賦詩十韻云 '壽丘唯舊跡 酆邑乃前基 奧余承累聖 懸弧亦在玆. 弱齡逢運改 提劍鬱匡時. 指麾八荒定 懷柔萬國夷. 梯山咸入款 駕海亦來思 單于陪武帳 日逐衛文螭. 端扆朝四嶽. 無爲任百司. 霜節明秋景 輕氷結水湄. 藝黃遍原隰 禾穎卽京坻. 共樂還鄉宴' 歌此大風詩". 이 시는 『樂府詩集』 권56에는 〈唐功成慶善樂舞辭〉라는 이름으로 제목이 붙어있고, 『全唐詩』 권1에는 〈幸武功慶善宮〉으로 제목이 붙어있다.

99) 완宛 : 후한 광무제 유수의 고향 南陽郡을 말한다. 광무제는 건무 3년에 고향에 돌아와 園廟에 제사를 지낸 기사가 있다.

100) 패沛 : 전한 고조 유방의 고향 패현을 말한다. 유방은 재위 12년에 고향에 돌아와 〈대풍가〉를 지어 불렀으며 이후 패의 아동 120여명에게 익혀 노래하도록 하였다.

101) 여재呂才(606-665) : 博州 淸平人으로 太常博士, 太常丞, 太子司更大夫 등의 관직을 역임했다. 『叙宅經』, 『叙祿命』, 『叙藏書』 등의 음양설을 비판하는 저술을 남겼지만, 대부분 전해지지 않는다. 당태종의 명으로 악사에 관여하면서 음악방면에서도 일정한 성과를 남겼는데, 어시에 곡과 춤을 붙인 〈功成慶善舞〉, 〈七德舞〉, 〈上元舞〉 등의 창작에 기여했다.

102) 편입하여 : 원문은 '等'으로 되어 있어 '똑같이 하여'라고 번역할 수 있다. 그러나 「교감기 11」에 의하면, 일부 판본은 '編'(편입하다)으로 되어 있고, 다른 일부는 '著'로 되어 있기도 하다. 여기에서는 '편입하다'로 번역하였다.

103) 공성경선악功成慶善樂 : 「音樂志」 2에서 태종이 고향 무공현을 방문하여 직접 지은 곡이라고 설명하고 있다. 『신당서』 「예의지」에는 이 공성경선악과 파진악을 비교하고 있는데, 파진악은 큰 북을 사용하고 龜玆樂이

붙였다. 아동 8인을 8열로 세워 모두 진덕관進德冠[104])과 자고습紫褲
褶[105])을 입히고 구공무九功舞를 추게 하였다. 동지의 연회 및 국가
의 큰 경사가 있을 때에는 〈칠덕무〉와 함께 궁정에서 연주하였다.

七年, 太宗制破陣舞圖: 左圓右方, 先偏後伍, 魚麗鵝貫, 箕張
翼舒, 交錯屈伸, 首尾迴互, 以象戰陣之形. 令呂才依圖敎樂工百
二十人, 被甲執戟而習之. 凡爲三變, 每變爲四陣, 有來往疾徐擊
刺之象, 以應歌節, 數日而就, 更名七德之舞. 癸巳, 奏七德·九功
之舞, 觀者見其抑揚蹈厲, 莫不扼腕踴躍, 凜然震竦. 武臣列將咸
上壽云:「此舞皆是陛下百戰百勝之形容.」群臣咸稱萬歲. 蠻夷
十餘種自請率舞, 詔許之, 久而乃罷.

(정관) 7년 태종은 〈파진무도破陣舞圖〉를 만들었다. 왼쪽은 원형
이고 오른 쪽은 사각형의 형태였고, 앞은 (전차 25승을) 편偏으로 삼
은 병진兵陣이고 뒤는 갑사 5인을 오伍로 삼은 (병사들의) 대오로
되어 있어[先偏後伍],[106] 어려진魚麗陣,[107] 아진鵝陣·관진鶴陣[108]이

섞여 있으며 그 소리는 震厲하다고 표현한 반면, 공성경선악은 西凉樂
을 사용하고 소리는 閑雅하다고 기록하고 있다. 후에 九功舞로 명칭이
바뀐다.

104) 진덕관進德冠: 당대 황태자와 貴臣들이 착용하던 관이다. 태종때 제정
되었다가 개원 17년 폐지되었다.

105) 자고습紫褲褶: 고습은 호복의 일종이며 위에는 褶을, 아래에는 褲를 착
용한다. 『구당서』 여복지에는 관료가 근무할 때 오품이상은 紫褶을 육품
이하는 緋褶을 착용한다고 기술하고 있다.

106) 선편후오先偏後伍: 『춘추좌씨전』 환공 5년조에 출현하는 단어로, 『司馬

(곡식을 까부르는) 키와 (새의) 날개처럼 펼쳐져[109] 서로 엇갈려 구

法』에 의하면 25乘의 전차를 偏이라고 하고, 5인의 甲士를 伍라고 한다
고 하였다.

107) 어려魚麗 :『춘추좌씨전』 환공 5년조에 "魚麗陳을 만들어 偏을 앞에, 伍
를 뒤에 배치하여 편의 빈틈을 오가 미봉하게 하였다.爲魚麗之陳, 先偏
後伍, 伍承彌縫."라는 말이 보인다. 杜預의 注에 『司馬法』을 인용하여
"車戰에는 25乘을 한 偏隊로 만들어 수레를 앞에 배치하고 伍를 뒤에
배치하여 편대와 편대 사이에 공간이 생기면 伍가 뒤따라가며 그 공간을
미봉한다. 5인으로 구성된 부대를 伍라고 한다. 이것이 아마도 魚麗陣法
인 듯하다.車戰二十五乘爲偏 以車居前 以伍次之 承偏之隙而彌縫闕
漏也 五人爲伍 此蓋魚麗陣法."라고 하였다. 따라서 魚麗陣은 전차부대
가 앞서면 보병부대가 뒤따르면서 마치 물고기 떼가 가듯이 촘촘하게
전차의 사이를 연결하는 陣法으로 생각된다.

108) 아관鵝鸛 : 鵝陣과 鸛陣. 거위나 황새의 형태를 모방한 병진의 한 형태.
아관이 『통전』에는 '鵞鸛'으로 되어 있고, 張衡의 〈東京賦〉에도 "鵞鸛魚
麗 箕張翼舒"라는 구절이 등장한다. 鵞陣과 鸛陣은 『春秋左氏傳』 昭公
21년조에 "(宋나라 華督이 난을 일으키자) 11월 癸未日에 宋나라 公子
成이 晉나라 군대를 이끌고 오니, 曹나라 翰胡가 晉나라 荀吳, 齊나라
苑何忌, 衛나라 公子 朝와 회합하여 宋나라를 구원하였다. 丙戌日에
華氏와 赭丘에서 전투하였는데, 鄭翩은 鸛陣을 펼치고자 하였으나 그
御者는 鵞陣을 펼치고자 하였다."라는 기사에 나타난다. 이 陣法에 대한
자세한 내용은 알려져 있지 않지만, 두예는 이 기사에 대한 주석에서"鸛
과 鵝는 모두 陣名인데 후에 鵝鸛으로 합쳐서 軍陣을 가리켰다"라고
설명하고 있다.

109) 키와 (새의) 날개처럼 펼쳐져 : 원문은 '箕張翼舒'로 본래 張衡의 〈東京
賦〉에 나오는 말이다. 이 구절에 대해서 어떤 해석은 箕와 翼이 28수의
명칭임에 착안하여 별자리 '기성과 익성처럼 펼쳐진' 陣의 모양을 설명한
것으로 보기도 한다.(劉藍, 『二十五史音樂志』第2卷, 192쪽) 그러나 이
해석은 箕(동방 7수 중의 하나) 翼(남방 7수 중의 하나) 뿐만 아니라,

부리고 펴고 하면서 머리와 꼬리가 서로 바뀌기도 하여 전쟁에서의 진법을 상징하였다. (기거랑) 여재에게 명하여 그림에 의거하여 악공 120인을 가르쳐 갑옷을 입고 창을 쥐고 연습하게 하였다. 무릇 3변變이 되는데, 매 번마다 네 개의 진을 펼쳤는데 오고 가며, 빠르거나 혹은 천천히 치고 찌르는 모습이 들어 있어서, 노래와 박자에 맞춰 수일 만에 완성하여 이름을 〈칠덕무〉라고 바꾸었다. (정월) 계사일에 〈칠덕무〉, 〈구공무〉를 연주하자, 구경하는 사람들이 그 격한 손발의 움직임과 발 디딤을 보고 두 팔을 끌어안고 펄쩍펄쩍 뛰면서 늠연히 위세에 놀라지 않는 자가 없었다. 무신과 장군들이 모두 만수무강을 빌면서 말하기를 "이 춤은 모두 폐하께서 백전백승하는 것을 형용한 것이다."고 하니 군신들이 모두 만세를 불렀다. 만이蠻夷 10여 부족들이 스스로 춤을 배우기를 청하였기에 조를 내려 허가하였고, 오랫동안 춤을 추다가 파하였다.

'張' 역시 28수 중의 하나일 가능성은 언급하지 않고 있다. 문맥상으로 '張'은 서술어로 보아야 한다고 해도, 기성과 익성이라는 별자리의 펼쳐진 모양이 어떠한 형태인 것에 대해서는 역시 말하지 않고 있다. 실제로 역사상 箕星이 깃발 등에 묘사되기도 했고 4개의 별이 키 모양인 사실이 알려져 있기는 하지만, 익성과 함께 특별히 그 운행 모습에 대해 주목한 흔적이 없기 때문에 이 해석은 찬성하기 어렵다. 더구나 『문선』의 薛綜의 注에는 "鵝鸛魚麗 幷陣名也. 謂武士發於此而列行 如箕之張 如翼之舒也"라고 하여 무사들이 줄지어 행진할 때 箕와 翼처럼 펼쳐졌다고 했는데, 이 모양은 곡식을 까부르는 키나 삼태기처럼 아래는 좁고 위로 넓어지는 사다리꼴 형태로 대형이 움직이는 모습과 새가 날개를 접었다가 펼치는 동작과 같음을 묘사한 것으로 이해된다. 따라서 여기에서는 箕를 키로, 翼을 날개로 해석한 『문선역주1』(김영문 등, 269쪽)을 참고했다.

十四年, 有景雲見, 河水淸. 張文收採古朱鴈·天馬之義, 制景
雲河淸歌, 名曰讌樂, 奏之管弦, 爲諸樂之首, 元會第一奏者是也.

(정관) 14년 상서로운 구름이 보이고 황하의 물이 맑아졌다. 장문
수張文收가 옛날 〈주안朱鴈〉과 〈천마〉110)의 악곡의 뜻을 채택해 〈경
운하청가景雲河淸歌〉를 짓고 〈연악讌樂〉111)이라고 명명하여 관현으
로 연주하니, 모든 악곡의 으뜸이 되었다. 원회에서 제일 먼저 연주
하는 것이 바로 이것이다.

---

110) 주안朱鴈, 천마 : 주안은 한 무제 태시 3년에 동해에서 赤雁을 잡아 〈朱雁
歌〉를 지었다는 기록을 말한다. 한편 천마는 한 무제 元鼎 4년에 후토사
에서 鼎을 얻고, 渥洼水에서 말이 생겼다는 이야기를 바탕으로 〈보정〉,
〈천마가〉를 지었다는 기록을 말한다.

111) 연악讌樂 : 燕樂 혹은 宴樂
으로도 부르며, 후에 연악은
〈景雲舞〉 외에 〈慶善樂〉〈破
秦樂〉〈承天樂〉 등을 포함
하여 4개의 춤으로 구성되었
다. 현재 궁정연악의 모습을
재현할 수는 없지만, 당대 蘇
思勖墓의 악무 벽화는 연악
의 일면을 보여준다. 이 벽화
는 악무의 반주를 위해 배치
된 악대로 전체 6인으로 구
성되었는데, 앞줄에는 비파,

蘇思勖墓 樂舞壁畫
(『中國音樂文物大系』, 陝西天津卷, 147쪽)

笙, 銅鈸을, 뒷 줄의 2인은 횡적과 박판을 들고 있다. 나머지 1인은 노래
부르는 것으로 추정된다.

永徽二年十一月, 高宗親祀南郊, 黃門侍郎宇文節奏言:「依儀,
明日朝群臣, 除樂懸, 請奏九部樂.」上因曰:「破陣樂舞者, 情不
忍觀, 所司更不宜設.」言畢, 慘愴久之. 顯慶元年正月, 改破陣樂
舞爲神功破陣樂.

영휘 2년(651) 11월에 고종이 친히 남교에 제사하니, 황문시랑 우
문절宇文節이 상주하여 말했다. "의주儀注에 의해서 명일 아침 여러
신하들을 불러 조회할 때 악현樂懸을 빼고 9부악112)을 연주하길 청
합니다." 황제가 이에 대해 다음과 같이 말했다. "〈파진악무〉는 인정
상 차마 볼 수가 없으니 유사는 이를 다시 진설해서는 안 될 것이
다." 말을 마치고는 오래도록 슬퍼하였다. 현경 원년(656) 정월에
〈파진악무〉를 〈신공파진악神功破陣樂〉으로 바꾸었다.

二年, 太常奏白雪琴曲. 先是, 上以琴中雅曲, 古人歌之, 近代已
來, 此聲頓絕, 雖有傳習, 又失宮商, 令所司簡樂工解琴笙者修習
舊曲. 至是太常上言曰:「臣謹按禮記·家語云:舜彈五絃之琴, 歌
南風之詩. 是知琴操曲弄, 皆合於歌. 又張華博物志云:『白雪是
大帝使素女鼓五十絃瑟曲名.』又楚大夫宋玉對襄王云:『有客於
郢中歌陽春白雪, 國中和者數十人.』是知白雪琴曲, 本宜合歌, 以
其調高, 人和遂寡. 自宋玉以後, 迄今千祀, 未有能歌白雪曲者. 臣
今準敕, 依於琴中舊曲, 定其宮商, 然後敎習, 並合於歌. 輒以御製
雪詩爲白雪歌辭. 又按古今樂府, 奏正曲之後[一二],113) 皆別有送

---

112) 9부악: 당왕조 초기 수왕조의 음악을 그대로 계승하여 연주해왔던 음악으
로 燕樂, 淸商, 西涼, 扶南, 高麗, 龜玆, 安國, 疏勒, 康國의 악을 말한다.

聲, 君唱臣和, 事彰前史. 輒取侍臣等奉和雪詩以爲送聲[一三],114)
各十六節, 今悉教訖, 並皆諧韻.」上善之, 乃付太常編於樂府. 六
年二月, 太常丞呂才造琴歌白雪等曲, 上製歌辭十六首, 編入樂府.

현경 2년(657)115) 태상시가 〈백설白雪〉이라는 금곡琴曲을 연주하
였다. 이보다 앞서 고종은 금곡은 아곡雅曲이라 옛 사람들이 이를
노래했지만 근래로 이 소리가 단절되어서 비록 전해져 학습되었다
고 해도 궁상宮商[바른 음계]을 잃었다고 보고, 유사에게 명하여 악
공들 중에서 금琴과 생笙의 연주에 뛰어난 자를 뽑아 옛날 곡을 학
습시키도록 했다. 이에 태상이 다음과 같이 상주하였다. "신이 삼가
살펴보니, 『예기』116)와 『공자가어』117)에 이르기를 순임금이 오현금
을 연주하고 〈남풍南風〉의 시를 노래했습니다. 이것으로 금곡의 연

---

113) [교감기12] "奏正曲之後"의 '正'자는 원래 각 판본에는 없었으나, 『구당
서』 권79 「呂才傳」과 『通典』 권145, 『唐會要』 권33, 『태평어람』 권591,
殘宋本 『冊府元龜』 권569에 의해 보충했다.

114) [교감기13] "輒取侍臣等奉和雪詩"에서 '奉'자는 각 판본에서는 원래
'奏'자로 되어 있다. 여기에서는 『舊唐書』 권79 「呂才傳」, 『唐會要』 권
33, 『太平御覽』 권591, 『冊府元龜』 권569에 의해 고쳤다.

115) 2년 : 『冊府元龜』에는 이 기사를 "3년 10월 신해일"로 기록하여 있고,
『통전』에는 현경 2년에 고종의 지시가 있었고, 3년 10월에 와서 태상시
등의 상주가 있었다고 기록하고 있다. 이 기록을 참고하면 태상시가 〈白
雪〉의 연주를 받들었던 때는 아마도 현경 3년일 가능성이 높다.

116) 예기 : 『禮記』 「樂記」에 있는 다음 구절을 말한다. "昔者舜作五弦之琴,
以歌南風."

117) 공자가어 : 『孔子家語』 辯樂解에 있는 다음 구절을 말한다. "昔者舜彈
五弦之琴, 造南風之詩 其詩曰 南風之薰兮 可以解吾民之慍兮 南風
之時兮 可以阜吾民之財兮."

주는 모두 노래와 합주할 수 있다는 것을 알 수 있습니다. 또한 장화
張華의 『박물지博物志』에 말하기를, '〈백설〉은 태제大帝(태호 복희
씨)가 소녀素女에게 50현 금으로 연주시킨 금곡의 이름이다.'118)라
고 하였고, 초나라 대부 송옥宋玉이 양왕襄王의 질문에 답하여 말하
기를 '어떤 객이 (초의 수도) 영郢 중에서 〈양춘〉과 〈백설〉을 노래했
는데 나라 안에서 화답한 자가 수십 명이었다.'119)고 하였습니다. 이
로 본디 〈백설〉 금곡이 노래와 합주할 수 있었지만, 그 곡조가 높기
때문에 사람들이 따라 부르는 자가 드디어 적어졌다는 것을 알려 줍
니다. 송옥 이후로 지금까지 천여 년 동안 〈백설〉이라는 곡을 능히
부를 수 있는 사람이 없습니다. 신이 지금 칙명을 받들어 금곡중에
서도 옛 곡에 의거해 궁상을 정한 연후 가르쳐 교습하고, 아울러 이
를 노래에 맞춰 연주하게 하였는데, 이때 어제御製 〈설시雪詩〉를 〈백
설〉의 가사로 삼았습니다. 또 고금의 악부120)를 살펴보니 정곡을 연
주한 후에 모두 별도로 송성送聲이 (붙어)있어, 군주가 부르면 신하
가 화답한다고 되어 있는데 이 내용이 전대의 사서에 분명히 나와

---

118) 백설은 … 금곡의 이름이다 : 『博物志』의 佚文으로 『唐會要』 「諸樂」과
    『太平御覽』 「御製」上에 등장한다. 大帝는 『史記』 「武帝本紀」에 '泰帝
    使素女鼓五十弦瑟 悲 帝禁不止 故破其瑟爲二十五弦'으로 되어 있다.
119) 어떤 객이 … 수십명이었다 : 『文選』 권45, 宋玉 「對楚王問」에 다음과 같
    은 구절이 기록되어 있다. "客有歌於郢中者 其始曰下里巴人 國中屬而
    和者數十人. 其爲陽阿 薤露 國中屬而和者數百人. 其爲陽春 白雪 國
    中屬而和者數十人. 引商刻羽 雜以流徵 國中屬而和者不過數人而已".
120) 고금의 악부 : 악부는 본래 전한대 설치된 음악을 담당하는 관청이지만,
    여기에 수집된 歌曲을 의미하기도 한다. 따라서 여기에서는 "古今樂錄"으
    로 보아도 무방하다는 견해도 있다.(吉聯抗, 『隋唐五代音樂史料』 참조)

있는 바, 이 때 시신侍臣121)들이 지은 〈봉화설시奉和雪詩〉122)를 송성의 가사로 삼았습니다. 도합 16절에 대한 교습이 지금 모두 끝났는데, 그 운율이 모두 잘 어우러집니다." 고종은 이를 훌륭하다 여기어, 태상에 명하여 악부에 편입시키도록 했다. 현경 6년(661) 2월 태상승 여재가 창작했던 금가 〈백설〉 등의 곡과 황제가 지은 가사 16수가 악부에 편입되었다.

六年三月[一四],123) 上欲伐遼, 於屯營敎舞, 召李義府·任雅相·許敬宗·許圉師·張延師·蘇定方·阿史那忠·于闐王伏闍[一五]124)

---

121) 시신侍臣: 『舊唐書』 「呂才傳」에는 "太尉 長孫無忌, 僕射 于志寧, 侍中 許敬宗等"을 언급하고 있고, 『通典』 권145 「樂典」5와 『唐會要』 권33 「諸樂」에서는 侍中 許敬宗만을 말하고 있다.

122) 봉화설시奉和雪詩: 어떤 시인지 불명하다. 『文苑英華』와 『全唐詩』에 나오는 허경종의 〈奉和喜雪應制〉라는 시를 말하는 것으로 보기도 하지만, 이 시는 오히려 『文苑英華』에서의 배열 등을 고려하면 太宗의 〈喜雪〉에 어울린다는 지적도 있다. (隋唐樂府文學研究室, 「舊唐書音樂志譯注稿3」, 41쪽)

123) [교감기 14] "六年三月"에서 '六年'은 『唐會要』 권33, 『冊府元龜』 권569에서는 모두 '龍朔元年'으로 되어 있다. 『구당서』 권4 「高宗紀」와 『通鑑』 권200에 의거하면 顯慶六年 2月에 '龍朔'으로 개원한다. 이로 보아 이 곳은 당연히 '龍朔元年'이 되어야 한다.

124) [교감기 15] "于闐王伏闍"에서 '伏'자는 각 판본에는 원래 '休'자로 되어 있다. 여기에서는 『唐會要』 권33, 殘宋本 『冊府元龜』 권569에 의해 고쳤다. 『校勘記』 권13에서는 "지금 太宗紀 및 于闐傳에 의하면 그 왕 이름은 '伏闍信'으로 되어 있다"고 한다. 『通鑑』도 이와 같다. 『당회요』는

· 上官儀等, 赴洛城門觀樂. 樂名一戎大定樂. 賜觀樂者雜綵有差.

　현경 6년(용삭 원년, 661) 3월에 고종은 요동 일대를 정벌하고자
하여 군대의 주둔지에서 춤을 교습하고 이의부李義府 · 임아상任雅相
· 허경종許敬宗 · 허어사許圉師 · 장연사張延師 · 소정방蘇定方 · 아사나
충阿史那忠,[125] 우전왕 복도(신)于闐王伏闍(信) · 상관의上官儀 등을
불러 낙양 성문에서 가서 악무를 살펴보게 했다. 악명은 〈일융대정
악一戎大定樂〉[126]이라고 하였다. 악무를 살펴본 자들에게는 각각의
지위에 따라 견직물을 하사했다.

　麟德二年十月〔一六〕,[127] 制曰:「國家平定天下, 革命創制, 紀
功旌德, 久被樂章. 今郊祀四懸, 猶用干戚之舞, 先朝作樂, 韜而

　비록 틀리지는 않으나 오히려 '信'자가 탈루되어 있다.

125) 아사나충阿史那忠 : 돌궐의 왕족으로 동돌궐의 可汗 頡利를 체포하는
　　데 공훈을 세웠다.

126) 일융대정악一戎大定樂 : 일명 대정악이라고도 한다. 胡三省의 『資治通
　　鑑』注는 이 악곡명이 『尙書』에 나오는 "一戎衣 天下大定"에 기초한
　　것으로, 당 고종이 고구려를 정벌하기 전에 낙양성문에 올라가 군대의
　　진형이 천태만상으로 변하는 모습을 관람하고 이름 붙였다고 전해진다.
　　140인의 춤추는 자가 오채색의 갑옷을 입고 창을 들고 일제히 함성을
　　지르는 모습은 고구려를 평정한 후 천하가 안정되었다는 것을 상징한다
　　고 알려져 있다. 『舊唐書』「音樂志」2에도 소개되어 있다.

127) [교감기 16] "麟德二年十月"에서 '十月'은 각 판본에 의하면 원래 '七月'
　　로 되어 있다. 여기에서는 『通典』 권147, 『冊府元龜』 권569 및 본 편
　　아래 문장에 의거하여 고쳤다.

未伸. 其郊廟享宴等所奏宮懸[一七],128) 文舞宜用功成慶善之
樂, 皆著履執拂, 依舊服褲褶·童子冠. 其武舞宜用神功破陣之樂,
皆被甲持戟, 其執纛之人, 亦著金甲. 人數並依八佾, 仍量加簫·
笛·歌鼓等, 並於懸南列坐, 若舞卽與宮懸合奏. 其宴樂內二色舞
者, 仍依舊別設.」

인덕 2년(665) 10월 (다음과 같이) 제를 내렸다.

　　국가가 천하를 평정하고 천명을 바꿔 제도를 새롭게 만들
때, 그 공적을 기록하고 덕을 높이 현창하여 (그것을 가사로
만들어) 영구히 악장에 입혔었다. 지금 교사의 4현은 여전히
무무武舞인 〈간척무干戚舞〉를 사용하고 있고, 전대에 지어진
음악은 간직한 채 펼치지 않고 있다. 또한 교묘 제사와 향연
등에서 연주되는 궁현의 악의 경우, 문무에는 의당 〈공성경선
악〉을 써야 마땅하니, 모두 신을 신고 불拂을 들고 예전처럼
고습과 동자관을 착용해야 한다. 그 무무에는 마땅히 〈신공파
진악〉을 써야 하니, 모두 갑옷을 입고 창을 들어야 하며 의장
기를 든 사람 역시 금빛 갑옷을 둘러야 한다. 사람 수는 (종횡
8인씩 세우는) 팔일무에 따르되, 소簫, 적笛, 가고歌鼓 등의 악
기 수량은 더 늘려 (증원된) 인원은 궁현의 남쪽 대열에 줄지
어 앉힌다. 춤이 궁현과 합주되고 나면 연악 안에 두 종류의
무인들을 예전대로 달리 안배할 수 있다.

---

128) [교감기 17] "其郊廟享宴等所奏宮懸"에서 '郊廟'는 각 판본에는 원래
　　　없었다. 여기에서는 『通典』 권147, 『唐會要』 권32, 『册府元龜』 권569에
　　　의해 보충했다.

上元三年十一月敕:「供祠祭上元舞, 前令大祠享皆將陳設, 自今已後, 圓丘方澤, 太廟祠享, 然後用此舞, 餘祭並停.」

상원 3년(676) 11월에 칙을 내렸다.

제사에서 봉납되는 〈상원무上元舞〉에 대해 전의 칙령에서는 대사향大祠享에서는 모두 진설하도록 했다. (그러나) 지금 이 후부터는 원구와 방택[천지의 제사] 및 태묘의 제사인 경우에만 이 춤을 사용하고, 나머지 제사에는 모두 (이 춤을) 그치도록 한다.

儀鳳二年十一月六日, 太常少卿韋萬石奏曰:「據貞觀禮, 郊享日文舞奏豫和·順和·永和等樂, 其舞人著委貌冠服, 並手執籥翟. 其武舞奏凱安, 其舞人並著平冕, 手執干戚. 奉麟德二年十月敕〔一八〕,[129] 文舞改用功成慶善樂, 武舞改用神功破陣樂, 幷改器服等. 自奉敕以來, 爲慶善樂不可降神, 神功破陣樂未入雅樂, 雖改用器服, 其舞猶依舊, 迄今不改. 事既不安, 恐須別有處分者.」以今月六日錄奏, 奏敕:「舊文舞·武舞既不可廢, 幷器服總宜依舊. 若懸作上元舞日, 仍奏神功破陣樂及功成慶善樂, 幷殿庭用

---

129) [교감기 18] "奉麟德二年十月敕"에서 각 판본에서는 원래 '三年'으로 되어 있다. 여기에서는 『通典』 권147, 『冊府元龜』 권567 및 본 편의 윗 문장에 근거하여 고쳤다. 『구당서』 권5 「高宗紀」, 『通鑑』 권201에는 "麟德三年正月, 改元乾封"이란 구절이 있으므로 이 곳은 당연히 '二年'이 되어야 한다.

舞, 並須引出懸外作. 其安置舞曲, 宜更商量作安穩法. 幷錄凱安
六變法象奏聞.」萬石又與刊正官等奏曰:

의봉 2년(677) 11월 6일에 태상소경太常少卿 위만석韋萬石이 상주
하여 말했다.

　『정관례』에 의하면, 교향일에 문무文舞에는 〈예화〉·〈순화〉·
〈영화〉 등의 악을 연주하였습니다. 무인은 위모관委貌冠을 착
용하고 아울러 손에는 약籥과 적翟을 잡았습니다. 무무에는
〈개안〉을 연주하였습니다. 무인은 모두 평면平冕을 착용하고
손에는 간척干戚을 잡았습니다.[130] 인덕 2년(665) 10월의 칙명
을 받들어 문무에는 〈공성경선악〉으로, 무무에는 〈신공파진악〉
으로 바꿔 사용했고, 아울러 기물과 복식 등도 바꿨습니다. 칙
명을 받든 이래, 〈경선악〉은 강신降神에 쓸 수 없게 되고, 〈신
공파진악〉은 아악에 들일 수 없게 되었습니다. 비록 기물과 복
식은 바꾸었으나 춤은 옛 것을 따르며 지금까지 고치지 않고
있습니다. (이처럼) 사안이 온당치 않으니, 별도의 조처가 있어
야 할 듯 하옵니다." 금월 6일의 (위만석의) 상주를 받아 (다음
과 같이) 칙을 내렸다. "옛 문무와 무무를 기왕에 폐할 수 없다
면 기물과 복식도 모두 옛 그대로 하는 것이 마땅하다. 만약
악현이 설치되어 〈상원무〉를 연주하는 날에는 〈신공파진악〉

---

130) 위모관委貌冠 : 周나라 때 관리가 착용하던 冠의 이름이다. 文을 상징하
　　는 관으로, 文舞를 출 때에는 이 관을 쓰고 武舞를 출 때에는 平冕을
　　쓴다.

및 〈공성경선악〉을 연주하도록 하라. 아울러 (그밖에) 궁정에서 춤을 출 때는 반드시 악현의 밖에서 연출해야 한다. 그 춤곡의 배치는 마땅히 거듭 고려하여 온당한 기준을 만드는 것이 좋을 것이다. 아울러 〈개안〉 6변이 상징하는 바에 대해서도 기록하여 상주하라.

(이를 받들어) 위만석이 또 간정관刊正官 등과 함께 (아래와 같이) 상주하였다.

　　謹按凱安舞是貞觀中所造武舞, 準貞觀禮及今禮, 但郊廟
祭享奏武舞之樂卽用之. 凡有六變: 一變象龍興參野, 二變
象克靖關中, 三變象東夏賓服, 四變象江淮寧謐, 五變象獫
狁讋伏, 六變復位以崇, 象兵還振旅. 謹按貞觀禮, 祭享日武
舞惟作六變, 亦如周之大武, 六成樂止. 按樂有因人而作者,
則因人而止. 如著成數者[一九],[131] 數終卽止, 不得取行事
賒促爲樂終早晚, 卽禮云三闋·六成·八變·九變是也. 今禮
奏武舞六成, 而數終未止, 旣非師古, 不可依行. 其武舞凱
安, 望請依古禮及貞觀禮, 六成樂止.

　　삼가 살펴보니 〈개안무〉는 정관 중에 만들어진 무무입니다. 『정관례』 및 지금의 예에 준하면 교묘제향郊廟祭享에서 무무武

---

131) [교감기 19] "如著成數者"는 『唐會要』 권32, 『冊府元龜』 권567에는 '如'자아래 「禮云諸侯相見揖讓而入門入門而懸興揖讓而升堂升堂而樂闋是也有」라는 29자가 더 있다. 『校勘記』 권13에서는 "聞本에 이 페이지는 한 문장이 적다. 아마 탈루된 것이 아닌 가 의심스럽다"라고 기록하였다.

舞를 연주하는 음악에만 이를 사용할 수 있는데, 모두 6변이 있습니다. 첫 번째 변은 용이 (28수 중의) 참수參宿 분야에서 흥기하는 것을 상징합니다. 두 번째 변은 관중을 정벌하여 평정한 것을 상징합니다. 세 번째 변은 동쪽으로 하夏[132]를 정벌하여 복종시킨 것을 상징합니다. 네 번째 변은 강회江淮가 평온해진 것을 상징합니다. 다섯 번째 변은 험윤獫狁을 신복시킨 것을 상징합니다. 여섯 번째 변은 황제의 자리에 복위하고 군대가 개선한 것을 상징합니다. 삼가 『정관례』를 살펴보니 제향일에 무무는 6변을 연출하니, 이는 주나라의 〈대무〉가 여섯 번 연주되고 그치는 것과 같습니다. 살펴보건대 음악이 사람으로 인해 제정되었다면 곧 사람에 의해 그치는 것입니다. 만약 성수成數에 의해 연주되는 것이라면, 숫자가 완성되면 그치게 되는 것입니다. 행사 (잔행)의 느림과 빠름을 기준으로 음악의 끝남의 이름과 늦음을 결정하는 것은 아닙니다. 즉 『예기』에서 말하는 3결三闋, 6성六成, 8변八變, 9변九變이 바로 이것입니다. 지금의 의례에서는 무무가 6성을 연주하도록 되어있는데 숫자가 완성되었는데도 그치지 않는다면 이는 이미 옛 것을 모범으로 한 것이 아니므로 지금 따를 수 없습니다. 무무 〈개안〉은, 우러러 청하옵건대, 고례 및 정관례에 의거하여 6성으로 악이 그치도록 해주시옵소서.

---

132) 하夏 : 竇建德이 스스로 夏王이라 칭하며 세운 나라. 두건덕은 武德 4년 (621) 武牢關에서 李世民에게 패하여 포로가 되었다가 당 고조 李淵에 의해 장안에서 처형되었다.

立部伎內破陣樂五十二遍, 修入雅樂, 祇有兩遍, 名曰七德.
立部伎內慶善樂七遍[二〇],133) 修入雅樂, 祇有一遍, 名曰
九功. 上元舞二十九遍, 今入雅樂, 一無所減. 每見祭享日三
獻已終, 上元舞猶自未畢, 今更加破陣樂·慶善樂[二一],134)
兼恐酌獻已後, 歌舞更長. 其雅樂內破陣樂·慶善樂及上元舞
三曲, 並望修改通融, 令長短與禮相稱, 冀望久長安穩.

입부기 내에 있는 〈파진악破陣樂〉135) 52편遍 중 정돈하여 아
악에 편입되었던(한) 것은 단지 2편뿐이며 이름은 〈칠덕七德〉
이라 하였습니다. 입부기 내에 있는 〈경선악〉 7편 중 정돈하여

---

133) [교감기 20] "慶善樂七遍"에서 '七遍'은 『通典』 권147, 『新唐書』 권21
「禮樂志」에서는 '五十遍'으로 되어 있다. 『校勘記』 권13에서 말하기를
"以上五十二遍下二十九遍例之, 疑五十是"라고 하였다.

134) [교감기 21] "今更加破陣樂慶善樂"에서 '慶善樂'은 원래 각 판본에는
없는 글자이다. 『通典』 권147, 『唐會要』 권32, 『冊府元龜』 권567에 의해
보충하였다. 아래 구절에 '兼'자 역시 『通典』, 『會要』, 『冊府元龜』에는
모두 없다.

135) 파진악破陣樂 : 본래 태종이 진왕시절 사방을 정벌하면서 민간에서 들었
던 〈진왕파진악〉의 곡을 즉위 후 음률과 가사를 다시 수정하여 120인이
갑옷을 입고 창을 들고 출정의 동작을 하며 성대히 연주되던 아악이다.
이러한 측면에서 〈파진악〉은 속악이 아악화되었던 일면을 보여준다. 그러
나 고종즉위 후 〈신공파진악〉으로 개칭되고 유명무실해졌다가 다시 위만
석 등의 건의를 받아들여 제사악곡으로 되었지만, 현종시기 좌부기 〈소파
진악〉이 만들어지면서 남성뿐만 아니라 여성도 참여하였고 참가인원도
크게 감소하는 등 다시 아악이 속화되는 과정을 거친다. 경종시기에는
잡기공연을 하면서 배경음악으로 사용되기도 하였고, 번진에서도 빈객을
맞이할 때 사용하는 등 초기의 위엄과 권위를 상실하게 된다. 이 〈파진악〉
의 역사적 변천은 唐代 음악을 이해하는데 중요한 실마리인 것 같다.

아악에 편입한 것은 단지 1편뿐이며, 이름은 〈구공九功〉이라고
하였습니다. 〈상원무上元舞〉 29편은 지금 아악에 편입되어 하
나도 감소된 것이 없습니다. 매번 보면 제향일에 삼헌[세 번의
헌주]이 끝나도 상원무만은 홀로 끝나지 않고 있는데, 지금
〈파진악〉과 〈경선악〉까지 더하신다면 작헌례 이후의 가무가
더 길어질까 저어되옵니다.) 그 아악 내 〈파진악〉·〈경선악〉 및
〈상원무〉 3곡은 완전히 수정하고 통합시켜 악곡의 장단과 예
의 순서를 서로 맞춰 오랫동안 온당한 상태로 정착될 수 있게
해주시기를 바라옵나이다.

破陣樂有象武事, 慶善樂有象文事. 按古六代舞, 有雲門·
大咸·大夏·大韶, 是古之文舞；殷之大濩, 周之大武, 是古之
武舞. 依古義, 先儒相傳, 國家以揖讓得天下, 則先奏文舞；若
以征伐得天下, 則先奏武舞. 望請應用二舞日, 先奏神功破陣
樂, 次奏功成慶善樂.

〈파진악〉은 무武에 관한 일을 상징하고, 〈경선악〉은 문文에
관한 일을 상징합니다. 살펴보건대 옛날 육대의 무136)에 〈운문
雲門〉·〈대함大咸〉·〈대하大夏〉·〈대소大韶〉가 있는데, (이것은)
고대의 문무文舞입니다. 은의 〈대호大濩〉, 주의 〈대무大武〉는
고대의 무무武舞입니다. 옛 뜻에 의거해 앞선 유학자들이 서로
전하기를, 국가가 읍양揖讓함으로써 천하를 얻었다면 먼저 문

---

136) 육대무 : '육대'는 黃帝·堯·舜·禹·湯·周를 말하며, 육대무는 〈雲門〉
·〈咸池〉·〈大韶〉·〈大夏〉·〈大濩〉·〈大武〉 등이다.

무를 연주하고, 만약 정벌로써 천하를 얻었다면 먼저 무무를 연주한다고 하였습니다. 우러러 바라옵건대 이 두 가지 춤을 (동시에) 쓰는 날에는 마땅히 먼저 〈신공파진악〉을 연주하고, 다음으로 〈공성경선악〉을 연주하시옵소서.

先奉敕於圓丘·方澤·太廟祠享日, 則用上元之舞. 臣據見行禮, 欲於天皇酌獻降復位已後, 卽作凱安, 六變樂止[二二],137) 其神功破陣樂·功成慶善樂·上元之舞三曲, 待修改訖, 以次通融作之, 卽得與舊樂前後不相妨破. 若有司攝行事日, 亦請據行事通融. 從之.

먼저 원구와 방택 및 태묘의 제사일에 칙을 받들 때에는 〈상원무〉를 연주하옵소서. 신은 현재 행해지는 예에 의거하여 황제가 작헌하고 내려와 제자리로 간 뒤에 바로 〈개안무〉을 연주하고, 6변이 완성되면 악을 그치고자 하옵니다. 〈신공파진악〉·〈공성경선악〉·〈상원무〉세 곡의 경우, 정리가 다 될 때를 기다려 차례대로 융통시킨다면 예전의 음악과 전후로 서로 방해되어 해를 끼치지 않을 것이옵니다. 유사가 행사를 주관하게 되면 이에 의거하여 융통할 수 있게 해주시기를 청하옵니다.

(황제가) 이에 따랐다.

---

137) [교감기 22] "六變樂止"에서 '六'자는 각 판본에는 원래 없다. 여기에서는 『通典』 권147, 『唐會要』 권32, 『冊府元龜』 권567에 의해 보충했다.

三年七月, 上在九成宮咸亨殿宴集, 有韓王元嘉·霍王元軌及
南北軍將軍等. 樂作, 太常少卿韋萬石奏稱:「破陣樂舞者, 是皇
祚發跡所由, 宣揚宗祖盛烈, 傳之於後, 永永無窮. 自天皇臨馭四
海, 寢而不作, 旣緣聖情感愴, 群下無敢關言. 臣忝職樂司, 廢缺是
懼. 依禮, 祭之日, 天子親總干戚以舞先祖之樂, 與天下同樂之也.
今破陣樂久廢, 群下無所稱述, 將何以發孝思之情?」上矍然改容,
俯遂所請, 有制令奏樂舞, 旣畢, 上歔歆感咽, 涕泗交流, 臣下悲淚,
莫能仰視. 久之, 顧謂兩王曰:「不見此樂, 垂三十年, 乍此觀聽, 實
深哀感. 追思往日, 王業艱難勤苦若此, 朕今嗣守洪業, 可忘武功?
古人云:『富貴不與驕奢期, 驕奢自至.』朕謂時見此舞, 以自誡勗,
冀無盈滿之過, 非爲歡樂奏陳之耳.」侍宴群臣咸呼萬歲.

(의봉) 3년(678) 7월 황제가 구성궁[138)의 함형전에서 연회를 열고
(군신들과) 모였을 때, 그 자리에 한왕韓王 이원가李元嘉,[139) 곽왕霍
王 이원궤李元軌[140) 및 남북 군대의 장군들이 있었다. 음악이 연주
되자 태상소경 위만석이 상주하여 말했다. "〈파진악무〉라는 것은 당

---

138) 구성궁 : 지금의 섬서성 寶鷄市 위치하며, 당 왕조의 첫 번째 離宮이다.
     수 문제때 처음 완성될 때의 명칭은 仁壽宮이었으나, 당 태종때 확장하면
     서 구성궁으로 이름을 바꿨다. 구성은 '九重' 혹은 '九層'이라는 뜻이다.
     당 태종이 피서시에 이곳에 머물면서 발견한 샘물을 기념하여 세운 '九成
     宮醴泉銘碑'와 구양순이 쓴 그 비명 '구성궁예천명'은 중국 서법사에서
     매우 유명하다.
139) 이원가李元嘉(619~688) : 당 고조의 11번째 아들이다. 무덕 10년에 한왕
     에 봉해졌고, 垂拱 4년 越王 李貞의 난에 참여했다가 자살했다.
140) 이원궤李元軌(?~688) : 당 고조의 14번째 아들이다. 越王 李貞과 같이
     반란을 도모하다가 도중에 죽었다.

황조의 황위가 세워진 경위를 드러낸 것이니, 선조의 큰 공적을 널리 밝히고 후세에 이를 전하여 영원무궁하도록 하고자 하는 것이다. 천황께서 천하에 임어하신 이래로 이 음악이 그친 채 연주되고 있지 않은데, 황제께서 슬퍼하시는 바라 신하들이 감히 아뢰지 못하고 있습니다. 신이 분수에 맞지 않게 악사樂司를 맡고 있기에 (음악이) 폐지되고 빠진 것을 걱정하고 있습니다. 예에 의하면[141] 제사의 날에 천자는 스스로 방패와 도끼를 가지고 선조의 악을 연주하며 (간척무를) 춤추고 천하와 더불어 이를 함께 즐긴다 하였습니다. 지금 〈파진악〉이 오랫동안 폐지되어 있어 여러 신하들이 언급하는 일조차 없으니 장차 어떻게 효성을 표현할 수 있겠습니까?" 황제가 놀라 정색을 하면서 굽어 주청한 바를 허락하시고, 조를 내려 〈파진악무〉를 연주하도록 하였다. 이를 마치니, 황제는 감정이 북받쳐 올라 흐느껴 눈물을 흘리시니, 신하들도 비통하여 눈물을 흘리며 우러러 바라보지 못하였다. 한참 후에 황제는 두 왕에게 일러 다음과 같이 말하였다. "이 악무를 보지 못한 지 30년이 되어 가는데, 지금 갑자기 보고 듣게 됨에 실로 슬픔이 지극하도다. 지난날을 생각해보면 왕업의 어려움과 고됨이 이와 같으니, 짐이 앞으로 홍업을 이어받아 지킴에 어찌 무공을 잊을 수 있겠느냐? 옛 사람이 말하기를 '부귀는 교만, 사치와 약속하지 않아도 교만, 사치가 저절로 찾아온다.'[142] 하였다.

---

141) 『禮記』「祭統」에 '군주가 간척을 잡고 춤추는 위치로 나가 천하와 더불어 즐긴다"는 언급이 있다.

142) 富貴不與驕奢期, 驕奢自至 : 『戰國策』「趙策」3에 公子 牟가 應侯에게 하는 말 중에 나온다. 원문은 "귀함은 부유함과 더불어 올 것을 기약하지는 않지만 부유함이 (따라) 오고, 부유함은 산해진미와 더불어 올 것을

짐이 말하노니, 때때로 이 악무를 보는 것은 이로써 스스로 경계하고 면려하여 가득 참으로 인해 생기는 재앙[143]이 없기를 바라는 것이지, 즐기기 위해 연주하는 것은 아닐 따름이다." 연회에 참석한 군신들이 모두 만세를 불렀다.

調露二年正月二十一日, 則天御洛城南樓賜宴, 太常奏六合還淳之舞.

조로 2년(680) 정월 21일에 측천무후가 낙양성 남문의 누각에서 임어하여 연회를 베풀었을 때에 태상은 〈육합환순무六合還淳舞〉[144]를 연주했다.

長壽二年正月, 則天親享萬象神宮. 先是, 上自製神宮大樂, 舞用九百人, 至是舞於神宮之庭.

기약하지 않지만 산해진미가 (같이) 오며, 산해진미는 교만 사치와 더불어 올 것을 기약하지 않지만 교만 사치가 (따라) 오고, 교만 사치는 사망과 더불어 올 것을 기약하지는 않지만 사망이 (따라) 온다."라는 문장으로 되어 있다.

143) 가득 참으로 인해 생기는 재앙 : 원문은 '盈滿之過'이며, 부귀나 권세가 극성에 달하면 오히려 불행이나 재앙을 초래한다는 의미로, 『후한서』 「방술열전」에 "盈滿之咎, 道家所忌"라는 구절에 나온다.

144) 육합환순무六合還淳舞 : 의미는 육합, 즉 천하가 원래의 순박한 상태로 되돌아가도록 기원하는 춤이라는 뜻이다. 『冊府元龜』 등에는 '新造'라는 단어를 추가하여 이때 새로 만들었다는 점을 확인시키고 있다.

장수 2년(693) 정월에 측천무후는 만상신궁에서 제향을 올렸다. 이에 앞서 측천무후는 〈신궁대악〉을 직접 제작하고 춤에 9백 명을 동원하였는데, 이 때에 이르러 만상신궁 뜰에서 춤추게 하였다.

景龍二年, 皇后上言:「自妃主及五品以上母妻, 并不因夫子封者, 請自今遷葬之日, 特給鼓吹, 宮官亦準此.」侍御史唐紹上諫曰:「竊聞鼓吹之作, 本爲軍容, 昔黃帝涿鹿有功, 以爲警衛, 故摑鼓曲有靈夔吼·鵰鶚爭·石墜崖·壯士怒之類. 自昔功臣備禮, 適得用之, 丈夫有四方之功, 所以恩加寵錫. 假如郊祀天地, 誠是重儀, 惟有宮懸, 本無案架. 故知軍樂所備, 尚不洽於神祇;鉦鼓之音, 豈得接於閨閫. 準式, 公主王妃已下葬禮, 惟有團扇〔二三〕[145]·方扇·綵帷·錦障之色, 加至鼓吹, 歷代未聞. 又準令, 五品官婚葬, 先無鼓吹, 惟京官五品, 得借四品鼓吹爲儀. 令特給五品已上母妻〔二四〕,[146] 五品官則不當給限, 便是班秩本因夫子, 儀飾乃復過之, 事非倫次, 難爲定制, 參詳義理, 不可常行. 請停前敕, 各依常典.」上不納.

경룡 2년(708) 위황후韋皇后가 "왕비, 공주로부터 5품 이상 (관원의) 어머니와 처 중에 남편과 아들에 의하지 않고 작호를 봉한 자에게는 지금부터 장지葬地를 옮기는 날에 특별히 고취악을 연주하도

---

145) [교감기 23] "惟有團扇"에서 '惟'자는 각 판본에는 원래 '準'자로 되어 있다. 『구당서』 권85 「唐臨傳」에 의해서 고쳤다.

146) [교감기 24] "令特給五品已上母妻"에서 '令'자는 『新舊唐書合鈔』 권27 「樂志」와 『全唐文』 권271에서는 '今'자로 되어 있다. 여기가 옳다.

록 하고, 또한 후궁의 여관도 이것에 준하도록 하시옵소서."라고 아뢰었다. 시어사侍御史 당소唐紹(?~713)가 간언을 올렸다.147) "삼가 듣기에 고취악의 연주는 본래 군대의 위용을 위한 것으로, 옛날 황제黃帝가 탁록涿鹿에서 공을 세울 때 이 곡을 경위警衛로 삼았기에, 〈강고곡掆鼓曲〉148)에 〈영기후靈夔吼〉·〈조악쟁鵰鶚爭〉·〈석추애石墜崖〉·〈장사노壯士怒〉 등의 곡이 있었습니다. 예로부터 공신들이 예를 갖출 때 사용할 수 있었고, 장부가 사방 정벌에 공을 세웠을 때도 이것으로써 은혜에 총애로운 하사를 더하였습니다. 그러나 천지에 지내는 교사례와 같은 것은 실로 그 의식이 중대한지라, 궁현만 연

---

147) 당소의 간언은 『구당서』 「당소전」에도 똑같이 나온다.

148) 강고곡掆鼓曲 : 원래는 길이 3척의 일종의 작은 북에 속하는 악기 이름으로 연회에서 큰북을 치기 전에 먼저 치는 것으로 수양제가 향연에서 사용했다고 알려져 있다. 그러나 『문헌통고』에 의하면 黃帝가 蚩尤를 물리치고 지었다고 전해지는 10장의 악곡명이다. 『신당서』 「의위지」를 참고하면 고취오부가 있는데 그 중 첫 번째가 고취부이다. 또 고취부는 또 掆鼓, 大鼓 金鉦小鼓, 長鳴, 中鳴 등으로 나뉜다. 이 중 掆鼓는 10곡이 있는데, 그 명칭은 警雷震, 猛獸駭, 鷙鳥擊, 龍媒蹀, 靈夔吼, 鵰鶚爭, 壯士怒, 熊羆吼, 石墜崖, 波蕩壑 등이다. 이 중 〈영기후〉는 『산해경』에 등장하는 전설상의 신령스런 짐승 영기가 울부짖는다는 의미이다. 영기는 소를 닮았지만 뿔이 없고 다리는 하나인데 물에 출입하면 반드시 풍우를 일으킨다고 설명되고 있다. 〈조악쟁〉에서 조악은 張衡의 〈思玄賦〉에 등장하는데 『문선』에서 李賢은 惡鳥이며 小人에 비유된다고 주석하고 있다. 돌이 떨어지는 낭떨어지라는 뜻의 〈석추애〉나 장사가 분노한다는 뜻의 〈장사노〉에 대해서는 사료상에 별다른 흔적이 없다. 전반적으로 보면 사나움, 위압감 등을 느끼게 하는 악곡명을 붙임으로 軍樂의 특징을 표현하고자 했던 것 같다.

주할 뿐, 고취악은 본디 두지 않았습니다. 따라서 군악에 구비된 악기는 천지신명에게 적합하지 않음을 알 수 있거늘, 하물며 징과 북 소리가 어찌 여인네들의 내실과 접할 수 있겠습니까? 식式[149]에 의하면 공주와 왕비 이하의 장례에는 다만 원형의 선扇과 방형의 선扇, 채색 휘장, 비단 병풍[금장錦障]이 있을 뿐, 고취악을 더한다는 것은 대대로 들어보지 못하였습니다. 또 영令에 의하면, 5품 관원의 혼인과 장례에는 원래 고취악이 없었고 오직 경관 5품만이 4품 고취악을 빌려 의식을 집행할 수 있었습니다. 만약 특별히 5품관 이상 (관원)의 모친과 처에게 (고취악을) 부여하고 5품관 (자신)은 부여의 범위에 해당되지 않는다면, 모친과 처의 관품의 등급이 본래는 남편과 아들에 의거함에도 의례의 형식들은 남편과 아들을 넘어버리게 되니, 이 일은 윤상倫常의 순서에도 맞지 않기 때문에 제도로 정하기도 어렵습니다. (고취악을 연주하는) 의리를 상세히 고려한다면 (이 일을) 항상적으로 행할 수는 없습니다. 청컨대 앞선 조칙을 정지시켜 각기 항구적인 규범에 따르도록 하시옵소서." 황제가 받아드리지 않았다.

延載元年正月二十三日, 製越古長年樂一曲[二五].[150]

---

149) 식式 : 律令格式 중의 式을 말한다. 『신당서』「형법지」에는 "式者, 其所常守之法也"라고 표현하고 있다. 『구당서』「직관지」에는 "式, 以軌物程事"라고 설명하고 있다.

150) [교감기 25] "延載元年 … 越古長年樂一曲"은 『校勘記』권13에서 말하기를 '살펴보니 延載는 측천무후에 관련된 연호이다. 이 조 18자는 당연

연재[151] 원년(694) 정월 23일, 〈월고장년악越古長年樂〉한 곡을 만들었다.

玄宗在位多年, 善音樂, 若讌設酺會, 卽御勤政樓. 先一日, 金吾引駕仗北衙四軍甲士, 未明陳仗, 衛尉張設, 光祿造食. 候明, 百僚朝, 侍中進中嚴外辦, 中官素扇, 天子開簾受朝, 禮畢, 又素扇垂簾, 百僚常參供奉官・貴戚・二王後・諸蕃酋長, 謝食就坐. 太常大鼓, 藻繪如錦, 樂工齊擊, 聲震城闕. 太常卿引雅樂, 每色數十人, 自南魚貫而進, 列於樓下. 鼓笛雜簍, 充庭考擊. 太常樂立部伎・坐部伎依點鼓舞, 間以胡夷之伎. 日旰, 卽內閑廐引踝馬三十四, 爲傾杯樂曲[二六],[152] 奮首鼓尾, 縱橫應節. 又施三層板床[二七],[153] 乘馬而上, 抃轉如飛. 又令宮女數百人自帷出擊雷鼓, 爲破陣樂・太平樂・上元樂[二八],[154] 雖太常積習, 皆不如其妙也. 若聖壽樂,

히 長壽 2年條의 뒤, 景龍 2年條의 앞에 해당된다. 만약 금본처럼 된다면, 곧 측천무후 재위 시의 일이 오히려 뒤에 오고, 중종 복위시의 사건이 앞에 오게 된다. 이것이 착간이 됨은 의심의 여지가 없다.'라고 하였다.

151) 연재 : 『구당서』「측천무후기」에 의하면 長壽 3년(694) 5월에 연호를 延載로 바꾼다. 이에 근거하면 [교감기 25]에서도 지적한 대로, 이 조문은 시대 순서상 앞 조문인 景龍 2年의 문장보다 앞에 위치해야 한다.

152) [교감기 26] "爲傾杯樂曲"에서 '爲'자는 각 판본에서는 원래 없었다. 여기에서는 『通鑑』 권218 胡注에서 인용한 『舊唐書』에 의해 보충하였다.

153) [교감기 27] "又施三層板床"에서 '板'자는 각 판본에서는 원래 '校'자로 되어 있다. 여기에서는 『通鑑』 권218 「胡注」에서 인용한 『舊唐書』와 『冊府元龜』 권569에 의해 고쳤다.

154) [교감기 28] "太平樂上元樂"에서 「太平樂」이하는 『冊府元龜』 권569에

則迴身換衣, 作字如畫. 又五坊使引大象入場, 或拜或舞, 動容鼓振, 中於音律, 竟日而退. 玄宗又於聽政之暇, 敎太常樂工子弟三百人爲絲竹之戲, 音響齊發, 有一聲誤, 玄宗必覺而正之, 號爲皇帝弟子, 又云梨園弟子, 以置院近於禁苑之梨園. 太常又有別敎院, 敎供奉新曲. 太常每凌晨, 鼓笛亂發於太樂署. 別敎院廩食常千人[二九],155) 宮中居宜春院. 玄宗又製新曲四十餘, 又新製樂譜. 每初年望夜, 又御勤政樓, 觀燈作樂, 貴臣咸里, 借看樓觀望. 夜闌, 太常樂府縣散樂畢, 卽遣宮女於樓前縛架出眺歌舞以娛之. 若繩戲竿木, 詭異巧妙, 固無其比.

현종이 오랜 해 재위했는데, 음악을 좋아하여 연회를 베풀어 잔치를 즐길 때면 근정루勤政樓156)에 행차했다. 그 하루 전에 금오위金吾衛의 인가장引駕仗157)과 북아北衙4군158)의 병사들이 날이 밝기 전에

서는 '慶善樂'이 더 있다.

155) [교감기 29] "別敎院廩食常千人"에서 '別'자는 각 판본에서 원래 그 앞 구절 '署'자 앞에 있다. 여기의 앞 구절 '太常又有別敎院'句 및 『冊府元龜』 권569에 의해 고쳤다.

156) 근정루勤政樓 : 「北宋呂大防圖長安興慶宮圖拓本」에 의하면 근정루는 장안성 흥경궁의 서남쪽에 남방을 향하여 설치되었다. 정무를 근면하게 한다는 의미의 근정루에 관한 기록은 『구당서』「현종본기」에 몇 차례 나오지만, 그 외에도 「목종본기」와 「문종본기」에도 한 차례씩 출현한다.

157) 인가장引駕仗 : 금오위에 속하는 무관의 직명이다.

158) 북아 4군 : 唐代 황제의 禁軍으로 황궁의 북쪽에 주둔했던 것에서 명칭이 유래한다. 唐代 금군은 南衙, 北衙의 구분이 있었는데, 남아는 宰相府에서 관할했고, 북아는 황제가 직접 관할했다. 4軍은 일반적으로 羽林, 龍武, 神武, 神策軍을 말한다. 다만, 『구당서』「직관지」에 의하면 좌우용무군과 좌우우림군을 합하여 北門四軍이라고 칭한다고 하였다.

정렬해 있고, 위위시衛尉寺의 관원이 (의식의 도구를) 배치하고, 광록시光祿寺의 관원이 음식을 준비했다. 날이 밝아지면서 백료들이 조회하고 시중이 중정의 경비[중엄中嚴]'과 '궁정 전체의 경비[외판外辦]'159)를 (마쳤음을) 상주하고, 중관中官[환관]이 '소선素扇'을 들면 천자가 어렴을 걷어 조회를 받고, 의례가 끝나 다시 '소선'을 들고 어렴을 늘어뜨리면 백관 가운데 상참공봉관常參供奉官160), (천자의) 귀척, 이왕후二王後161), 여러 번蕃의 추장들이 음식에 감사하며 자리에 참석했다. 태상시의 대고大鼓는 비단 같이 화려한 문양으로 채색되어 있고, 악공이 일제히 북을 치면 소리가 성 전체에 진동했다. 태상경이 아악의 악단을 이끄는데 악단내 매 부문部門마다 수십 인이 있어 남쪽으로부터 줄지어 늘어서 나아가며 누각 아래에 도열했다. 대고와 적笛과 계루고雞婁鼓를 뜰에 가득 늘어놓고 두들겼다. 태상악인 입부기와 좌부기가 점고點鼓에 맞추어 춤을 추고, 사이사

---

159) 중엄中嚴과 외판外辦 : 줄여서 嚴辦이라고도 하며 황제가 원단조회 혹은 교사례 등을 치를 때 황제가 출행하기 전에 中庭의 정돈과 경비와 궁중 전체의 경비를 시행하는 것을 말한다. 『新唐書』「肅宗本紀」에는 "유사가 冊禮를 행할 때, 그 의식에는 中嚴과 外辦이 있고, 그 服飾은 絳纱로 한다."라는 기록이 있다.

160) 상참공봉관常參供奉官 : 상참관은 황제를 만날 수 있는 고급 관원이다. 『신당서』 백관지에 의하면 당대에는 오품이상 관료 및 중서성 문하성의 공봉관, 감찰어사, 원외랑, 태상박사 등이 이에 해당한다.

161) 이왕후二王後 : 새로운 왕조가 건립된 후 앞 두 왕조의 왕족으로 봉지를 받은 후손을 말한다. 종종 三恪이라는 단어와 같이 사용된다. 『춘추좌씨전』 양공 25년조 경문에 대한 杜預의 주석에서 "周가 천하를 얻은 후 夏와 殷의 二王後를 봉했고, 또 순임금의 후예를 봉했으니 이는 恪이라고 한다"라는 구절이 있다. 여기에서는 北周와 隋왕조의 후손을 말한다.

이에 호이胡夷의 춤도 섞었다. 해가 저물면 내한구內閑廐[162]가 30필의 춤을 출 수 있는 말[접마蹀馬]을 데리고 나오는데, 〈경배악傾杯樂〉이란 곡이 연주되면 말이 머리를 흔들고 꼬리를 움직여 좌우로 박자에 맞춘다. 또 3단의 판상을 펼쳐 놓고 말을 타고 그 위에 올라가 나는 듯 빙글빙글 춤을 추었다. 또 궁녀 수백 명에게 휘장에서 나와 뇌고雷鼓를 치면서 〈파진악〉·〈태평악〉·〈상원악〉을 연주하게 하였는데, 비록 태상이 오래도록 연습한다고 할지라도 그 오묘함을 따라가지 못할 정도였다. 〈성수악聖壽樂〉이 연주될 때는 몸을 돌려 옷을 바꿔 입고 마치 그림처럼 글자를 만들었다. 또 오방사五坊使[163]가 큰 코끼리를 데리고 (무대에) 들어오면 절도 하고 춤도 추었는데, 움직이는 모습에 맞추어 북을 울리면 음률에 곧 잘 맞추었으며, 종일 공연한 뒤에 물러갔다. 현종은 또 정무를 돌보던 여가에 태상의 악공 자제 3백인에게 사죽絲竹[관현악]의 놀이를 가르쳤다. 음향이 일제히 울릴 때 한 음이라도 틀림이 있다면 현종은 반드시 지적하여 바로잡고 이름 하여 '황제 제자'라고 하고, 또는 '이원梨園 제자'[164]라고도 불렀는데, 이것은 금원의 가까운 곳에 이원을 두었

162) 내한구內閑廐 : 한구는 牧場의 말을 먹이는 관청인데, 당대에는 內外閑 廐로 나뉘어 있었고 이를 맡아보는 內外 閑廐使라는 관직이 있었다.
163) 오방사五坊使 : 오방은 독수리, 송골매, 새매, 매, 사냥개 등을 돌보며 황제가 수렵과 사냥할 때 사용할 수 있도록 제공하던 당대 관청이다. 민간에서 진귀한 새나 명견 등을 빌리거나 압수하여 폐해가 컸기 때문에 송초에 폐지되었으나, 요대 다시 부활하기도 한다. 오방사는 그 담당관원으로 五坊宮苑使의 약칭이며 요대는 五坊長官으로 명칭이 변경되었다.
164) 이원제자梨園弟子 : 음악을 좋아하고 손수 악기를 연주하던 당현종이 직접 가무를 전담하는 인원을 훈련시키기 위해 선발한 학생들이다. 장안성

기 때문이다. 태상에는 또 별교원別教院[165])이 있었는데, 황제에게 바치는 신곡을 가르쳤다. 태상에서는 매일 이른 새벽에 북과 피리의 소리가 대악서에 어지럽게 울려 퍼졌다. 별교원의 늠식廩食하는 인원은 항상 천여 명이었는데, 궁중에서는 의춘원宜春院에서 거주했다. 현종은 또 신곡 40여 곡을 제작하고 새로운 악보[기보법記譜法]도 만들었다. 매년 초 (정월) 보름밤[지금의 원소절元宵節]에 근정전에 행차하여 장식한 제등提燈을 관상하고 음악을 연주시켰는데, 고관이나 외척들은 관람용 높은 전각을 빌어 조망했다. 밤이 깊어 태상의 악부가 궁현을 정리하고 음악을 파하면, 궁녀를 누대 앞 횟대로 나오게 하여 가무를 추게 하고 즐겼는데,[166]) 줄타기[繩戲][167])나

내 광화문 북쪽에 있는 이원에서 교육하였기에 이원제자라고 불리며 일시 3백여 명의 청년자제를 선발하였다고 알려진다. 황제제자 외에 '황제이원제자' 혹은 '法曲弟子' 등의 별칭이 있다. 이들의 출신은 태상시 중의 좌부기 인원 3백 인, 궁녀 수백 인, 小部音聲 30여 인 등으로 구성되었고, 이외 민간에서 음악에 정통한 인원이 엄격한 선발과정을 거쳐 포함되었을 것으로 추정한다.(左漢林, 『唐代樂府制度與歌詩研究』, 153쪽)

165) 별교원別教院 : 太常寺梨園別教院을 말한다. 태상시에 소속되어 황제의 오락과 향연 음악을 담당하던 기구로 貞觀 14년(640) 전후 설치된 것으로 추정한다.(左漢林, 『唐代樂府制度與詩歌研究』, 150쪽)

166) 궁녀를 … 즐겼다 : 원문은 "卽遣宮女於樓前縛架出眺歌舞以娛之"이다. 여기에서 縛架는 나무를 끈으로 묶은 어떤 설비나 장치를 말하는데, 구체적으로 어떠한 형태인지 분명하지 않다. 梱綁木架(통나무를 묶은 횟대)로 해석하기도 했는데(『二十四史全譯, 舊唐書』) 누각 앞에 멀리 조망할 수 있도록 설치한 어떤 구조물인 것으로 추정된다. 전체 해석도 '眺'자를 '跳'자로 해석하여 '궁녀들이 뛰면서 가무를 추었다'라고 보기도 하고, '出'자 앞에 표점을 하여 '궁녀들이 나와 가무한 것을 보며 즐겼다'라는

장대놀이[竿木]168) 같은 것이 아무리 괴이하고 교묘하다고 해도 이
와 비할 바가 못 되었다.

해석도 가능하다고 보았다. (隋唐樂府文學硏究室,「舊唐書音樂志譯注
稿4」, 49쪽)

167) 승희繩戲 : 『晋書』와 『宋書』의 「樂志」에는 후한시대 정월 원단에 德陽殿
에서 줄타기 기예가 행해진 정황을 묘사하고 있는데 "두 개의 큰 줄을
수 丈이나 떨어진 기둥에 묶고 두 명의 倡女가 춤을 추면서 줄 위를 걸어
가는데 서로 어깨를 스쳐도 기울어지지 않았다"라고 기록하고 있다."

168) 간목竿木 : 광대가 긴 장대를 머리나 배로 잡고 회전시키는 등의 놀이로
장대 끝에는 소년이 매달려 연기를 하는 것이 널리 알려져 있다. 당대
출토된 雜技俑 중 70%가 이 장대놀이일 정도로 보편화된 놀이이다. 고고
발굴로 보고된 것 중 유명한 것으로는 西安 金郷縣主墓에서 출토된 竿木
雜技俑 7건, 孫承嗣夫婦墓에서 발견된 標木, 서안 田王村 唐墓에서 발
견된 三彩雜技俑, 신강 阿斯塔納 336호묘에서 나온 2건의 목조용 등이
있고, 圖像으로는 唐武惠妃墓에서 발굴된 간목형상 및 돈황 막고굴의
당대벽화 등이 있다.(岳敏靜,「唐代雜技相關問題硏究」 참조) 西安 田王
村 唐墓 三彩戲弄陶俑은 당시 잡기유행의 일면을 보여준다.(그림 참조)

西安 田王村 唐墓 三彩戲弄陶俑(『中國音樂文物大系』(陝西天津卷), 167쪽)

天寶十五載, 玄宗西幸, 祿山遣其逆黨載京師樂器樂伎衣盡入
洛城. 尋而肅宗克復兩京, 將行大禮, 禮物盡闕. 命禮儀使太常少
卿于休烈使屬吏與東京留臺領[三〇],[169] 赴于朝廷, 詔給錢, 使
休烈造伎衣及大舞等服, 於是樂工二舞始備矣.

천보 15년(756)[170] 현종은 서촉西蜀으로 출행했고, 안록산安祿山은
(그 자신의) 역당[171]을 보내 경사京師의 악기樂器와 악인들의 옷을
싣고 모두 낙양성에 들여오게 하였다. 이윽고 숙종이 양경[장안과 낙
양]을 다시 회복하고, 장차 대례大禮[172]를 행하려고 하였으나 의례에
소용되는 기물들이 모두 없어져 버렸다. (이에) 예의사禮儀使[173] 태
상소경太常少卿[174] 우휴열于休烈(692~772)에게 명하여 하급관리와
동경[낙양]에 머무는 유대留臺[175]로 하여금 (악기 등의 기물을) 압송

---

169) [교감기 30] "使屬吏與東京留臺領"는 『冊府元龜』 권569에서는 '與'는
    '於'로 되어 있고, '領'앞에는 '押'자가 있다.
170) 당 현종은 천보 3년에 '年'자를 '載'자로 바꾼다. 천보 14년 11월 '안사의
    난'이 발생한다.
171) 역당 : 왕조에 반역하는 자라는 의미이므로 史家가 안록산의 무리를 폄훼
    하며 칭한 말이다.
172) 대례大禮 : 천자가 직접 행하는 천지와 귀신에 지내는 제사로 群臣들이
    행하는 小禮와 구분된다.
173) 예의사禮儀使 : 天寶 9年(750)에 태상이 담당하던 예의를 맡도록 신설된
    관직이다. 建中 元年(780) 폐지되었다. 우휴열은 乾元 2년(759)에 예의사
    로 된다.
174) 태상소경太常少卿 : 太常寺의 차관으로 太常卿을 보좌한다.
175) 유대留臺 : 고대 제왕이 궁궐을 떠나 있게 될 때 명을 받들어 경사에 남아
    있는 관원이나 기구를 가리킨다. 禁城을 臺城이라고 칭한 것에서 유래된
    명칭이다.

하여 조정에 보내도록 했다. (그들에게) 돈을 주도록 조를 내리고 우휴열로 하여금 기예를 하거나 대무를 출 때에 입는 복식을 만들게 하니, 이에 악공樂工의 2무[문무와 무무]가 비로소 갖추어졌다.

乾元元年三月十九日, 上以太常舊鐘磬, 自隋已來, 所傳五聲, 或有差錯, 謂于休烈曰:「古者聖人作樂, 以應天地之和, 以合陰陽之序. 和則人不夭札, 物不疵癘. 且金石絲竹, 樂之器也. 比親享郊廟, 每聽樂聲, 或宮商不倫, 或鐘磬失度. 可盡供鐘磬, 朕當於內自定.」太常進入, 上集樂工考試數日, 審知差錯, 然後令再造及磨刻. 二十五日, 一部先畢, 召太常樂工, 上臨三殿親觀考擊, 皆合五音, 送太常. 二十八日, 又於內造樂章三十一章, 送太常, 郊廟歌之.

건원 원년(758) 3월 19일에 황제는 태상太常의 옛 종과 경은 수나라 이래로 전하는 바 5성의 음계에서 혹은 착오가 있었다고 생각하고 우휴열에게 일러 말하였다. "옛날에 성인이 악을 제작할 때에는 천지의 화합에 응하고 음양의 질서에 합하고자 했다. 화합한 즉 사람들은 질병을 만나거나 일찍 죽지 않게 되고 만물은 재해를 당하지 않는다.[176] 금석사죽金石絲竹은 악의 그릇이다.[177] (짐이) 근자에 친

---

176) 이 구절은 『禮記』「樂記」의 "大樂與天地同和 大禮與天地同節 和故百物不失"에 근거하여 말한 것이다.

177) 이 구절은 『禮記』「樂記」의 "德者 性之端也, 樂者 德之華也"는 구절에 뒤이어 출현한다. 孔穎達은 疏에서 "그릇이 아니면 악을 이룰 수 없다.非器無以成樂."라고 부연 설명하고 있다.

히 교묘 제사를 올렸는데, 매번 악성을 들으면 혹은 궁상이 순서에 맞지 않거나, 혹은 종경이 도수가 맞지 않았다. 종과 성을 모두 다 가져오라. 짐이 궁궐 내에서 스스로 정할 것이다." 태상이 (기물을 갖고) 오니 황제는 악공들을 모아놓고 수일간 검토 시험하여 착오가 생긴 이유를 알아낸 연후에는 다시 만들거나 새기도록 영을 내렸다. 25일에 그 일부를 먼저 마치니 황제는 태상 악공을 불러놓고 삼전 [인덕전麟德殿][178]에서 친히 (종경) 치는 것을 살펴보았는데, 모두 오음에 합치하기에 태상에 보냈다. 28일에는 또 궁정 내에서 악장 31장을 만들어 태상에 보내고 교묘에서 노래 부르도록 하였다.

貞元三年四月, 河東節度使馬燧獻定難曲, 御麟德殿, 命閱試之. 十二年十二月, 昭義軍節度使王虔休獻繼天誕聖樂. 十四年二月, 德宗自製中和舞, 又奏九部樂及禁中歌舞, 伎者十數人, 布列在庭, 上御麟德殿會百僚觀新樂詩[三一],[179] 仍令太子書示百官. 貞元十六年正月, 南詔異牟尋作奉聖樂舞, 因韋皐以進. 十八年正月, 驃國王來獻本國樂.

정원 3년(787) 4월에 하동절도사 마수馬燧(726-795)가 〈정난곡定難曲〉을 바쳤다. 황제는 인덕전에서 이를 시험해보도록 명했다. 12

---

178) 삼전: 大明宮내의 최대 궁전인 麟德殿을 말한다. 하나의 殿이 3面을 가져 三殿이라는 호칭을 얻었다고 한다.

179) [교감기 31] "上御麟德殿會百僚觀新樂詩" 이 구절에는 탈오가 있다. 『唐會要』권33에는 "上製中春麟德殿會百僚觀新樂詩"로 되어 있고, 『冊府元龜』권569에는 "御麟德殿奏之幷製觀新樂詩"라고 되어 있다.

년(796) 12월에 의군절도사 왕건휴王虔休(738-799)가 〈계천탄성악繼天誕聖樂〉을 바쳤다. 14년 2월에 덕종은 스스로 〈중화무中和舞〉를 만들고, 구부악 및 금중 가무를 연주하였다. 악기樂伎 수십 명이 궁정에 늘어서니 황제는 인덕전에서 백료를 모아놓고 새로 만든 악시樂詩를 관람하고, (이어) 태자에게 명하여 백관에게 글로 적어 내보이게 하였다. 정원 16년 정월에 남조南詔의 이모심異牟尋[180]이 〈봉성악무〉를 만들어 위고韋皋를 통해 바쳤다. 18년 정월에 표국왕驃國王[181]이 와서 본국의 악을 바쳤다.

大和八年十月, 宣太常寺, 準雲韶樂舊用人數, 令於本寺閱習進來者. 至開成元年十月, 敎成. 三年, 武德司奉宣索雲韶樂縣圖二軸進之.

태화 8년(834) 10월에 태상시太常寺에 명하여 〈운소악雲韶樂〉[182]

---

180) 이모심異牟尋(754-808) : 南詔國 6대 국왕으로 779년에서 808년까지 재위했다. 시호는 孝恒王이다. 정관 9년(793) 韋皋와 함께 吐蕃을 공격하여 16성을 얻었고, 다음 해 唐과 맹약을 체결했다. 토번이 쇠락한 후 남조는 중국의 서남쪽에서 강국으로 성장했다.

181) 표국왕驃國王 : 표국은 지금의 미얀마 영역에 있던 고대 왕국(220-832)으로 832년 南詔에 의해 망했다. 이때 왕의 이름은 雍羌이며, 왕자 舒難陀를 보내 악곡 12곡과 악공 35인을 바친 것으로 알려져 있다.

182) 운소악雲韶樂 : 당 태상에서 관리하는 4부(法部, 龜玆部, 鼓笛部, 雲韶部) 중 운소부에서 관할하는 음악이다. 당대 段安節의 『樂府雜錄』과 『新唐書』 「禮樂志」 등에 의하면 "운소악은 玉磬 4架를 쓰는 것으로, 그 음악에는 琴, 瑟, 筑, 簫, 篪, 籥, 跋膝, 笙, 竽, 登歌, 拍板 등을 사용한다.

에서 예전에 두었던 인원수에 준하여, (그 인원으로) 본 태상시에서 들어온 자를 연습시키게 했다. 개성開成 원년(836) 10월에 이르러 교육이 완료되었다. (개성) 3년에 무덕사武德司[183]는 명을 받들어 〈운소악현도雲韶樂縣圖〉 두 권을 찾아내 진헌進獻하였다.

大和三年八月, 太常禮院奏:

　　謹按凱樂, 鼓吹之歌曲也. 周官大司樂:「王師大獻, 則奏凱樂[三二].[184]」注云:「獻功之樂也.」又大司馬之職[三三].[185]

당상에서 연주되는 음악과 당하에서 연주되는 악이 있으며, 登歌는 4인이 당 아래에서 앉아서 부르며, 舞童은 5인으로 수를 놓은 비단옷을 입고 각기 金蓮花를 잡고 춤을 춘다. 계단 아래에 무대를 설치하여 舞者 3백 인이 춤추고 연회에 맞춰 연주한다"라고 설명하고 있다. 여기에서 금련화는 仙家에서 도를 닦을 때 쓰는 것이며 舞童 5인은 仙郎 혹은 花郎으로 불리어 운소악이 도교의 영향을 받은 것임을 보여준다. 당 왕조는 스스로 노자의 후손이라고 주장하여 도교사상의 영향을 받고 있는데 궁정음악에서도 그 요소들이 보이고 있는 것이다.(黎國韜, 「唐宋四部樂考略」 참조)

183) 무덕사武德司 : 송대에는 황궁수비와 정찰 등을 담당하던 군사기구였는데, 송 태종시 皇城司로 개칭된다. 당대에는 흥기하던 환관들이 담당하던 조직으로, 서안 동쪽에서 발견된 「唐許逡忠墓志」에 '武德副司'라는 명칭이 있어 이미 唐 德宗 貞元(785-805) 말년에 이 직이 존재했다는 것이 확실하다. 또한 서안 또 다른 지역에서 발견된 「韋光閏妻宋氏合祔墓志」에 '掌武德'이라는 구절에 의해 이 기구의 존재는 당 숙종 乾元 2년(759)까지 소급된다. 이 시기 무덕사는 아마도 兵器를 주관한 것으로 추정한다.(范學輝, 「從崩壞到重建 : 論宋太祖時期的武德司」)

184) [교감기 32] "則奏凱樂"에서 '凱'자 이하는 각 판본에는 원래 '安'자가

「師有功, 則凱樂獻于社.」注云:「兵樂曰凱.」司馬法曰:「得
意則凱樂, 所以示喜也.」左氏傳載晉文公勝楚, 振旅凱入.
魏·晉已來鼓吹曲章, 多述當時戰功. 是則歷代獻捷, 必有凱
歌. 太宗平東都, 破宋金剛, 其後蘇定方執賀魯, 李勣平高
麗, 皆備軍容凱歌入京師. 謹檢貞觀·顯慶·開元禮書, 並無
儀注. 今參酌今古, 備其陳設及奏歌曲之儀如後.

태화 3년(829) 8월에 태상예원에서 (다음과 같이) 상주하였다.

삼가 살펴보니, 개선악은 고취곡입니다. 『주관』「대사악」에
"왕의 군대가 크게 승리를 바치면 개선 음악을 연주한다."고
하였고, 주석에서 말하기를 "공功을 바치는 악이다."라고 하였
습니다. 또한 「대사마」의 직에는 "군사가 공을 세우면 개선악을
사社에 바친다."[186]라고 하였고, 그 주석에서는 "군대의 음악을
개凱라고 한다."라고 하였습니다. 『사마법司馬法』에서 말하기를
"뜻을 얻은 즉 〈개악〉을 연주하니, 기쁨을 표시하는 것이다"라
고 하였습니다. 『춘추좌씨전』은 진문공晉文公이 초를 이긴 기사

....

있다. 『唐會要』 권33, 『冊府元龜』 권569 및 『周禮』「大司樂」의 원문에
의거해 (여기에서는) 삭제하였다.

185) [교감기 33] "又大司馬之職"에서 '職'자는 각 판본에는 원래 '班'자로
되어 있다. 『唐會要』 권33, 『冊府元龜』 권569 및 『周禮』「大司馬」에 의
해 고쳤다.

186) 『周禮』「夏官·大司馬」에 나오는 구절이다. 여기에는 "만약 군사가 공을
세우면 왼손에 律管을 들고 오른손에 도끼를 쥐고 군사들 앞을 인도하며
개선악을 연주하여 社神에게 바친다. 若師有功, 則左執律, 右秉鉞, 以先
愷樂獻于社. 若師不功, 則厭而奉主車."라고 하였다.

를 기록하면서 "군대의 위세를 떨쳐 (개선악을) 울리며 돌아왔다"고 하였고,[187] 위진 이래로 고취곡鼓吹曲의 악장은 대부분 당시의 전공戰功을 서술하였습니다. 이런 즉 역대 (전쟁에서 승리한 후) 전리품을 바칠 때에는[獻捷][188] 반드시 개선가가 있었던 것입니다. 태종이 동도東都를 평정하고 송금강宋金剛(?~620)[189]을 격파했을 때에도, 그 후 소정방蘇定方(592-667)이 아사나하로阿史那賀魯를 사로잡고, 이적李勣(594-669)이 고구려를 평정했을 때에도 모두 군용을 갖추어 개선가를 부르며 경사에 들어왔습니다. 삼가 정관, 현경, 개원 연간의 예서들을 검토해보니 모두 의주儀注가 없습니다. 지금 고금을 참작하여 그 (음악 연주시의) 진설 및 노래와 음악을 연주하는 의례를 다음과 같이 갖추어 아룁니다.

凡命將征討, 有大功獻俘馘者, 其日備神策兵衛於東門外, 如獻俘常儀. 其凱樂用鐃吹二部, 笛·篳篥·簫·笳·鐃·鼓, 每色二人, 歌工二十四人. 樂工等乘馬執樂器, 次第陳列, 如鹵簿之式. 鼓吹令丞前導, 分行於兵馬俘馘之前. 將入都門, 鼓吹振作, 迭奏破陣樂等四曲. 破陣樂·應聖期兩曲, 太常舊有

---

187) 진려개입振旅凱入 : 『춘추좌씨전』 희공 28년조 "振旅愷以入于晉"라는 구절에 대해 愷는 "승리의 악곡을 연주하는 것으로 주석하고 있다.

188) 헌첩獻捷 : 『춘추곡량전』 희공 21년조에는 捷을 '軍得'이라고 설명하고 있다.

189) 송금강宋金剛 : 수 말기 농민반란군의 두목. 上谷지역에서 민을 규합했으나 唐軍에게 여러 번 패했고 특히 柏壁戰에서 당시 秦王 李世民에게 패했다. 이후 돌궐지역으로 피신했지만, 후에 피살되었다.

辭. 賀朝歡·君臣同慶樂, 今撰補之. 破陣樂:「受律辭元首,
相將討叛臣. 咸歌破陣樂, 共賞太平人.」應聖期:「聖德期昌
運, 雍熙萬宇清. 乾坤資化育, 海岳共休明. 闢土忻耕稼, 銷
戈遂偃兵. 殊方歌帝澤, 執贄賀昇平.」賀朝歡:「四海皇風被,
千年德水清. 戎衣更不著, 今日告功成.」君臣同慶樂:「主聖
開昌曆, 臣忠奏大猷. 君看偃革後, 便是太平秋.」候行至太
社及太廟門[三四],190) 工人下馬, 陳列於門外. 按周禮大司
樂注云:「獻于祖.」大司馬云:「先凱樂獻于社.」謹詳禮儀,
則社廟之中, 似合奏樂. 伏以尊嚴之地, 鐃吹諠譁, 旣無明
文, 或乖肅敬. 今請並於門外陳設, 不奏歌曲. 候告獻禮畢,
復導引奏曲如儀. 至皇帝所御樓前兵仗旌門外二十步, 樂工
皆下馬徐行前進. 兵部尚書介冑執鉞, 於旌門內中路前導.
周禮:「師有功, 則大司馬左執律, 右秉鉞, 以先凱樂.」注云:
「律所以聽軍聲, 鉞所以爲將威.」今吹律聽聲, 其術久廢, 惟
請秉鉞, 以存禮文. 次協律郎二人, 公服執麾, 亦於門下分
導. 鼓吹令丞引樂工等至位立定. 太常卿於樂工之前跪. 具
官臣某奏事, 請奏凱樂. 協律郎擧麾, 鼓吹大振作, 遍奏破陣
樂等四曲. 樂闋, 協律郎偃麾, 太常卿又跪奏凱樂畢. 兵部尚
書·太常卿退, 樂工等並出旌門外訖[三五],191) 然後引俘馘
入獻及稱賀如別儀. 別有獻俘馘儀注. 俟俘囚引出方退.

무릇 장수에게 정벌을 명함에 큰 공을 세워 부괵俘馘[포로의

---

190) [교감기 34] "候行至太社及太廟門"에서 '廟'자 앞에 '太'자가 각 판본에
    는 원래 없었다. 『唐會要』 권33, 『文獻通考』 권147에 의해 보충했다.
191) [교감기 35] "樂工等並出旌門外訖"에서 '訖'자 앞에 『唐會要』 권33, 『文
    獻通考』 권147에는 '立'자가 있다.

왼쪽 귀를 베는 것]을 바치는 자가 있을 경우, 그 날에 동문 밖에 신책군神策軍 위사衛士를 배치하고 통상적인 헌부례獻俘禮를 따릅니다. 그 개선악에는 요취鐃吹 2부를 쓰는데, 적笛·필률篳篥[192]·소簫·가笳·요鐃·고鼓 등 매 악기에 두 사람씩 하여 악공은 전체 24인이 참여합니다. 악공 등은 말에 탄 채 악기를 손에 들고[193] 차례대로 줄지어 서는데, 이는 노부鹵簿

---

192) 필률篳篥 : 피리의 일종으로 『악부잡록』에는 龜玆樂으로 소개하고 있지만, 『北史』「高麗傳」에는 고구려악으로도 소개되고 있다. 篳篥伎는 자세나 의복 등이 橫笛伎와 똑같은데, 廊坊 隆福寺 燈樓伎樂石刻에서 측천무후시기 篳篥伎로 추정되는 석각이 발견되기도 했다.(그림 참조)

廊坊 隆福寺 燈樓伎樂石刻, 필률기 탁본
(『中國音樂文物大系』, 河北卷, 207쪽)

193) 출토문물 중 기마악용은 주로 고취악을 연주했을 것으로 추정되는데, 張士貴墓에서는 22건의 남자 기마악용이 출토되었고, 李貞墓에서 1건의 騎馬打鼓俑이, 鄭仁泰墓에서는 31건의 籠冠을 쓴 남자 기마악용, 7건의 風帽를 쓴 남자 기마악용이, 獨孤思貞墓에서는 23건의 기마악용이 출토되었다. 鮮于庭誨墓에서는 낙타를 탄 악용과 함께 11건의 기마악용이 출토되었다. 특히 金鄕縣主墓에서는 騎馬伎樂 여자용이 출토된 것이

의 의식194)과 같습니다. 고취령鼓吹令과 고취승鼓吹丞이195) 앞
장서서 병마와 포로의 귀 앞에 대열을 나누어 걸어갑니다. 장
차 도성 문에 들어올 때에 고취를 우렁차게 연주하고 〈파진악〉

특징이다.(賈嫚, 『唐代長安樂舞研究』 101-142쪽 참조) 이 중 정인태묘
출토 騎馬吹笛陶俑은 그림을 참조.

鄭仁泰墓　騎馬吹笛陶俑
(『中國音樂文物大系』(陝西天津卷), 154쪽)

194) 漢代 蔡邕의 『獨斷』에 "천자가 출행할 때에 車駕의 순서를 鹵簿라고
하는데, 大駕, 小駕, 法駕가 있다. 대가는 公卿이 받들고 인도하며, 大將
軍이 황제의 옆에 탄다. 太僕卿에 예속된 수레가 81대인데, 千乘과 萬騎
가 구비되어 있다."라고 하였다.

195) 고취령鼓吹令과 고취승鼓吹丞 : 鼓吹署는 西晉이후 설치되어 고취악을
담당하며, 태상시에 예속된 음악기구이다. 『신당서』 「백관지」에는 "고취
서에 종7품이하 令 2인, 종8품이하 丞 2인, 종9품이하 樂正 4인을 둔다"
라고 기록하고 있다. 丞의 숫자에 관해서는 이설이 있어서 『당육전』에는
1인이지만 개원 23년 이전에는 2인, 『구당서』에서는 3인으로 하고 있으나
『구당서』의 3인은 아마도 1인의 잘못으로 추정한다(岸邊成雄, 『唐代音
樂の歷史的研究』, 266쪽 참조).

등의 네 곡을 순서대로 연주합니다. 〈파진악〉과 〈응성기應聖期〉 두 곡은 태상太常에 옛날부터 가사가 있었으나, 〈하조환賀朝歡〉과 〈군신동경악君臣同慶樂〉은 지금 찬집하여 보충하였습니다. 〈파진악〉은 다음과 같습니다. "군율을 받들어 원수에게 고별하고, 장수를 도와 역신을 토벌한 뒤, 모두 다같이 〈파진악〉을 부르니, 태평성대의 사람들이 함께 감상하는도다.受律辭元首, 相將討叛臣. 咸歌破陣樂, 共賞太平人." 〈응성기〉는 다음과 같습니다. "성대한 덕이 운의 창성함을 기약하니 화락한 기운[옹희雍熙]196)에 온 우주가 맑구나. 하늘과 땅이 만물의 화육을 돕고, 바다와 산악이 이 밝은 성세와 함께하네. 땅을 개간하여 농사지을 수 있음을 기뻐하고, 창을 거두고 마침내 무기 눕혀 놓았네. 온 땅이 황제의 은혜를 노래하고 예물을 드려 승평을 축하하도다.聖德期昌運, 雍熙萬宇淸. 乾坤資化育, 海岳共休明. 闢土忻耕稼, 銷戈遂偃兵. 殊方歌帝澤, 執贄賀昇平." 〈하조환〉은 다음과 같습니다. "사해가 황제의 은덕을 입었으니 천년토록 덕수197)도 맑겠구나. 군복을 다시 입지 않으니 오늘 공이 완성됨을 고하도다.四海皇風被, 千年德水淸. 戎衣更不著, 今日告功成." 〈군신동경악〉은 다음과 같습니다. "지금의 성왕께서 새로운 시대를 여니, 신하들이 큰 계책을 바치며 충성하는구나. 그대는

---

196) 옹희雍熙 : 張衡의 『東京賦』에 나오는 단어로 조정과 백성이 화락하고 승평의 시대가 도래됨을 말한다.
197) 덕수 : 황하를 말한다. 『사기』 진시황본기에 의하면 시황제는 즉위하면서 여러 제도와 명칭을 변경하면서 黃河를 德水로 개칭하였다. 이는 水德이 시작되었음을 보인 것이다.

보아라, 무기를 눕혀놓은 후로, 이내 태평성세의 가을이 찾아
왔다네.主聖開昌曆, 臣忠奏大猷. 君看偃革後, 便是太平秋.” (행렬
이) 태사太社 및 태묘 문에 도착할 때를 기다려 악공은 말에서
내려 문밖에서 배열합니다. 살펴보니, 『주례』「대사악」의 주에
이르기를, “조상에게 바친다.”라고 하였습니다. 「대사마」에서
말하기를 “(군사들) 앞을 인도하며 개선악을 연주하여 사社에
바친다.”라고 하였습니다. 삼가 예의를 상세히 살펴보건대, 사
묘에서 음악을 연주하는 것은 합당한 듯합니다. (그러나) 엎드
려 생각해도 존엄한 땅에 요취악鐃吹樂을 시끄럽게 연주하는
것은 명문에도 없거니와 또 엄숙한 공경의 뜻과 어긋나기도 합
니다. 이제 청하노니, 모두 문밖에 진설하여 노래와 음악의 연
주는 하지 마시고, 고헌례가 끝나기를 기다려 의례대로 연주하
게 하시옵소서. 황제께서 계시는 누각 앞 병기 의장 기물을 세
워 둔 정문旌門[198] 밖 20보에 이르면 악공은 모두 말에서 내려
서서히 나아가고, 병부상서는 투구를 쓰고 도끼를 잡으며 정문
안 가운데 길에서 앞장 서서 선도합니다. 『주례』에서 “장수가
공을 세우면 대사마는 왼손으로는 율관律管을 잡고, 오른 손에
는 도끼를 잡아 병사들을 선도하며 개선악을 연주한다.”[199]라

---

198) 정문旌門 :『周禮』「天官·掌舍」에 기록된 “爲帷宮 設旌門”이란 구절에
　　대해 賈公彦의 疏는 “식사와 휴식할 때 휘장을 펼쳐서 궁으로 만들고
　　旌旗를 세워서 문을 표시한다”라고 하였다. 곧 황제가 출행할 때 임시거
　　처로 만든 帷宮 앞에 깃발을 세워 문을 만든 것이다.
199) 『周禮』「夏官·大司馬」에는 “若師有功, 則左執律, 右秉鉞以先, 愷樂
　　獻于社”로 되어 있다.

고 하였습니다. 주석에서 말하기를 "율관은 군악을 듣기 위함이고 도끼는 장수의 위엄을 보이기 위함이다."라고 하였습니다. 지금 율관을 불어 소리를 듣는 것은 그 방법이 폐해진 지오래이니, 다만 도끼를 잡는 일만은 예문에 보존토록 하시옵소서. 다음으로 협률랑協律郎 2인이 관복을 입고 깃발을 잡고 역시 정문旌門 아래에서 나눠 인도합니다. 고취령과 고취승이 악공 등을 이끌고 정해진 위치에 이르면 자리 잡고 서있게 됩니다. 태상경太常卿은 악공 앞에서 무릎을 꿇습니다. 구관其官 신모臣某[200]가 아뢴다고 말하고 개선악 연주하기를 청합니다. 협률랑이 (지휘) 깃발을 들면 고취악이 성대히 연주를 시작하여, 〈파진악〉 등 네 곡을 두루 연주합니다. 음악이 끝나면 협률랑은 깃발을 눕히고, 태상경은 또 무릎을 꿇고 개선악 연주를 마쳤음을 아룁니다. 병부상서와 태상경이 물러나가고, 악공 등도 정문旌門 밖으로 모두 나간 연후에, 포로의 귀를 바치는 헌례와 칭찬과 축하를 별도의 의례대로 합니다. 별도로 포로의 귀를 바치는 의주儀注가 있습니다.[201] 포로들을 데리고 나가기를

---

200) 구관其官 신모臣某 : 其官은 당연히 배치되어야 할 관원이라는 의미로 구체적으로 자신의 관직명이 들어가지만, 당 이후 직접 관명을 표기하지 않고 신하가 황제에 대해 겸손을 표하기도 한다. 臣某는 '신하 아무개'라는 의미로 신하의 이름을 넣는다. 이러한 상주문의 체계는 『宋書』「예지」2에 기록되어 있다.(『舊唐書音樂志譯註稿』6, 18쪽 참조)

201) 별도로 … 있습니다. : 원문 "別有獻俘馘儀注"은 바로 앞 구절과 중복적인 표현이다. 따라서 『당회요』 권33은 이 부분을 注로 처리하고 있다. 바로 앞 구절은 "引俘馘入獻. 及稱賀如別儀."와 같이 두 문장으로 끊어 놓았다.

기다려 (악공들은) 바야흐로 물러납니다.

請宣付當司, 編入新禮, 仍令樂工敎習.

담당 부서에 부쳐 신례에 편입하고 아울러 악공들에게 교습
하도록 명하실 것을 주청하옵니다.

依奏.

상주대로 하였다.

音樂二
음악 2

이유진 역주

高祖登極之後, 享宴因隋舊制, 用九部之樂, 其後分爲立坐二部. 今立部伎有安樂·太平樂·破陣樂·慶善樂·大定樂·上元樂·聖壽樂·光聖樂, 凡八部.

(당唐나라) 고조高祖(이연李淵, 566~635)가 등극한 뒤 (천자가 군신과 함께하는 제사나 연회의) 향연饗宴에서는 수隋나라의 구제舊制를 따라 9부악九部樂을 사용했으며, 이후에는 입부기立部伎와 좌부기坐部伎의 2부로 나뉘었다.[1] 오늘날 입부기에는 〈안악安樂〉〈태평악太平樂〉〈파진악破陣樂〉〈경선악慶善樂〉〈대정악大定樂〉〈상원악上元樂〉〈성수악聖壽樂〉〈광성악光聖樂〉의 총 8부部가 있다.

安樂者, 後周武帝平齊所作也. 行列方正, 象城郭, 周世謂之城舞. 舞者八十人, 刻木爲面, 狗喙獸耳, 以金飾之, 垂線爲髮, 畫獌皮帽, 舞蹈姿制, 猶作羌胡狀.

〈안악安樂〉은 북주北周의 무제武帝(우문옹宇文邕, 543~578)가 북

---

1) "대업 연간에 이르러 양제가 〈청악〉〈서량〉〈구자〉〈천축〉〈강국〉〈소륵〉〈안국〉〈고려〉〈예필〉을 확정하여 九部樂으로 삼았다.及大業中, 煬帝乃定淸樂·西涼·龜茲·天竺·康國·疏勒·安國·高麗·禮畢, 以爲九部."(『隋書』 권15「音樂志下」) 隋 煬帝 이후 唐 高祖 武德 초까지는 九部樂이 사용되었고, 이후 다시 立部伎와 坐部伎로 재구성되었다. 堂 아래에 서서 연주하는 것을 '입부기'라 하고, 堂 위에 앉아서 연주하는 것을 '좌부기'라고 한다. '部伎'는 '部樂'이라고도 하는데, 수나라 때 여러 가지 악무를 묶음으로 만든 것에서 유래하였다. 처음에는 일곱 가지였기 때문에 七部伎(七部樂)로 불리다가 나중에 九部伎(九部樂)로 확대되었고, 이후 다시 十部伎(十部樂)가 되었다.

제北齊를 평정하고 만든 것이다. (그 춤의) 대열이 네모지고 반듯하여 성곽 모양을 본떴기에, 북주 때는 이를 〈성무城舞〉라고 불렀다. 춤추는 자가 80명인데, 나무를 깎아서 가면을 만들었으며, (나무를 깎아 만든 가면의) 개의 주둥이와 짐승의 귀는 금으로 장식했고, 실을 늘어뜨려 머리카락을 만들었으며, 알유猰貐²⁾가 그려진 가죽 모자를 썼다. 춤추는 자태는 강호羌胡³⁾의 모습을 흉내 냈다.

太平樂, 亦謂之五方師子舞. 師子鷙獸, 出於西南夷天竺 · 師子等國. 綴毛爲之, 人居其中, 像其俛仰馴狎之容. 二人持繩秉拂, 爲習弄之狀. 五師子各立其方色, 百四十人歌太平樂, 舞以足[一],⁴⁾ 持繩者服飾作崑崙象.

〈태평악太平樂〉은 〈오방사자무五方師子舞〉⁵⁾라고도 한다. 사자는

---

2) 알유猰貐 : '㺄㺄'라고도 한다. 중국 신화전설에 나오는 사람을 잡아먹는 괴수다. 『山海經』에 따르면 알유의 모습은 다양하다. 생김새가 소 같은데 몸빛이 붉고 사람의 얼굴에 말의 발을 하고 있으며 소리는 어린아이 같다고도 하고(「北山經」), 맹수인 貙와 비슷하게 생겼고 용의 머리를 하고 있다고도 하고(「海內南經」), 뱀의 몸에 사람의 얼굴이라고도 한다(「海內西經」).

3) 강호羌胡 : 중국 고대의 羌族과 匈奴族을 가리키며, 중국 고대 서북부의 소수민족을 두루 가리키기도 한다.

4) [교감기 1] "舞以足"은 『通典』 권146 · 『太平御覽』 권568에 "춤추고 손뼉 치면서 그 뒤를 따른다.舞抃以從之."라고 나온다.

5) 『新唐書』 권21 「禮樂志」에 '龜玆伎'를 설명하는 부분에서 〈오방사자무〉가 나온다. 『樂府雜錄』 「龜玆部」에서는 "〈오상사자무〉는 구자에서 장안

맹수로, 서남이西南夷인 천축天竺과 사자獅子[6] 등의 나라에서 난
다.[7] 모피를 연결해 (사자 모양으로) 만들고 사람이 그 속에 들어간
다음에, 사자가 고개를 숙였다 쳐들었다 하며 순종하면서 친근해하

으로 전해져 들어왔다.五常獅子舞由龜玆傳入長安."라고 했다. 〈五常獅
子舞〉가 바로 〈오방사자무〉다. 사자를 희롱하며 춤을 이끄는 이를 '獅子
郞'이라고 하는데, 구자인이 사자랑 역할을 담당했고 춤에 쓰이는 음악
역시 구자 음악의 특징을 지녔다. 사자무의 기원과 관련된 또 다른 설은
『宋书』 권76 「宗悫傳」에 나온다. 元嘉 22년(445)에 종각이 林邑(현재 베
트남 남부에 있던 나라) 정벌에 참여했는데, 임읍의 왕이 코끼리를 앞세
워 공격하자 송나라 군대는 곤경에 처한다. 이때 종각이 묘책을 내놓는
데, 병사들을 사자처럼 꾸며 코끼리를 상대하게 한 것이다. 코끼리는
놀라 달아났고, 송나라 군대는 임읍을 함락했다. 이에 따르면, 사자무는
5세기 무렵에 군대에서 먼저 유행한 뒤 민간으로 전해진 것이다. 白居易
의 「西涼伎」에는 당나라 貞元 연간(785~805)에 변방 군영에서 사자무가
크게 유행했음을 알려주는 구절이 나온다. "정원 연간에 변방 장수들 이
곡을 좋아하여, 술 취해 앉아 웃으면서 실컷 보았지. 손님을 접대하고
병사를 위로하고 삼군에게 잔치 베풀 때면, 사자와 호인이 늘 눈앞에 있었
다네.貞元邊將愛此曲, 醉坐笑看看不足. 享賓犒士宴三軍, 獅子胡兒長
在目."

6) 사자獅子 : 斯里蘭卡(스리랑카)의 옛 이름인 師子國을 가리킨다. 『大唐
西域記』 『大唐西域求法高僧傳』 등의 唐代 불교 서적에는 僧伽羅 · 僧
訶羅 · 私訶羅 · 執師子國이라고도 나온다. 宋代 이후에는 細蘭 · 僧加剌
· 錫蘭山 등으로 칭하기도 했다.

7) 사자는 서아시아와 중앙아시아에서 서역으로 전해졌다. 이후 漢代에 張
騫의 서역 원정 이후 서역 각국과 교류하게 되면서 사자가 중원 지역으로
전해졌다. 『後漢書』 「西域傳」에 따르면, 章帝 章和 元年(87)에 安息国
(고대 서아시아의 파르티아 왕국)의 왕이 사신을 보내 중국에 사자를 바쳤
다고 한다. 이것이 사자와 관련된 중국의 최초 기록이다.

는 모습을 형상화했다. 두 사람은 손에 밧줄과 불자拂子를 쥐고서 (사자를) 조련하며 희롱하는 모습을 취한다.[8] 5마리의 사자는 각각 그 방위를 나타내는 색깔에 (해당하는 자리에) 서고,[9] 140명이 〈태평악〉을 노래하며 발을 사용해 춤을 추는데, 밧줄을 쥔 사람은 곤륜崑崙의 형상대로 복식을 차려 입는다.[10]

---

8) 唐나라 때 사자무의 연행 장면은 白居易의 「西涼伎」에 다음과 같이 묘사되어 있다. "가면 쓴 호인과 가면 쓴 사자. 나무 깎아 머리 만들고 실로 꼬리 만들었지. 눈알에는 금칠하고 이빨에는 은을 붙였네. 털옷을 잽싸게 털며 두 귀 흔들어대니, 마치 만리 떨어진 유사(서쪽 사막 지대)에서 온 듯하구나. 자줏빛 수염에 눈 움푹한 두 호인, 음악에 맞춰 춤추고 도약하며 앞으로 나와 이야기하네.假面胡人假獅子. 刻木爲頭絲作尾, 金鍍眼睛銀貼齒. 奮迅毛衣擺雙耳, 如從流沙來萬里. 紫髥深目兩胡兒, 鼓舞跳梁前致辭."

9) 동·남·중·서·북의 다섯 방위 색깔은 각각 靑·赤·黃·白·黑에 해당한다. 『樂府雜錄』에서는 "연희 가운데 〈五常獅子〉가 있는데, (사자의) 키는 1장 남짓이고 각각 오색의 복장을 입는다.戲有五常獅子, 高丈餘, 各衣五色."라고 했다. 『通典』 권146 「樂典」에서는 "5마리의 사자는 각각 그 방위의 색깔에 의거했다.五師子各依其方色."라고 했다. 또 『新唐書』 권21 「禮樂志」에는 『舊唐書』의 "立其方色"이 "飾以方色"으로 나온다. 이로써 볼 때 〈오방사자무〉에서 5마리의 사자는 각각 위치뿐 아니라 복장까지 오행의 색깔에 배합했음을 알 수 있다. 황색 사자는 지고무상의 皇權을 상징하고 다른 4마리의 사자는 전국의 동서남북을 상징한다.

10) 崑崙은 昆侖이라고도 쓰며, '崑崙奴'를 가리킨다. 당나라 때는 검은 피부의 사람을 '곤륜'이라고 칭했는데, 『구당서』 권197 「南蠻傳」에서는 "임읍 이남으로는 (사람들이) 모두 곱슬머리에 검은 몸인데, 이를 '곤륜'이라고 통칭한다.自林邑以南, 皆卷髮黑身, 通號爲昆侖."라고 했다. 당나라 때 곤륜노는 동남아 지역의 토착민족 및 남태평양 지역의 오스트레일리아 인종을 가리켰는데, 당나라 문헌에 기록된 이들은 마부·종복·藝人 등으

로 일했다. 현재까지 출토된 곤륜노 土偶는 대부분 상반신은 벌거벗은 채 하반신은 짧은 바지를 입은 형태다. 신장위구르자치구 투루판의 아스타나 336號墓에서 출토된 당나라 土偶는 바로 〈사자무〉에서 사자를 희롱하는 獅子郎으로 추측된다. 아스타나 336호묘에서는 두 사람이 사자 가죽을 뒤집어쓴 형태의 토우도 출토되었다. 12세기 일본에서 필사된, 唐代 樂舞에 관한 『信西古樂圖』에는 '新羅狛'이라는 신라시대 〈사자무〉에 관한 내용이 나온다. 여기에 나오는 사자랑 역시 〈오방사자무〉의 것과 비슷하다.

투루판 아스타나 336호묘에서 출토된 黑人百戲俑과 獅舞泥俑

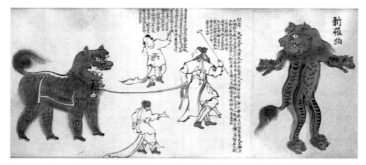

『信西古樂圖』에 묘사된 신라시대의 사자무

破陣樂, 太宗所造也. 太宗爲秦王之時, 征伐四方, 人間歌謠秦王破陣樂之曲. 及卽位, 使呂才協音律, 李百藥・虞世南・褚亮・魏徵等製歌辭. 百二十人披甲持戟, 甲以銀飾之. 發揚蹈厲, 聲韻慷慨, 享宴奏之, 天子避位, 坐宴者皆興.

〈파진악破陣樂〉은 (당나라) 태종太宗(이세민李世民, 599~649)이 만든 것이다. 태종이 진왕秦王으로 있을 때 사방을 정벌하자, 민간에서 〈진왕파진악秦王破陣樂〉이라는 곡을 불렀다. 즉위한 뒤 여재呂才11)에게 명하여 음률을 맞추게 하고,12) 이백약李百藥・우세남虞世南・저량褚亮・위징魏徵 등에게 가사를 짓게 했다. 120명이 갑옷을 입고 창을 쥐며, 은으로 갑옷을 장식했다. 땅을 세게 내리밟으며[發揚蹈厲],13) 소리가 강개하다. (천자가 군신과 함께하는 제사나 연회

---

11) 여재呂才(606~665) : 唐나라 때의 철학가이자 음악가로, 천문・지리・의약・군사・역사・문학・논리학・철학 등 다양한 분야에 대한 이해가 깊었다. 30세에 溫彦博・魏徵 등의 추천을 받아 弘文館에 들어왔으며, 太常博士・太常丞・太子司更大夫 등의 관직을 지냈다. 특히 樂律에 능했으며, 太宗 때 〈功成慶善舞〉(후에 〈九功舞〉로 개칭), 〈七德舞〉(후에 〈秦王破陣樂〉으로 개칭), 〈上元舞〉 등을 창작했다.

12) 『通典』 권146 「樂典」에 따르면 太宗이 즉위한 뒤 貞觀 7년(963), 전투에서 진을 친 것을 형상화한 '破陣樂舞圖'를 만들고 起居郎 呂才에게 명하여 파진악무도에 의거해 樂工 120명을 가르쳐 갑옷을 입고 창을 들어 이 춤을 연습하게 했는데, 오고가며 빠르고 느리며 치고 찌르는 형상으로 노랫가락에 맞추었다고 한다.

13) 발양도려發揚蹈厲 : 周나라 초 〈大武〉의 춤동작을 묘사한 표현으로, 땅을 세게 내리밟는 이 춤동작은 太公望이 武王을 보좌해 紂王을 정벌할 때 용맹하게 전진하고자 한 의지를 상징한다. 『禮記』 「樂記」에서는 "발양도려는 태공의 뜻이다.發揚蹈厲, 大公之志也."라고 했다.

의) 향연饗宴에서 이를 연주하면, 천자가 자리를 뜨고 연회석에 앉아 있던 자들은 모두 일어난다.

慶善樂, 太宗所造也. 太宗生於武功之慶善宮, 旣貴, 宴宮中, 賦詩, 被以管絃. 舞者六十四人[二],[14] 衣紫大袖裙襦, 漆髻皮履. 舞蹈安徐, 以象文德洽而天下安樂也.

〈경선악慶善樂〉은 (당나라) 태종太宗(이세민李世民, 599~649)이 만든 것이다. 태종은 무공현武功縣의 경선궁慶善宮에서 태어났는데, 귀하게 되고 나서 궁중에서 연회를 베풀어 시를 짓고 (그 시에) 악곡[管絃]을 입힌 것이다. 춤추는 자는 64명이며, 소매가 넓은 자줏빛의 윗옷과 치마[紫大袖裙襦[15]]를 입고, 검은빛의 딴머리를 덧대어 올

---

14) [교감기 2] "舞者六十四人"에서 '四'자는 각 본에 원래 없었다. 殿本考證에서는 이렇게 말했다. "『新唐書』에서는 '64사람'이라 했고, 『文獻通考』에도 '아동 64인으로' 춤을 추게 했다고 나온다.新書六十四人, 通考亦作以童兒六十四人舞." 『校勘記』권13에서는 "이 志의 上卷(『舊唐書』권28「音樂志」)에서 〈慶善樂〉을 서술하면서 '아동에게 八佾舞를 추게 한다.令童兒八佾.'고 했으니, 이 구절에는 본래 '四'자가 있었음을 알 수 있다"라고 했다. 이에 근거해 "舞者六十四人"으로 고쳤다.

15) 漢·晉 시기에 '襦'는 짧은 상의를 가리켰는데, 唐나라에 이르러서 盛裝化되기 시작하여 소매가 넓은 상의를 '襦'라고 했다. 당나라 때 문헌을 보면 '襦'가 출현할 때는 대부분 '大袖'가 그 앞에 추가되어 있는데, 宮人의 禮裝 및 舞女의 복장 등 화려하고 소매가 넓은 상의를 가리킨다. 『事物紀原』「衣裘帶服·大衣」에서는 "당나라 때는 소매가 넓은 윗옷과 치마가 예복이었다.唐則裙襦大袖爲禮衣."라고 했다.

리며[漆鬒] 가죽신[皮履]을 신는다. 춤이 안정되고 평온하니, 문덕文
德이 두루 미쳐서 천하가 평안하고 즐거움을 상징한다.

　大定樂, 出自破陣樂. 舞者百四十人, 被五彩文甲, 持槊. 歌和
云, 「八紘同軌樂」, 以象平遼東而邊隅大定也.

　〈대정악大定樂〉은 (당나라 고종高宗이 만든 것으로) 〈파진악破陣
樂〉에서 나왔다. 춤추는 자는 140명이며, 오색 무늬의 갑옷을 입고
창을 쥔다. 노래하는 자가 (그 춤에) 화답해 부르는 악곡을 〈팔굉동
궤악八紘同軌樂〉이라고 하는데, 요동遼東을 평정하여 변방이 크게
안정된 것을 상징한다.16)

　上元樂, 高宗所造. 舞者百八十人, 畫雲衣, 備五色, 以象元氣,
故曰「上元」.

　〈상원악上元樂〉은 고종高宗(이치李治, 628~683)이 만든 것이다. 춤
추는 자는 180명이며 운기雲氣 문양의 채색옷을 입는데, 오색을 갖
춤으로써 원기元氣를 상징하기 때문에 '상원上元'17)이라고 부른다.

---

16) 八紘은 동·동남·남·서남·서·서북·북·동북의 여덟 방위의 매우 먼
　　곳을 가리킨다. 八紘同軌는 천하가 하나로 통일되었음을 의미한다.
17) 唐 高宗 李治는 674년에서 676년까지 上元을 연호로 사용하기도 했다.

聖壽樂, 高宗武后所作也. 舞者百四十人, 金銅冠, 五色畫衣. 舞之行列必成字, 十六變而畢. 有「聖超千古, 道泰百王, 皇帝萬年, 寶祚彌昌」字.

〈성수악聖壽樂〉은 고종高宗과 무후武后(무측천武則天, 624~705)가 만든 것이다. 춤추는 자는 140명이며, 금동관金銅冠을 쓰고 오색의 채색옷[畫衣]을 입는다. 춤의 행렬은 반드시 글자를 이루어야 하는데, (글자를 이룬 춤의 대형隊形이) 16번 변한 다음에 완결된다. (그 16개의 글자는) "성초천고聖超千古, 도태백왕道泰百王, 황제만년皇帝萬年, 보조미창寶祚彌昌(성스러움이 천고의 세월을 뛰어넘고, 도는 역대 제왕보다 크시니, 만세토록 황제로 계시면서, 국운이 널리 번창하리)"이다.

光聖樂, 玄宗所造也. 舞者八十人, 鳥冠, 五綵畫衣, 兼以上元·聖壽之容, 以歌王跡所興.

〈광성악光聖樂〉은 (당나라) 현종玄宗(이융기李隆基, 685~762)이 만든 것이다. 춤추는 자는 80명이며, 조관鳥冠을 쓰고 오색의 채색옷을 입는다. (〈광성악〉은) 〈상원악〉과 〈성수악〉의 형태[容]를 겸함으로써 왕업의 흥기를 노래했다.

自破陣舞以下, 皆雷大鼓, 雜以龜玆之樂, 聲振百里, 動蕩山谷. 大定樂加金鉦, 惟慶善舞獨用西涼樂, 最爲閑雅. 破陣·上元·慶善三舞, 皆易其衣冠, 合之鐘磬, 以享郊廟. 以破陣爲武舞, 謂之七德；慶善爲文舞, 謂之九功. 自武后稱制, 毀唐太廟, 此禮遂有名而亡實.

　〈파진무破陣舞〉부터는 모두 대고大鼓를 울리며 〈구자악龜玆樂〉을 섞어서 연주하는데, 소리가 백리까지 진동하고 산골짜기를 뒤흔들었다. 〈대정악大定樂〉에는 금정金鉦을 더하며, 〈경선무慶善舞〉만은 〈서량악西涼樂〉을 사용하여 가장 우아하다. 〈파진무〉〈상원무上元舞〉〈경선무〉의 세 춤은 모두 그 의관을 바꾸고 종鐘·경磬을 그것(춤)에 어우러지게 하여 (천신과 조상에 대한) 교묘郊廟 제사에 사용했다. 〈파진무〉를 무무武舞로 삼아 〈칠덕무七德舞〉[18]라고 불렀다. 〈경선무〉를 문무文舞로 삼아 〈구공무九功舞〉[19]라고 불렀다. 무후武后가 국정을 주관하면서[稱制][20] 당나라의 태묘太廟를 없앤 다음부터 이러한 예禮는 마침내 유명무실해졌다.

---

18) 武功의 7가지 德行을 '七德'이라고 한다. 〈七德舞〉의 七德은 『左傳』에서 유래한 말이다. "武라는 것은 폭력을 억누르고, 무기를 거두어 싸움을 중지하며, 큰 나라를 유지하고, 공을 세우고, 백성을 편안하게 하며, 만민을 화합시키며, 재물을 풍성하게 하는 것이다.夫武, 禁暴, 戢兵, 保大, 定功, 安民, 和衆, 豐財者也."(『左傳』「宣公 12年」)

19) '九功'이란 六府와 三事의 일을 가리킨다. 백성의 생활의 근간인 육부와 삼사를 잘 관장하는 제왕의 9가지 善政이 바로 九功이다. 육부는 水·火·金·木·土·穀이고, 삼사는 正德·利用·厚生이다. "六府, 三事, 謂之九功. 水, 火, 金, 木, 土, 穀, 謂之六府. 正德, 利用, 厚生, 謂之三事."(『左傳』「文公 7年」) 제왕의 文은 九功에 짝하고 武는 七德에 짝한다. "文洽九功, 武苞七德."(『梁書』「武帝紀」)

20) 皇后·皇太后·太皇太后 등의 여성 통치자가 황제를 대신해 국정을 장악하는 것을 稱制 또는 臨朝稱制라고 한다.

安樂等八舞, 聲樂皆立奏之, 樂府謂之立部伎, 其餘總謂之坐部伎. 則天·中宗之代, 大增造坐立諸舞, 尋以廢寢.

〈안악安樂〉 등 여덟 가지 춤에서는 음악을 모두 서서 연주하므로 악부樂府에서 이를 입부기立部伎라 하고 그 나머지는 좌부기坐部伎라 통칭했다.21) 측천則天과 중종中宗(이현李顯, 656~710) 때에 좌무坐舞와 입무立舞의 여러 춤을 크게 늘려 만들었으나 오래지 않아 폐지되었다.

坐部伎有讌樂·長壽樂·天授樂·鳥歌萬壽樂·龍池樂·破陣樂, 凡六部.

좌부기坐部伎에는 〈연악讌樂〉〈장수악長壽樂〉〈천수악天授樂〉〈조가만수악鳥歌萬壽樂〉〈용지악龍池樂〉〈파진악破陣樂〉의 6부部가 있다.

讌樂, 張文收所造也. 工人緋綾袍, 絲布褲. 舞二十人, 分爲四部: 景雲樂, 舞八人, 花錦袍, 五色綾褲, 雲冠, 烏皮靴; 慶善樂, 舞四人[三],22) 紫綾袍, 大袖, 絲布褲, 假髻; 破陣樂, 舞四人, 緋綾

---

21) 立部伎 8部는 〈安樂〉〈太平樂〉〈破陣樂〉〈慶善樂〉〈大定樂〉〈上元樂〉〈聖壽樂〉〈光聖樂〉이고, 坐部伎 6部는 〈讌樂〉〈長壽樂〉〈天授樂〉〈鳥歌萬壽樂〉〈龍池樂〉〈(小)破陣樂〉이다.

22) [교감기 3] "舞四人"은 각 본에 원래 "舞四十人"으로 나와 있는데,『通典』권146에는 '十' 자가 없다.『校勘記』권13에서는 "〈慶善〉〈破陣〉〈承天〉의 세 춤은 각각 4명씩이고, 이를 〈景雲舞〉 8명과 합하면 앞에서 말한

袍, 錦衿褾, 緋綾褲;承天樂, 舞四人, 紫袍, 進德冠, 並銅帶. 樂用
玉磬一架, 大方響一架, 搊箏一, 臥箜篌一, 小箜篌一, 大琵琶一,
大五絃琵琶一, 小五絃琵琶一, 大笙一, 小笙一, 大篳篥一, 小篳
篥一, 大簫一, 小簫一, 正銅拔一, 和銅拔一, 長笛一, 短笛一, 楷
鼓一[四],23) 連鼓一, 鞉鼓一, 桴鼓一, 工歌二. 此樂惟景雲舞僅
存, 餘並亡.

　〈연악讌樂〉은 장문수張文收가 만든 것이다. 악공樂工은 붉은빛 비
단 포[緋綾袍]와 사포絲布24) 바지[褲]를 입는다. (〈연악에서〉) 춤추는
자는 20명이고, 4부部로 나뉜다. 〈경운악景雲樂〉은 춤추는 자가 8명
이며, 채색 무늬 비단 포[花錦袍]와 오색 비단 바지[綾褲]를 입고, 운
관雲冠을 쓰며, (목이 긴 검정 가죽 신발인) 오피화烏皮靴를 신는다.
〈경선악慶善樂〉은 춤추는 자가 4명이며, 자줏빛 비단 포[紫綾袍]와
소매가 넓은 윗옷[大袖]과 사포 바지를 입고, 가계假髻25)를 한다.
〈파진악破陣樂〉은 춤추는 자가 4명이며, 붉은빛 비단 포[緋綾袍]를
입고 옷깃과 소맷부리를 비단으로 두른 윗옷[錦襟褾]과 붉은빛 비단
바지[緋綾褲]를 입는다. 〈승천악承天樂〉은 춤추는 자가 4명이며, 자

　　20명이라는 수와 맞아떨어진다"라고 했다. 이에 근거에서 '十' 자를 생략
　　했다.
23) [교감기 4] "楷鼓一"의 '楷' 자는 『通典』 권146에 '揩'로 나와 있다.
24) 사포絲布 : 누에에서 뽑아낸 실[蠶絲]에 마의 섬유질로 만든 실[麻絲]이
　　나 칡의 섬유질로 만든 실[葛絲]을 섞어 짜서 만든 직물을 말한다. 雲布라
　　고도 한다.
25) 가계假髻 : 여자의 예장에 쓰는 딴머리의 일종으로, 고대에는 編·副로
　　칭했다. 漢 이후에 假髻·假紒로 칭했고 唐代에는 義髻라고도 했다.

줏빛 포를 입고, 진덕관進德冠[26]을 쓰고, 동대銅帶를 두른다. 음악
에는 옥경玉磬 1가架, 대방향大方響[27] 1가, 추쟁搊箏 1개, 와공후臥箜
篌 1개, 소공후小箜篌 1개, 대비파大琵琶 1개, 대오현비파大五絃琵琶
1개, 소오현비파小五絃琵琶 1개, 대생大笙 1개, 소생小笙 1개, 대필률

---

26) 진덕관進德冠 : 황제가 지위 높은 신하에게 하사했던 冠이다. 『舊唐書』
   권45 「輿服志」의 기록에 따르면, 貞觀 8년(634)에 太宗이 처음으로 翼扇
   冠을 썼고, 대신들이 진덕관을 썼다고 한다. 현재까지 중국에서 발견된
   가장 오래된 진덕관은 당나라 개국공신 李勣의 무덤에서 출토된 三梁
   進德冠이다.

李勣의 무덤에서 출토된 三梁 進德冠

27) 방향方響 : 隋·唐 燕樂에 상용되던 악기로, 16쪽의 철편을 위아래로 각
   각 8개씩 2줄로 틀에 매어 달고 쇠망치[鐵錘]나 나무망치[木錘]로 쳐서
   소리를 낸다.

方響

大篳篥 1개, 소필률小篳篥 1개, 대소大簫 1개, 소소小簫 1개, 정동발正銅拔 1개, 화동발和銅拔 1개, 장적長笛 1개, 단적短笛 1개, 해고楷鼓 1개, 연고連鼓 1개, 도고鞉鼓 1개, 부고桴鼓 1개, 공가工歌 2개를 사용한다. 이들 음악 중 오직 〈경운무〉만 남아 있고, 나머지는 모두 실전되었다.

長壽樂, 武太后長壽年所造也. 舞十有二人, 畫衣冠.

〈장수악長壽樂〉은 무태후武太后 장수長壽 연간(692~694)에 만든 것이다. 춤추는 자는 12명이며, 채색 의관을 착용한다.

天授樂, 武太后天授年所造也. 舞四人, 畫衣五采, 鳳冠.

〈천수악天授樂〉은 무태후武太后 천수天授 연간(690~692)에 만든 것이다. 춤추는 자는 4명이며, 오색의 채색옷을 입고 봉관鳳冠을 쓴다.

鳥歌萬歲樂, 武太后所造也. 武太后時, 宮中養鳥能人言, 又常稱萬歲, 爲樂以象之. 舞三人, 緋大袖, 並畫鸜鵒, 冠作鳥像. 今案嶺南有鳥, 似鸜鵒而稍大, 乍視之, 不相分辨, 籠養久, 則能言, 無不通, 南人謂之吉了, 亦云料. 開元初, 廣州獻之, 言音雄重如丈夫, 委曲識人情, 慧於鸚鵡遠矣, 疑卽此鳥也. 漢書武帝本紀書南越獻馴象·能言鳥. 注漢書者, 皆謂鳥爲鸚鵡. 若是鸚鵡, 不得不擧其名, 而謂之能言鳥. 鸚鵡秦·隴尤多, 亦不足重. 所謂能言鳥,卽吉了也. 北方常言鴝鵒踰嶺乃能言, 傳者誤矣. 嶺南甚多鴝鵒, 能言者非鴝鵒也.

〈조가만세악鳥歌萬歲樂〉은 무태후武太后가 만든 것이다. 무태후 때 궁중에서 기르던 새가 사람의 말을 하고 또 항상 만세를 외쳤기 때문에 음악을 만들어 그것을 형상화했다. 춤추는 자는 3명이며, 붉은빛의 소매 넓은 옷[緋大袖]에 모두 구관조 문양을 넣고 관冠을 새 모양으로 만들었다. 지금 살펴보니, 영남嶺南28)의 어떤 새가 구관조와 비슷하고 조금 큰데 얼핏 보면 서로 분간이 되지 않는다. 새장에서 오랫동안 기르면 말을 할 수 있으며 통하지 않는 말이 없다. 남쪽 사람들은 이 새를 '길료吉了'라고 부르며 '료料'라고도 한다. (현종玄宗) 개원開元 연간(713~741) 초에 광주廣州에서 새를 바쳤는데, (새가) 말하는 소리가 사나이처럼 힘차고 중후하며 사람의 마음[人情]을 세세하게 아는 것이 앵무새보다 훨씬 총명했으니, 아마도 이 새 (길료)일 것이다. 『한서漢書』 「무제본기武帝本紀」에는 남월南越에서 길들여진 코끼리[馴象]와 말할 수 있는 새[能言鳥]를 바쳤다는 기록이 있다. 『한서』에 주를 단 이들은 모두 이 새를 앵무새라고 했다.

---

28) 영남嶺南 : 역사상 九州 중 揚州에 속하는 지역으로, 五嶺 이남 지역을 가리킨다. 오령은 越城嶺 · 都龐嶺 · 萌渚嶺 · 騎田嶺 · 大庾嶺으로 이루어져 있는데, 대체로 廣西(동부) · 廣東(동부) · 湖南 · 江西의 접경지역에 분포해 있다. 唐代 행정구역 중에 嶺南道가 있었는데, 오늘날의 廣東 · 廣西 · 海南 및 봉건왕조 시대의 越南(베트남) 紅河 三角洲 일대를 포괄했다. 이후 嶺南東道와 嶺南西道로 나뉜 것이 바로 廣東 · 廣西 分治의 시작이다. 五代 때 월남이 독립해 분리되었고, 宋代 淳化 4年(993)에 嶺南道를 廣南路로 개칭했다. 오늘날 영남이라고 하면 華南 지대로, 광동 · 광서 · 해남 · 홍콩 · 마카오를 가리킨다.

만약 앵무새였다면 부득불 그 이름(앵무새)을 언급했을 터인데 그 새를 '말할 수 있는 새[能言鳥]'라고 칭했던 것이다. 앵무새는 진秦·농隴29) 일대에 유독 많아서 대단하다고 할 만한 것이 못된다. 소위 말할 수 있는 새란 길료吉了이다. 북방에서 늘 말하기로는 구관조가 산봉우리[嶺]를 넘어가면 말을 할 수 있다고 하는데, 이것은 전하는 이가 틀린 것이다. 영남에는 구관조가 매우 많은데, 말을 할 수 있는 것은 구관조가 아니다.

龍池樂, 玄宗所作也. 玄宗龍潛之時, 宅在隆慶坊, 宅南坊人所居, 變爲池, 望氣者亦異焉. 故中宗季年, 汎舟池中. 玄宗正位, 以坊爲宮, 池水逾大, 瀰漫數里, 爲此樂以歌其祥也. 舞十有二人[五],30) 人冠飾以芙蓉.

---

29) 진秦·농隴 : 秦은 오늘날의 陝西省 대부분 지역과 甘肅省 동부의 天水 일대이다. 秦이 지명으로 사용된 것은 秦人의 선조인 非子가 秦城에 봉해졌기 때문인데, 秦岭·秦川·秦中·秦州 등의 지명이 여기서 비롯되었다. 隴은 隴山 以西 지역으로 오늘날 甘肅省 六盤山 以西와 黃河 以東에 해당하는데, 고대에는 西를 右라고 했기 때문에 '隴右'라고도 칭했다. 역사상 秦과 隴을 秦隴으로 병칭한 이유는 두 곳 모두 서북쪽에 치우쳐 있고, 黃土고원이 이 지역의 대부분을 차지하고 있으며, 두 곳의 인문환경이 비슷하기 때문이다.

30) [교감기 5] "舞十有二人"에 대해 殿本考證에서는 이렇게 말했다. "『통전』에서 '72명'이라 했고 『文獻通考』에서 '춤추는 자는 12명이 1列이 된다'고 했는데, 그 열이 6개이므로 모두 합하면 72명이 된다.通典七十二人, 通考舞者十二人爲列, 應是其列有六, 合之得七十二人也."

〈용지악龍池樂〉은 현종玄宗이 만든 것이다. 현종이 (즉위하기 이전) 용잠龍潛하던 때에 저택이 융경방隆慶坊에 있었는데,[31] 저택 남쪽 방坊에 사람이 거주하던 곳이 연못으로 변하자 운기雲氣를 살펴 점치는[望氣][32] 자 역시 이를 기이하게 여겼다. 중종中宗 말년에는 연못에서 배를 띄웠다. 현종이 즉위하여 방(융경방)을 궁으로 만들자 연못의 물이 더욱 불어나 몇 리를 가득 채우니, 이 음악을 만들어 그 상서로움을 노래했다. 춤추는 자는 12명이며, 사람마다 부용芙蓉으로 관冠을 장식했다.

破陣樂[六],[33] 玄宗所造也. 生於立部伎破陣樂. 舞四人, 金甲胄.

〈(소小)파진악破陣樂〉은 현종玄宗이 만든 것이다.[34] 입부기立部伎

---

31) 李隆基가 즉위하기 이전 藩王으로 있던 시기에 형제들과 함께 살던 저택이 長安城 隆慶坊 안에 있었다. 先天 元年(712)에 즉위한 뒤 避諱하고자 隆慶坊을 興慶坊으로 개칭했다. 開元 2년(714)에는 玄宗의 형제들이 흥경방 서쪽과 북쪽에 이웃한 坊으로 이주하고, 흥경방 전체를 興慶宮으로 개조했다. 장안성 동쪽에 자리한 흥경궁은 당나라 장안성의 3대 궁전 건축군(太極宮 · 大明宮 · 興慶宮) 중의 하나다. 開元 · 天寶 연간에 정치 중심지였던 흥경궁은 현종이 楊玉環과 거주했던 곳이기도 하다. 오늘날 흥경궁 공원이 바로 흥경궁이 있던 곳이다.

32) 망기望氣 : 고대 方士의 占候術로, 雲氣를 관찰해 길흉을 점치는 것을 의미한다.

33) [교감기 6] '破陣樂'은 『通典』 권146 · 『唐會要』 권33 · 『冊府元龜』 권569 · 『文獻通考』 권145에서 '小破陣樂'으로 나온다. '小' 자를 더한 것은 唐太宗이 만든 〈破陣樂〉과 구별하기 위해서다.

의 〈파진악〉에서 생겨났다. 춤추는 자는 4명이며, 황금 갑옷과 투구[金甲胄]를 착용한다.

自長壽樂已下皆用龜茲樂, 舞人皆著靴, 惟龍池備用雅樂, 而無鐘磬, 舞人躡履.

〈장수악長壽樂〉부터는 모두 〈구자악龜茲樂〉을 쓰며, 춤추는 사람은 모두 가죽신[靴]을 신는다. 〈용지악龍池樂〉만 아악雅樂을 갖춰 쓰되 종鐘과 경磬이 없으며, 춤추는 사람은 (공경의 의미를 나타내고자 의례 때 신는) 신발을 신는다[躡履].35)

---

34) 〈破陣樂〉은 秦王이던 李世民이 "劉武周를 격파하자 河東의 백성들이 길에서 춤추며 노래하고, 군인들이 함께 〈秦王破陣樂〉의 곡을 만든" 것에서 유래하였다고 한다. "太宗之平劉武周, 河東士庶歌舞於道, 軍人相與爲秦王破陣樂之曲."(『隋唐嘉話』) 이후 太宗(이세민)이 〈파진악〉을 〈七德舞〉로 개편했고, 高宗이 〈神功破陣樂〉으로 개편했으며, 玄宗이 〈小破陣樂〉으로 개편했다. 또 일본으로 전파되어 도가쿠[唐樂]의 레퍼토리 중 하나가 되었고, 조선에서는 世宗 때에 〈定大業〉을 만드는 본보기가 되었다. 〈파진악〉의 역사적 변천에 대해서는 다음을 참고. 沈冬, 『唐代樂舞新論』, 北京:北京大學出版社, 2004. 김미영, 「唐代 破陣樂 연구 : 太宗·高宗·玄宗 시기를 중심으로」, 『동양예술』 제16호, 한국동양예술학회, 2011.

35) '신발을 신는다'는 의미의 躡履는 '열렬히 맞이하다', '공경을 나타내다'라는 引伸義로도 쓰인다. 履가 고대 의례의 정식 복장인 正服에 속한 데서 이러한 引伸義가 파생되었다. 躡履에 관해서는 다음 논문을 참고. 王國珍, 「說'躡履' '躡屣'」, 『阜陽師範學院學報(社會科學版)』, 2015年 6期.

清樂者, 南朝舊樂也. 永嘉之亂, 五都淪覆, 遺聲舊制, 散落江左. 宋·梁之間, 南朝文物, 號爲最盛; 人謠國俗, 亦世有新聲. 後魏孝文·宣武, 用師淮·漢, 收其所獲南音, 謂之淸商樂. 隋平陳, 因置淸商署, 總謂之淸樂, 遭梁·陳亡亂, 所存蓋鮮. 隋室已來, 日益淪缺. 武太后之時, 猶有六十三曲, 今其辭存者, 惟有白雪·公莫舞·巴渝·明君·鳳將雛[七]36)·明之君·鐸舞·白鳩·白紵·子夜·吳聲四時歌·前溪·阿子及歡聞·團扇·懊𡡾·長史·督護·讀曲·烏夜啼·石城·莫愁·襄陽·棲烏夜飛·估客·楊伴·雅歌·驍壺·常林歡·三洲[八]37)·採桑·春江花月夜·玉樹後庭花·堂堂·泛龍舟等三十二曲. 明之君·雅歌各二首, 四時歌四首, 合三十七首. 又七曲有聲無辭, 上林·鳳雛·平調·淸調·瑟調·平折·命嘯, 通前爲四十四曲存焉.

〈청악淸樂〉은 남조南朝의 옛 음악이다. 영가永嘉의 난 때 다섯 도읍[五都]38)이 파괴되면서, 남겨진 악곡[遺聲]과 옛 제도[舊制]가 강좌江左로 흩어졌다. 송宋과 양梁 시대에 남조의 문물이 가장 융성했다고 일컬어진다. 백성들의 노래[謠]39)와 나라의 풍속에서도 (그) 세대

---

36) [교감기 7] 『通典』권146에 (가사가 남아 있는) '32곡三十二曲'이 기록되어 있는데, 그 (곡의) 명칭은 『舊唐書』「音樂志」에 나오는 것과 같으며 다만 '鳳將雛'라는 曲이 보이지 않는다.

37) [교감기 8] '三洲'는 각 본에 원래 '三州'라고 나와 있다. 『通典』권146·『唐會要』권33·『新唐書』권22「禮樂志」·『樂府詩集』권48에 근거하여 ('三洲'로) 고쳤다. 이하에서도 마찬가지로 고쳤다.

38) 오도五都 : 長安·譙·許昌·鄴·洛陽을 가리킨다.

39) 음악 없이 노래만 하는 것을 '謠'라고 한다. "爾雅曰 : 徒歌謂謠"(『通典』권146「樂典」)

의 새로운 소리[新聲]가 등장했다. 북위北魏 효문제孝文帝(탁발굉拓跋宏, 467~499)와 선무제宣武帝(원각元恪, 483~515)는 회수淮水와 한수漢水 지역에 출정하여 얻은 남방의 음악[南音]을 수집하고, 이를 〈청상악淸商樂〉이라 불렀다. 수隋가 진陳을 평정한 뒤 옛 제도를 이어받아 청상서淸商署40)를 두고 그 음악(〈청상악〉)을 〈청악〉이라고 총칭했는데, 양梁·진陳이 멸망하면서 남은 것은 매우 적었다. 수나라 이후로 나날이 소멸되었다. 무태후武太后 때까지만 해도 63곡이 여전히 남아 있었으나 오늘날 그 가사가 남아 있는 것으로는, 〈백설白雪〉〈공막무公莫舞〉〈파투巴渝〉〈명군明君〉〈봉장추鳳將雛〉〈명지군明之君〉〈탁무鐸舞〉〈백구白鳩〉〈백저白紵〉〈자야子夜〉〈오성사시가吳聲四時歌〉〈전계前溪〉〈아자阿子〉〈환문歡聞〉〈단선團扇〉〈오롱懊儂〉〈장사長史〉〈독호督護〉〈독곡讀曲〉〈오야제烏夜啼〉〈석성石城〉〈막수莫愁〉〈양양襄陽〉〈서오야비棲烏夜飛〉〈고객估客〉〈양반楊伴〉〈아가雅歌〉〈효호驍壺〉〈상림환常林歡〉〈삼주三洲〉〈채상採桑〉〈춘강화월야春江花月夜〉〈옥수후정화玉樹後庭花〉〈당당堂堂〉〈범용주泛龍舟〉 등 32곡뿐이다.41) 〈명지군〉과 〈아가〉가 각각 2수이고 〈사시가(오성사시가)〉가 4수이니, (가사가 남아 있는 것은 실제로) 모두 37수다. 또 7곡은 음악만 있고 가사가 없는데[有聲無辭], 〈상림上林〉〈봉추鳳雛〉〈평조平調〉〈청조淸調〉〈슬조瑟調〉〈평절平折〉〈명소命嘯〉로, 앞의 (가사가 남아 있는) 것과 합하면 (가사나 음악이) 남아 있는 것은 44곡이다.

---

40) 청상서淸商署 : 魏·晉 시기에 〈淸商樂〉이 흥성했는데, 魏나라의 三祖 (武帝 曹操, 文帝 曹丕, 明帝 曹叡)가 〈청상악〉을 전문적으로 관리하는 음악기구를 설립했다. 淸商署는 여기서 비롯되었다.
41) '32곡'이라고 했지만 본문에서 나열한 것은 '35곡'이다.

白雪, 周曲也.

〈백설白雪〉은 주周나라의 곡이다.

平調·清調·瑟調, 皆周房中曲之遺聲也. 漢世謂之三調.

〈평조平調〉〈청조清調〉〈슬조瑟調〉는 모두 주나라 방중곡房中曲[42]
에서 전해져 남은 음악[遺聲]으로, 한나라 때는 이를 '삼조三調'[43]라
고 했다.

公莫舞, 晉·宋謂之巾舞. 其說云 : 漢高祖與項籍會於鴻門, 項
莊劍舞, 將殺高祖. 項伯亦舞, 以袖隔之, 且云公莫害沛公也. 漢人
德之, 故舞用巾, 以象項伯衣袖之遺式也.

---

42) 방중곡房中曲 : 周代 궁정음악의 일종인 房中樂을 가리킨다. 후비들이
    연회 때 琴과 瑟을 반주로 삼아 노래했던 곡으로, 대부분 민가 중에서
    통치자의 구미에 맞는 곡을 골라서 개편한 것이다. 『漢書』의 기록에 따르
    면, 秦나라 때는 방중악을 '壽人'이라고 했으며 방중악은 楚나라 음악인
    楚聲이다. "又有房中祠樂, 高祖唐山夫人所作也. 周有房中樂, 至秦名
    曰壽人. 凡樂, 樂其所生, 禮不忘本. 高祖樂楚聲, 故房中樂楚聲也. 孝惠
    二年, 使樂府令夏侯寬備其簫管, 更名曰安世樂."(『漢書』 권22 「禮樂」)
43) 삼조三調 : 漢代 樂府 相和歌의 〈平調〉〈清調〉〈瑟調〉를 합해서 '三調'
    라고 하며 '清商三調'라고도 한다. "〈슬조〉는 宮을 위주로 하고, 〈청조〉는
    商을 위주로 하고, 〈평조〉는 角을 위주로 한다.瑟調以宮爲主, 清調以商
    爲主, 平調以角爲主."(『魏書』 권109 「樂志」)

〈공막무公莫舞〉는 진晉·송宋 때에 〈건무巾舞〉라고 불렀다. 전하는 이야기에 따르면, 한漢 고조高祖(유방劉邦, 기원전 256~기원전 195)가 항적項籍과 홍문鴻門44)에서 만났는데 항장項莊이 검무劍舞를 추며 고조를 죽이려고 했다. 항백項伯 역시 춤을 추며 소매로 그(항장)를 막으면서 "공公은 패공沛公(유방)을 해치지 마시오[莫]!"라고 말했다. 한나라 사람들이 이(항백이 춤을 추며 소매로 항장을 막은 일)를 은혜롭게 여겼기 때문에 춤(〈공막무〉)을 출 때 건巾을 사용함으로써 항백의 옷소매에서 전해진 형식을 형상화했다.

巴渝, 漢高帝所作也. 帝自蜀漢伐楚, 以版楯蠻爲前鋒, 其人勇而善鬥, 好爲歌舞, 高帝觀之曰 :「武王伐紂歌也.」使工習之, 號曰巴渝. 渝, 美也. 亦云巴有渝水, 故名之. 魏·晉改其名, 梁復號巴渝, 隋文廢之.

〈파투巴渝〉는 한漢 고조高祖[高帝]가 만든 것이다. 고조가 촉한蜀漢에서 (출병하여) 초楚를 정벌할 때45) (파巴 지역의) 판순만版楯

---

44) 홍문鴻門 : 秦의 도성 咸陽 교외에 있던 곳으로, 지금의 陝西省 臨潼 동북쪽에 자리한다. 진나라 말, 楚의 懷王은 먼저 關中에 들어간 사람을 관중의 왕으로 삼겠다고 약속했는데, 劉邦이 項羽보다 한발 앞섰다. 이에 격노한 항우가 단번에 函谷關을 돌파하고 홍문에 진을 쳤는데, 절대적인 약세에 놓여 있던 유방은 위기를 모면하고자 항우를 찾아가 사죄했다. 기원전 206년에 홍문에서 있었던 項羽(項籍)와 劉邦의 역사적 만남을 '鴻門宴'이라고 한다. 항우 측에서는 이 기회에 유방을 죽일 계획이었지만 결국 실패로 돌아갔다.

45) 漢王 劉邦과 西楚霸王 項羽의 楚漢之爭(기원전 206~기원전 202) 시기

蠻46)을 선봉으로 삼았는데, 그들의 사람됨이 용맹하고 싸움을 잘했으며 가무를 좋아했다. 고조가 그것을 보고 "무왕이 주를 정벌할 때의 노래[武王伐紂歌]로구나"라고 말하며 악공에게 그것을 익히게 하고 〈파투〉라고 이름했다. 투渝는 아름답다[美]는 것이다. 파巴 지역47)에 투수渝水48)가 있어서 (〈파투〉라고) 명명했다고도 한다.49) 위

를 가리킨다. 秦이 망한 이후 項羽는 楚 懷王을 義帝라 일컫다가 결국 죽였다. 西楚霸王을 자처한 항우는, 먼저 關中에 들어간 이를 관중의 왕으로 삼겠다는 懷王의 약조를 어긴 채 유방을 巴·蜀·漢中의 漢王으로 봉했다. 또한 關中을 삼분하여 항복한 秦의 세 장수를 왕으로 봉했는데, 이것이 三秦의 유래다. 章邯은 雍王, 司馬欣은 塞王, 董翳는 翟王에 봉해졌다. 항우의 논공행상에 불만을 품은 유방은 순식간에 三秦(관중 일대)을 정복한 데 이어서 의제의 복수를 주장하며 反楚 세력을 결집하여 항우와 대결하게 된다. 『晉書』「樂志」와 『通典』「樂典」에는 "帝自蜀漢伐楚"가 "漢高祖自蜀漢將定三秦"으로 나와 있다. 楚漢之爭이 벌어지자 유방의 군대는 三秦을 평정한 데 이어서 楚를 정벌하러 갔다.

46) 판순만版楯蠻 : 고대의 巴人을 가리킨다. 주로 四川 동북부의 營山·閬中·巴中·渠縣 등지에 분포했다. 巴人 가운데 彭人(閬中 巴人)이 武王伐紂 때 나무판[版]을 방패[楯]로 삼았기 때문에 版楯蠻이라고 불리게 되었다. 이들은 秦 惠王 때 秦나라가 楚나라의 黔中郡을 차지하는 데 선봉 역할을 했고, 劉邦이 三秦을 평정하는 데 선봉 역할을 하기도 했다. 이러한 공로로 인해 진나라와 한나라 때 이들은 賦稅를 면제받았다. 巴 지역에서는 부세를 '賨'이라고 했는데, 版楯蠻을 賨人이라고도 부르는 것은 여기서 유래했다.

47) 巴國이 있었던 곳으로, 오늘날 中慶 전역, 四川 동부, 湖北 서부, 貴州 북부, 湖南 서북부 일대에 해당한다. 秦나라가 巴國을 멸하고 巴郡을 설치했다.

48) 투수渝水 : 嘉陵江 중에서 오늘날 重慶 合川區 이하 구역에 해당하며 宕渠水라고도 한다. 이 유역에 賨人(版楯蠻)이 집거했다.

魏・진晉 때에 그 이름을 고쳤다가[50] 양梁나라 때 다시 〈파투〉라고 불렀으며, 수隋 문제文帝(양견楊堅, 541~604) 때 그것을 폐지했다.[51]

明君, 漢元帝時, 匈奴單于入朝, 詔王嬙配之, 卽昭君也. 及將去, 入辭, 光彩射人, 聳動左右, 天子悔焉. 漢人憐其遠嫁, 爲作此歌. 晉石崇妓綠珠善舞, 以此曲敎之, 而自製新歌曰:「我本漢家子, 將適單于庭, 昔爲匣中玉, 今爲糞土英.」晉文王諱昭, 故晉人謂之明君. 此中朝舊曲, 今爲吳聲, 蓋吳人傳受訛變使然.

〈명군明君〉. 한漢 원제元帝(유석劉奭, 기원전 74~기원전 33) 때 흉노匈奴 선우單于가 입조하자 원제가 조서를 내려 왕장王嬙을 그에게 시집보냈는데 바로 소군昭君이다. (소군이) 장차 떠날 때가 되어 (원

---

49) 『華陽國志』와 『晉書』에 이상과 관련된 내용이 나온다. "閬中有渝水. 賨民多居水左右, 天性勁勇. 初爲漢前鋒, 陷陣, 銳氣喜武. 帝善之曰: '此武王伐紂之歌也.' 乃令樂人習學之, 今所謂巴渝舞也."(『華陽國志』「巴志」) "漢高祖自蜀漢將定三秦, 閬中范因率賨人以從帝, 爲前鋒. 及定秦中, 封因爲閬中侯, 復賨人七姓. 其俗喜舞, 高祖樂其猛銳, 數觀其舞, 後使樂人習之. 閬中有渝水, 因其所居, 故名曰巴渝舞."(『晉書』「樂志」)

50) "(魏) 황초 3년(222)에 〈파투무〉를 〈소무무〉라고 개칭했으며, … 진晉代에 〈소무무〉를 〈선무무〉라고 개칭했다.黃初三年, 又改巴渝舞曰昭武舞.… 及晉又改昭武舞曰宣武舞."(『晉書』「樂志」)

51) 隋 文帝가 〈巴渝〉를 폐지한 것은 正典이 아니라는 이유 때문이었는데, 관련 내용이 『文獻通考』에 나온다. "隋文帝平陳之後, 盡得宋・齊舊樂, 更詔牛宏等定文武之舞, 辨器服之異. … 魏・晉以來, 有矛兪・弩兪及諸儒導引之類, 既非正典, 悉罷不用, 亦可謂治古之擧也."(『文獻通考』권145「樂考」)

제를 뵈러) 들어와 하직 인사를 하니 광채가 눈부시게 아름다워 좌우에 있던 사람들을 놀라게 했고 천자도 후회하였다. 한인漢人이 그녀가 멀리 시집가는 것을 가련하게 여겨 이 노래(〈명군〉)를 지었다. 서진西晉 석숭石崇의 기첩 녹주綠珠가 춤을 잘 추었는데, 이 곡으로 그녀를 가르쳐주자 (다음과 같이) 직접 새로운 노래를 지었다. "나는 본래 한인의 여식[漢家子], 장차 선우의 왕정으로 시집가게 되었네. 옛날에는 갑 속의 옥[匣中玉]이었는데 지금은 분토의 꽃[糞土英]이 되었네." 진晉나라 문왕文王(사마소司馬昭, 211~265)의 휘諱가 소昭이기 때문에 진나라 사람들이 (피휘避諱하여 〈소군〉을) 〈명군〉이라고 하였다. 이것은 중원[中朝]의 옛 곡인데 지금 오성吳聲이 된 것으로, 대개 오나라 사람이 전수하다가 잘못 변하여 그렇게 된 것이다.

鳳將雛, 漢世舊歌曲也.

〈봉장추鳳將雛〉는 한漢나라 때의 옛 가곡이다.[52]

---

52) 『通典』 권145 「樂典」에는 다음과 같이 나와 있다. "〈봉장추〉는 한나라 때의 옛 가곡이다. 응거의 「백일시」에서 말하길, '〈맥상상〉을 연주하고서는 도리어 〈봉장추〉라 하네'라고 했다. 그러므로 〈봉장추〉는 그 유래가 오래되었다. 鳳將雛, 漢代舊歌曲也. 應璩百一詩云 : 爲作陌上桑, 反言鳳將雛. 然則鳳將雛其來久矣." 魏 應璩(190~252)의 「百一詩」는 대장군 曹爽이 권력을 마음대로 휘두르자 당시 세태를 풍자한 시다. 〈맥상상〉을 연주하고 〈봉장추〉라고 말한 당사자는 漢末 桓帝 때의 馬子侯이다. 「백일시」라는 이름에 근거해 원래의 시가 총 101편이었을 것이라고 추정하기도 한다. 淸 袁枚의 『隨園隨筆』에서는 "응휴련(응거)의 시가 8권인데 그것을 「백일시」라 총칭한다. 應休璉詩八卷, 總名曰百一詩是也."라고 했

明之君, 本漢世鞞舞曲也. 梁武時, 改其辭以歌君德.

〈명지군明之君〉은 본래 한漢나라 때의 〈비무곡鞞舞曲〉이다.53) (남
조南朝) 양梁나라 무제武帝(소연蕭衍, 464~549) 때 그 가사를 고쳐서
임금의 덕을 노래했다.

鐸舞, 漢曲也.

다. 응거의 시문집으로 『應璩集』 10卷이 있었으나 산실되었고, 明代 張溥
이 그의 시문을 집록했다. 馬子侯를 풍자한 시는 「백일시」 8편에 해당하
며, 그 내용은 다음과 같다. "漢末桓帝時, 郎有馬子侯. 自謂識音律, 請客
鳴笙竽. 爲作陌上桑, 反言鳳將雛. 左右僞稱善, 亦復自搖頭."

53) 『宋書』「樂志」에서 "〈비무〉는 오늘날의 〈비선무〉이다.鞞舞, 卽今之鞞扇
舞也."라고 했다. 鞞鼓를 들고 추는 춤이 바로 鞞舞이다. 鞞鼓 중에서
큰 것은 鼗鼓와 같은 종류이고, 작은 것은 둥근 부채[團扇]처럼 생겼으며
자루가 달려 있다. 비무의 유래는 확실하지 않지만 『宋書』「樂志」・『通
典』「樂典」 등의 기록에 따르면 漢나라 때 이미 燕享에 사용되었다. 鞞舞
를 표현한 장면을 漢 畵像石에서 찾아볼 수 있는데, 四川省 德陽市 綿竹
에서 출토된 畵像磚에 나오는 3명의 伎人 중 좌측 인물이 왼손에 鞞鼓를
들고 있다.

鞞舞를 표현한 漢 畵像石

〈탁무鐸舞〉54)는 한漢나라 때의 곡이다.

---

54) 탁鐸과 〈탁무鐸舞〉: 鐸은 청동으로 만든 종 모양의 타악기인데, 甬鐘과
비슷하나 크기가 작다. 안쪽에 금속이나 목재로 된 혀[舌]가 달려 있어서
소리를 내는데, 청동 혀[銅舌]가 달린 것이 金鐸이고, 나무 혀[木舌]가
달린 것이 木鐸이다. 고대에 政教와 法令을 선포할 때 鐸을 사용했다.
『三国志』「魏書 · 東夷傳」에 따르면, 馬韓에서 제사 때 추던 춤이 탁무와
비슷했다. "해마다 5월이면 씨뿌리기를 마치고 귀신에게 제사를 지내는
데, 떼를 지어 모여서 노래하고 춤추며 밤낮으로 그치지 않고 술을 마신다.
그 춤은 수십 명이 함께 일어나 서로 뒤를 따라가며 땅을 밟고 구부렸다
치켜들었다 하면서 손과 발로 서로 장단을 맞추는데, 그 가락이 〈탁무〉와
유사하다. 10월에 농사를 마치고 나서도 이렇게 한다.常以五月下種訖,
祭鬼神, 羣聚歌舞, 飮酒晝夜無休. 其舞, 數十人俱起相隨, 踏地低昂,
手足相應, 節奏有似鐸舞. 十月農功畢, 亦復如之." 민간에서 유래한 〈鐸
舞〉는 漢 · 魏 시기에 궁정 연회에 편입되었고, 晉 이후로는 영향력이 점
차 쇠락해지면서 隋나라 때 이르러서는 더 이상 鐸을 쥐지 않았다. 〈탁무〉
는 최초에는 혼자서 추는 춤이었는데, 후에 16명이 추는 것으로 변했고,
東晋 桓玄 때는 64명이 추는 것으로 변했다. 〈탁무〉는 민간에서는 巫術의
성격을 지녔고, 상층사회의 연회에서는 웅혼한 武舞로 표현되었다. 〈탁
무〉에 관한 상세한 내용은 다음 논문을 참고. 魏代富, 「鐸舞考」, 『北京舞
蹈學院學報』, 2016年 1期.

鐸

白鳩, 吳朝拂舞曲也. 楊泓拂舞序曰:「自到江南, 見白符舞, 或言白鳬鳩, 云有此來數十年. 察其辭旨, 乃是吳人患孫皓虐政, 思屬晉也.」隋牛弘請以鞞 · 鐸 · 巾 · 拂等舞陳之殿庭, 帝從之, 而去其所持巾拂等.

〈백구白鳩〉는 오吳나라의 〈불무곡拂舞曲〉이다.[55] (진晉) 양홍楊泓이 「불무서拂舞序」에서 말하길, "강남에 온 이래 〈백부무白符舞〉를 보았다. 혹은 〈백부구白鳬鳩〉라고 하는데, 이것이 전해진 지 수십 년 되었다고 한다. 그 가사의 뜻을 살펴보면, 오나라 사람이 손호孫皓[56] (242~284)의 학정을 근심하여 진晉에 귀속될 것을 바란 것이다"라고 하였다.[57] 수隋나라 우홍牛弘[58]이 〈비무鞞舞〉〈탁무鐸舞〉〈건무巾舞〉

---

55) 江左에서 유래한 〈拂舞〉는 拂子를 춤의 도구로 삼은 歌舞이다.『晉書』권23「樂志下」에서는 "拂舞는 江左에서 나왔다. 옛날에는 吳舞라고 하였지만 그 노래를 살펴보니 吳의 가사가 아니다.拂舞, 出自江左. 舊云吳舞, 檢其歌, 非吳辭也."라고 하였다. 〈拂舞〉의 晉曲에는 〈白鳩〉〈濟濟〉〈獨祿〉〈碣石〉〈淮南王〉의 5편이 있는데, 梁의 〈拂舞歌〉는 모두 晉의 가사를 사용했으며, 〈白鳩〉를 제외한 나머지는 吳의 노래가 아니라고 한다. "『晉書』「樂志」曰 : 拂舞出自江左, 舊云吳舞也. 晉曲五篇 : 一曰白鳩, 二曰濟濟, 三曰獨祿, 四曰碣石, 五曰淮南王. 齊多刪舊辭, 而因其曲名.『古今樂錄』曰 : 梁〈拂舞歌〉並用晉辭.『樂府解題』曰 : 讀其辭, 除白鳩一曲, 餘並非吳歌, 未知所起也."(『樂府詩集』권54「舞曲歌辭 · 雜舞 · 晉拂舞歌」)

56) 손호孫皓 : 吳의 마지막 황제로, 孫權의 손자이자 孫和의 아들이다. 제위에 오른 직후에는 선정을 베풀었으나 얼마 뒤 주색에 빠지고 살육을 일삼으며 조세를 가혹하게 징수하는 등 민심을 잃었다. 天紀 4년(280)에 吳는 西晉에 멸망당하고 손호는 서진에 투항했다. 서진에서는 손호를 歸命侯에 봉하였다. 4년 뒤 洛陽에서 사망했다.

〈불무拂舞〉등의 춤을 전정殿庭에서 행하기를 청하자 황제(문제文帝)가 그것을 따랐으나 (춤을 출 때) 잡던 건巾·불拂 등은 없앴다.59)

白紵, 沈約云 : 紵本吳地所出, 疑是吳舞也. 梁帝又令約改其辭〔九〕,60) 其四時白紵之歌〔一〇〕,61) 約集所載是也. 今中原有白紵

57) 『樂府詩集』 권54 「舞曲歌辭·雜舞·晉拂舞歌」에 『南齊書』와 『宋書』에서 인용한 〈白符鳩舞〉의 가사가 실려 있다. "훨훨 나는 흰 비둘기, 우리 임금의 은혜를 사모해 우리 궁전에 모여드네.平平白符, 思我君惠, 集我金堂."(『南齊書』「樂志」) "훨훨 나는 흰 비둘기, 날면서 노래하네. 우리 임금의 덕을 사모해 임금의 궁전에 모여드네.翩翩白鳩, 載飛載鳴. 懷我君德, 來集君庭."(『宋書』「樂志」)

58) 우홍牛弘(545~610) : 字는 里仁이고, 安定 鶉觚(현재 陝西省 長武縣 일대) 사람이다. 好學博聞하여 평생 손에서 책을 놓지 않았다고 한다. 北周 때는 起居注를 담당했고, 隋나라에 들어와서는 散騎常侍·祕書監을 지냈다. 律令에 정통하여 開皇 3년(583)에 新律을 제정할 때 『開皇律』 12편을 작성했다. 또한 칙령을 받아 『五禮』 100권을 편찬했다.

59) 『隋書』 권15 「音樂志」에 관련 내용이 나온다. 開皇 연간 초에 令을 정할 때 七部樂(〈國伎〉〈淸商伎〉〈高麗伎〉〈天竺伎〉〈安國伎〉〈龜茲伎〉〈文康伎〉)을 두었고, 雜樂으로는 〈疏勒伎〉〈扶南伎〉〈康國伎〉〈百濟伎〉〈突厥伎〉〈新羅伎〉〈倭國伎〉가 있었다. "그 후에 우홍이 〈비무〉〈탁무〉〈건무〉〈불무〉 등의 네 춤을 새롭게 제정한 기악[新伎]과 함께 행하기를 청했다.其後牛弘請存鞞·鐸·巾·拂等四舞, 與新伎並陳." 文帝가 말하길, "그 성음과 절주와 춤은 모두 마땅히 옛것에 근거하도록 하라. 다만 춤추는 자들이 비·불 등을 들 필요는 없다.其聲音節奏及舞, 悉宜依舊. 惟舞人不須捉鞞拂等."라고 했다.

60) [교감기 9] "梁帝又令約改其辭"에서 '梁帝'는 『通典』 권145 및 『樂府詩集』 권55에서 인용한 『舊唐書』「樂志」에 '梁武帝'로 나와 있다.

曲, 辭旨與此全殊.

〈백저白紵〉. 심약沈約이 말하길, "모시풀[紵]은 본래 오吳 땅에서 나는 것이니, 아마도 이것은 오의 춤[吳舞]일 것이다"라고 했다. (남조南朝) 양梁나라 황제(무제武帝)는 또 심약에게 명을 내려 그 가사를 고치도록 했는데, 그 '사시백저四時白紵'의 노래는 심약의 문집에 실려 있는 바로 그것이다. 지금 중원에 〈백저곡白紵曲〉이 있는데, 가사의 뜻이 이것과는 완전히 다르다.

子夜, 晉曲也. 晉有女子夜造此聲, 聲過哀苦, 晉日常有鬼歌之.

〈자야子夜〉는 진晉나라 때의 곡이다. 진나라에 자야子夜라는 여자가 있어 이 (악곡의) 소리를 만들었는데, 소리가 지나치게 슬프고 괴로웠다. 진나라에서는 자주 귀신이 나타나 그것(〈자야〉)을 노래했다.[62]

前溪, 晉車騎將軍沈珫所制.

---

61) [교감기 10] "其四時白紵之歌"의 '其' 자는 『通典』 권145에 '乃有'로 나와 있고, 『樂府詩集』 권55에서 인용한 『舊唐書』 「樂志」에는 '爲'로 나와 있다.

62) 東晉 孝武帝 太元 연간(376~396)에 王軻之의 집에 귀신이 있어 〈자야〉를 노래했고 庾僧虔의 집에 귀신이 있어 〈자야〉를 노래했다고 한다. "晉 孝武帝太元中, 琅邪王軻之家有鬼歌子夜. 殷允爲豫章郡, 僑人庾僧虔家亦有鬼歌子夜."(『通典』 권145 「樂典」)

〈전계前溪〉63)는 진晉의 거기장군車騎將軍 심충沈玩64)이 지은 것이다.

阿子及歡聞, 晉穆帝升平初, 歌畢, 輒呼「阿子汝聞否」〔一一〕,65) 後人演其聲以爲此曲〔一二〕.66)

〈아자阿子〉와 〈환문歡聞〉. 동진東晉 목제穆帝(사마담司馬聃, 343~361) 승평升平 연간(357~361) 초에 (아이들이 길에서 노래하다가)67) 노래가

---

63) 〈전계前溪〉: 湖州 武康縣 前溪村(현재 浙江 德清縣)에서 기원한 전통 춤으로, 晉에서부터 唐에 이르기까지 성행했다. 전계촌의 남녀는 모두 樂舞에 뛰어났다고 한다. 宋나라 胡仔의 『苕溪漁隱叢話』에서 인용한 『大唐傳』에서는, "강남의 聲伎(歌姬 舞女)는 대부분 이곳에서 나왔다. 이른바 춤은 前溪에서 나온다는 것이다.江南聲伎, 多自此出. 所謂舞出 前溪者也."라고 했다.

64) 심충沈玩(?~약 324): 『晉書』 권98 「王敦傳」에 「沈充傳」이 부가되어 있는데, 이에 따르면 '沈充'이 맞다. 심충은 晉代에 吳興의 豪族 출신으로, 王敦의 신임을 받아 왕돈이 정권을 잡았을 당시에 車騎將軍을 지냈다. 왕돈은 제위를 찬탈하려는 음모를 꾸미면서 심충과 함께 기병했다. 결국 심충의 군대는 진나라 군대에 패배했고, 심충은 옛 부하인 吳儒의 집으로 도망갔다가 그에게 죽임을 당했다.

65) [교감기 11] "輒呼阿子汝聞否"는 『通典』 권145와 『文獻通考』 권142에는 그 다음 구절에 "又呼歡聞否以爲送聲(또 '그대는 듣고 있는가?'라고 외쳐서 이를 送聲(악곡이 종결되었을 때 화답하는 소리)으로 삼는다)"이라는 9자가 추가되어 있다.

66) [교감기 12] "後人演其聲以爲此曲"에서 『通典』 권145와 『文獻通考』 권142에는 '曲'자 앞에 '二' 자가 있다. 『校勘記』 권13에서는 "앞의 문장에서 '阿子及歡聞'이라고 말했으니, 마땅히 '二'자가 있어야 맞다"라고 했다.

67) 『晉書』에 나오는 다음 내용을 참고해 설명을 덧붙였다. "목제 승평 연간에 아이들이 길에서 문득 노래하다가 '아들아, 듣고 있니?'라고 했으며, 곡이

끝나면 그때마다 "아들[阿子]아, 너는 듣고 있니?"라고 외쳤다. 후세 사람들이 그 소리를 변화시켜 이 곡을 만들었다.

> 團扇, 晉中書令王珉與嫂婢有情, 愛好甚篤. 嫂捶撻婢過苦, 婢 素善歌, 而珉好捉白團扇, 故云 :「團扇復團扇, 持許自遮面. 憔悴 無復理, 羞與郎相見.」

〈단선團扇〉.[68] 동진東晉의 중서령中書令 왕민王珉[69]이 형수의 여종과 정분이 났는데, 사랑이 매우 두터웠다. (이를 알게 된) 형수가 여종을 심하게 매질했다. 여종은 평소에 노래를 잘 불렀고 왕민은

끝날 때마다 '아들아, 너는 듣고 있니?'라고 했다. 얼마 뒤에 황제가 붕어하자 태후가 울면서 말하길, '아들아, 너는 듣고 있니?'라고 했다.穆帝升 平中, 童兒輩忽歌於道曰, 阿子聞, 曲終輒云, 阿子汝聞不? 無幾而帝崩, 太后哭之曰, 阿子汝聞不?(『晉書』 권28 「五行志中」)

68) 〈단선團扇〉:〈團扇郎歌〉라고도 한다. 『樂府詩集』 권45 「淸商曲辭 · 吳 聲歌曲」에서 인용한 『古今樂錄』에 따르면 왕민과 정분이 생긴 여종의 이름은 謝芳姿이고 형수가 여종을 심하게 때리자 王東亭(왕민의 형 王 珣)이 듣고서 말렸다고 한다. 사방자가 평소에 노래를 잘했기 때문에 형수는 그녀가 한 곡을 부를 때마다 매를 사면해주었다고 한다. 그래서 부른 노래가 다음과 같다. "희고 둥근 부채여, 괴로우니 계속해서 눈물이 흐르네, 이 모습 낭군 눈에 보이겠지.白團扇, 辛苦五流連, 是郎眼所見." 왕민이 이 노래를 듣고 누구에게 보내는 노래인지 묻자 사방자가 다시 부른 노래가 다음과 같다. "희고 둥근 부채여, 초췌하니 옛 모습 아니구나, 낭군 뵙기가 부끄럽네.白團扇, 憔悴非昔容, 羞與郎相見."

69) 왕민王珉(351~388) : 東晉의 학자이자 뛰어난 書法家로, 王珣의 동생이다. 『晉書』 권65에 傳이 있다. 『樂府詩集』 권45에는 王瑉으로 나온다.

하얀 둥근 부채[團扇]를 드는 것을 좋아했으므로, (여종이 노래하길) "둥근 부채여, 둥근 부채여, 가져다 내 얼굴 가려주오. 초췌하나 다시 꾸밀 수 없으니, 낭군 뵙기가 부끄럽네"라고 했다.

懊憹, 晉隆安初民間訛謠之曲. 歌云:「春草可攬結, 女兒可攬擷.」齊太祖常謂之中朝歌.

〈오롱懊憹〉은 동진東晉 (안제安帝 사마덕종司馬德宗) 융안隆安 연간(397~401) 초 민간 가요[訛謠][70]의 곡이다. 노래에 이르기를, "봄풀은 잡아서 묶을 수 있고, 여인은 잡아서 취할 수 있네"[71]라고 하였다. (남조南朝) 제齊나라의 태조太祖(소도성蕭道成, 427~482)가 그것(〈오롱〉)을 〈중조가中朝歌〉라고 했다.[72]

---

70) 訛謠는 民謠·歌謠를 의미한다.
71) 이 노랫말은 참위의 성격을 띠고 있다. 402년 桓玄(369~404)이 반란 진압을 핑계로 東晉의 수도 建康(현재 南京)을 점령했다. 403년에 桓玄은 安帝에게 양위를 강요하여 황제가 되었다. 이듬해 환현은 劉裕를 비롯한 起義軍에게 격파당한 뒤 益州督護 馮遷에게 살해되었다. 『晉書』에 따르면, 安帝 隆安 연간에 백성들이 갑자기 〈懊憹〉의 노래를 지은 지 얼마 지나지 않아서 환현이 제위를 찬탈했고 이어서 토벌군에게 환현이 죽임을 당한 뒤, 환현의 궁녀와 반역을 일으킨 집안의 자녀와 妓妾이 모두 군대의 하사품이 되었다고 한다. "安帝隆安中, 百姓忽作懊憹之歌, 其曲曰: 草生可攬結, 女兒可攬擷. 尋而桓玄纂位, 義旗以三月二日掃定京都, 誅之. 玄之宮女及逆黨之家子女妓妾悉爲軍賞, 東及甌越, 北流淮泗, 皆人有所獲. 故言時則草可結, 事則女可擷也."(『晉書』권28「五行志中」)
72) 〈懊憹〉은 〈懊儂歌〉라고도 한다. 『樂府詩集』에서 인용한 『古今樂錄』에 따르면, 〈懊儂歌〉는 晉(西晉) 石崇의 애첩 綠珠가 지은 것으로, 〈絲布

長史變, 晉司徒左長史王廞臨敗所制.

〈장사변長史變〉은 동진東晉의 사도좌장사司徒左長史 왕흠王廞[73] 이 패배에 직면하여 지은 것이다.

督護, 晉·宋間曲也. 彭城內史徐逵之爲魯軌所殺, 徐, 宋高祖 長壻也. 使府內直督護丁旿殯斂之. 其妻呼旿至閤下, 自問斂逵之 事, 每問輒歎息曰:「丁督護!」其聲哀切, 後人因其聲廣其曲焉. 今歌是宋孝武帝所製, 云:「督護上征去, 儂亦惡聞許. 願作石尤 風, 四面斷行旅.」

〈독호督護〉는 (남조南朝) 진晉·송宋 때의 곡이다. 팽성[74]내사彭城

거칠어 꿰매기 어렵구나[絲布澀難縫]〉 1곡 뿐이다. (南朝) 宋 少帝가
새로운 노래 36곡을 다시 지었고, (南朝) 齊 太祖가 그것을 〈中朝曲〉이라
고 했으며, 梁 天監 11년(512)에 武帝가 법령을 정돈해 〈相思曲〉이라고
개칭했다. "古今樂錄曰 : 懊儂歌者, 晉石崇綠珠所作, 唯絲布澀難縫一
曲而已. 後皆隆安初民間訛謠之曲. 宋少帝更制新歌三十六曲. 齊太祖
常謂之中朝曲, 梁天監十一年, 武帝敕法雲改爲相思曲."(『樂府詩集』
권46「淸商曲辭·吳聲歌曲」)

73) 왕흠王廞 : 琅邪 王氏 출신으로, 太子中庶子, 司徒左長史를 역임했다. 東
晉의 승상 王導의 손자다. 東晉 安帝 隆安 원년(397)에 靑州와 兗州 刺史
王恭이 王國寶를 토벌하기 위해 起兵했을 때 王廞이 이에 호응했다. 그런
데 얼마 뒤 왕국보가 司馬道子에게 살해되자 왕공은 왕흠에게 군대를
철수하라고 명령했다. 왕흠은 분노하여 왕공에게 반기를 들었고, 왕공은
劉牢之에게 왕흠을 토벌하게 했다. 유뢰지에게 격파되어 도주한 이후 왕
흠의 행방은 알 수 없다.

74) 팽성彭城 : 오늘날 江蘇省 徐州에 해당한다.

內史 서규지徐逵之75)가 노궤魯軌76)에게 살해되었다. 서규지는 송 고조高祖(유유劉裕, 363~422)의 큰사위였다. (유유는) 부내직독호府內直督護 정오丁旿에게 그(서규지)를 수습해 염하도록 했다.77) 그(서규지)의 아내는 정오를 불러서 전각 아래로 오도록 하여 서규지를 염

75) 서규지徐逵之(?~415) : 東海 郯 사람으로, 東晉의 秘書監 徐欽之의 아들이자 宋의 司徒 徐羨의 조카이다. 劉裕의 장녀인 會稽公主 劉興弟를 아내로 맞았다. 振威將軍, 彭城과 沛郡의 太守를 지냈다. 義熙 11년(415)에 유유가 平西將軍 荊州刺史 司馬休之를 공격할 당시에 자신의 아들은 모두 어렸기 때문에 사위인 서규지에게 장병 1만 명을 이끌고 선봉에 서게 했다. 형주를 함락한 뒤 서규지를 형주자사로 삼고자 했던 것이다. 그런데 서규지가 이끈 군대는 破冢(현재 湖北 江陵의 동남쪽)에서 竟陵太守 魯軌의 군대와 교전을 벌이다 격파되었고 서규지는 전사했다. 유유는 사마휴지의 세력을 평정한 뒤 서규지에게 中書侍郎을 추증했다.

76) 노궤魯軌(?~449) : 扶風郡 郿縣(현재 陝西 眉縣) 사람으로, 東晉의 雍州刺史 魯宗之의 아들이자 魯爽의 부친이다. 기마와 활쏘기에 뛰어났으며 힘이 셌다. 東晉에서 竟陵太守를 지냈으며 劉裕를 피해 後秦으로 갔다가 후진이 멸망한 뒤에는 北魏로 가서 荊州刺史 · 襄陽郡公 · 鎭守長史를 지냈다. 破冢(현재 湖北 江陵의 동남쪽)의 전투에서 徐逵之 · 劉虔之 등을 죽였기 때문에 감히 남쪽으로 돌아갈 생각을 하지 못했는데, 宋 文帝(劉義隆)가 여러 차례 그를 불러들여 결국 司州刺史가 되었다.

77) 丁旿는 東晉 말에 太尉 劉裕를 섬겼으며, 府內直督護를 지냈다. 義熙 9년(413)에 유유가 劉毅를 토벌하고 수도 建康으로 돌아왔는데, 당시 반란을 꾀했던 諸葛長民이 유유가 돌아왔다는 소식에 놀라서 東府로 유유를 만나러 갔다. 유유는 丁旿에게 은밀히 숨어 있다가 제갈장민을 격살하게 했다. 의희 11년(415)에 유유가 司馬休之를 공격할 당시에 사위인 徐逵之를 선봉에 서게 했는데, 서규지는 魯軌의 군대와 맞서 싸우다가 전사했다. 유유는 서규지의 시신을 수습하는 일을 정오에게 맡겼다. 의희 12년(416)에 유유가 北伐할 당시 정오가 北魏의 군대를 대파했다.

하는 일을 직접 물어보았는데, 매번 물을 때마다 탄식하며 "정독호丁督護여!"라고 했다. 그 소리가 애절하여 후세 사람들이 그 소리에 근거해서 그 곡을 확대했다. 지금의 노래는 송 효무제孝武帝(유준劉駿, 430~464)가 지은 것인데, "독호는 물길을 거슬러 위쪽으로 올라가야 하니[上征去],[78] 나 또한 (그대가 떠나가야 한다는 소리) 듣기 싫구나. 바라건대 석우풍石尤風[79]이 되어 사방에서 출행[行旅]을 끊어놓으리"라고 했다.

讀曲, 宋人爲彭城王義康所製也, 有死罪之辭.

〈독곡讀曲〉은 (남조南朝) 송宋나라 사람들이 팽성왕彭城王 유의강劉義康[80]을 위해 지은 것이다. (곡의 내용에는) '죽을죄[死罪]'라는

---

78) "督護上征去"가 『樂府詩集』 권45 「淸商曲辭」에는 "督護初征時"로 되어 있고, 『詞品』 권1에는 "都護北征時"로 되어 있다. 上征은 물길을 거슬러 위쪽으로 올라가는 것을 말한다. "浮江河而入海兮, 泝淮济而上征." (馮衍의 「顯志賦」) "雲陽上征去, 兩岸饒賈."(李白의 「丁督護歌」)

79) 석우풍石尤風 : 『琅嬛記』에서 인용한 『江湖紀聞』에 '石尤風'의 유래와 관련된 이야기가 나온다. 石氏의 딸이 尤郞에게 시집갔는데 부부의 정이 돈독했다. 우랑이 장사하러 먼 길을 가게 되자 아내가 말렸지만 결국 그는 떠난 뒤 영영 돌아오지 않았다. 아내가 죽기 전에 탄식하며 말하길, "그가 가는 것을 막지 못해 이 지경이 된 것이 너무나 한스럽구나. 이제부터 먼 길을 가려는 장사꾼이 있으면 내가 응당 큰바람을 일으켜서 세상 모든 부인을 위해 그것을 막으리"라고 했다. 그 이후로 장사꾼의 배가 떠나려고 할 때 逆風이 불면 이를 '石尤風'이라고 하면서 결국 떠나지 않았다고 한다.

80) 유의강劉義康(409~451) : 南朝 宋 武帝 劉裕의 넷째 아들이자 少帝 劉義

가사가 있다.[81]

　烏夜啼, 宋臨川王義慶所作也. 元嘉十七年, 徙彭城王義康於豫
章. 義慶時爲江州, 至鎭, 相見而哭, 爲帝所怪, 徵還宅, 大懼. 妓
妾夜聞烏啼聲, 扣齋閤云:「明日應有赦.」 其年更爲南兗州刺史,
作此歌. 故其和云:「籠窻窻不開, 烏夜啼, 夜夜望郎來.」 今所傳
歌似非義慶本旨. 辭曰:「歌舞諸少年, 娉婷無種跡. 菖蒲花可憐,
聞名不相識.」

　〈오야제烏夜啼〉는 (남조南朝) 송宋나라 임천왕臨川王 유의경劉義

符, 文帝 劉義隆의 이복동생이다. 彭城王에 봉해졌으며 南豫州, 荊州
등지의 刺史를 지냈다. 元嘉 6년(429)에 재상 王弘의 천거로 입조하여
司徒가 되어 왕홍과 함께 국정을 보좌했다. 왕홍이 죽은 뒤 병이 든 文帝
는 유의강에게 정사를 맡겼다. 유의강의 측근들이 유의강을 황제로 옹립
하려고 하자 문제가 그 일당을 토벌한 뒤 유의강을 江州로 좌천시켰다.
원가 22년(445)에 유의강을 황제로 옹립하려는 움직임이 또 있었고, 결국
徐湛之의 고발로 문제에게 발각되었다. 유의강은 폐서인되어 安成郡으
로 가게 되었다. 원가 28년(451)에 北魏가 宋을 침략하자, 문제는 유의강
이 북위에 이용당할까 우려하여 그를 암살했다. 당시 유의강은 43세였다.
81) 가사의 내용은 다음과 같다. "죽을죄는 劉領軍에게 있거늘, 그릇되게 劉
　　第四(유씨네 넷째)를 죽였도다.死罪劉領軍, 誤殺劉第四."(『樂府詩集』
　　권46「淸商曲辭·吳聲歌曲) '劉第四'는 南朝 宋 武帝 劉裕의 넷째 아들
　　이자 文帝 劉義隆의 이복동생인 劉義康을 가리킨다. '劉領軍'은 劉湛
　　(?~440)으로, 文帝가 즉위했을 때 侍中을 지냈다. 劉義康이 彭城王이
　　되었을 때 유담은 彭城長史가 되어 유의강의 신임을 받았다. 元嘉 17년
　　(440), 유담은 유의강을 황제로 옹립하려는 음모를 꾸몄다가 문제에게
　　죽임을 당했다.

慶82)이 지은 것이다. 원가元嘉 17년(440)에 (문제文帝가) 팽성왕彭城
王 유의강劉義康을 예장豫章83)으로 귀양 보냈다. 유의경은 당시에
강주84)자사江州刺史였는데, (유의강이 강주의) 마을[鎭]에 이르자 두
사람이 만나서 울었다. 문제가 이를 괴이하게 여겨 궁전으로 불러들
이니 (유의경이) 매우 두려워했다. (유의경의) 기첩妓妾이 밤에 까마
귀가 우는 소리를 듣고서 서재 문을 두드리며 말하길, "내일 응당
사면이 있을 것입니다"라고 했다. 그해에 (유의경이) 남연주자사南
兗州刺史로 바뀌고 이 노래를 지었다. 때문에 그 화답하는 노래에 이
르기를, "새장의 창은 열리지 않는데, 까마귀는 밤에 울어대며, 밤마
다 낭군이 오기를 바라네"라고 했다. 지금 전하는 노래는 유의경의
본래 뜻이 아닌 듯하다. (지금 전하는 노래의) 가사에 이르기를, "노
래하고 춤추는 소년들이여, 미인[娉婷]은 자취가 없구나. 창포꽃 가

---

82) 유의경劉義慶(403~444) : 江蘇省 彭城(현재 徐州) 출신으로, 南朝 宋 武
帝 劉裕의 조카이고 長沙 景王 劉道憐의 둘째 아들이다. 송 무제 永初
元年(420)에 숙부 劉道規를 이어 臨川王에 봉해졌고, 文帝 元嘉 연간
초에 散騎常侍가 되었으며, 이후 荊州·江州·南兗州 刺史를 지냈다.
사후에 康王이라는 시호를 받았다. 後漢부터 東晉까지 名人들의 언행
일화를 모은 『世說新語』를 편찬했다.

83) 예장豫章 : 漢·三國·晉·南朝 시기에 豫章郡·豫章國은 대략 오늘날
江西省 北部 지역에 해당했다. 隋 開皇 9년(589)에 예장군을 없애고 洪
州를 설치했다가 大業 2년(606)에 南昌縣을 예장현으로 개칭했다. 唐
寶應 元年(762)에 代宗 李豫를 피휘하기 위해서 예장현을 鍾陵縣으로
개칭했는데, 이로써 예장은 더 이상 정식 행정구역 명칭이 아닌 南昌의
별칭으로 사용되었다.

84) 강주江州 : 오늘날 江西省 최북부의 九江市 일대로, 長江이 이 구역을
흘러가기 때문에 '江州'라고 했다.

련하구나, 이름은 들었으나 서로 알지 못하네"라고 했다.

　石城, 宋臧質所作也. 石城在竟陵, 質嘗爲竟陵郡, 於城上眺矚,
見群少年歌謠通暢, 因作此曲. 歌云：「生長石城下, 開門對城樓.
城中美年少, 出入見依投.」

〈석성石城〉은 (남조南朝) 송宋나라의 장질臧質[85]이 지은 것이다.
석성은 경릉竟陵[86]에 있는데, 장질이 일찍이 경릉군수가 되었을 때
성 위에서 먼 곳을 바라보다가 소년들이 유창하게 노래하는 것을 보
고 이 곡을 지었다. 노래에 이르기를, "석성 아래에서 나고 자라, 문
을 열면 성루를 마주보네. 성안의 미소년, 드나들 때마다 의지하며
의기투합하네"라고 했다.

85) 장질臧質(400~454) : 南朝 宋의 외척이자 명장으로, 東莞郡 莒縣(현재
　　山東 莒縣) 사람이다. 寧朔將軍 臧熹의 아들이자 武敬皇后의 조카다.
　　元嘉 연간 北伐에서 큰 공을 세웠으며, 孝武帝를 도와 劉劭의 난을 평정
　　해 車騎將軍 江州刺史 始興郡公에 임명되었다. 孝建 元年(454)에 장질
　　은 荊州刺史 劉義宣, 豫州刺史 魯爽과 함께 반란을 일으켰다가 패하여
　　피살되었다.
86) 경릉竟陵 : 고대에는 風國에 속했고, 春秋시대에는 鄖國에 속했으며, 戰
　　國시대에는 楚나라의 竟陵邑이었다. 秦나라 때 竟陵縣을 설치했으며 南
　　郡에 속했다. 漢나라 때 경릉현은 江夏郡에 속했으며, 三國시기에 경릉현
　　은 吳나라 荊州 江夏郡 관할이었다. 西晉 元康 9년(299), 경릉현은 竟陵
　　郡에 속했는데, 郡의 治所가 石城(현재 湖北 鍾祥)에 있었다. 南朝 宋
　　孝建 元年(454)에 경릉현은 郢州 竟陵郡에 속했다.

莫愁樂, 出於石城樂. 石城有女子名莫愁, 善歌謠, 石城樂和中
復有「莫愁」聲, 故歌云:「莫愁在何處? 莫愁石城西. 艇子打兩槳,
催送莫愁來.」

〈막수악莫愁樂〉은 〈석성악石城樂〉에서 나왔다. 석성에 막수莫愁[87]
라는 이름의 여자가 있었는데, 노래를 잘했다. 〈석성악〉의 화답가 중
에는 '막수'라는 소리가 거듭 나오기 때문에 노래에서 이르길, "막수
는 어디에 있나? 막수는 석성 서쪽에 있네. 거룻배에서 두 개의 노
를 저어, 어서 막수를 보내라고 재촉하네"라고 했다.

襄陽樂, 宋隨王誕之所作也〔一三〕.[88] 誕始爲襄陽郡, 元嘉二十
六年, 仍爲雍州, 夜聞諸女歌謠, 因作之. 故歌和云:「襄陽來夜
樂.」 其歌曰:「朝發襄陽來, 暮至大堤宿. 大堤諸女兒, 花艶驚郎
目.」 裴子野宋略稱:「晉安侯劉道彦爲雍州刺史, 有惠化, 百姓歌
之, 號襄陽樂.」 其辭旨非也.

87) 막수莫愁 : 莫愁女가 등장하는 대표적인 곳으로 洛陽·南京·郢州가 있
   다. 石城은 郢州 石城인데, 영주는 오늘날의 湖北 鍾祥이다. 석성의 막수
   녀에 관한 여러 기록에 따르면, 그녀는 노래를 매우 잘했다고 한다. 『鍾祥
   縣志』의 기록에 따르면, 막수촌은 막수가 살던 곳으로, 城 북쪽에는 막수
   호라는 호수가 있다. 鍾祥에는 莫愁村·莫愁渡·莫愁湖 등의 명승고적
   이 남아 있다.
88) [교감기 13] "宋隨王誕"에서 '隨' 자는 각 본에 '隋'라고 나와 있는데, 『通
   典』 권145·『樂府詩集』 권48에서 인용한 『古今樂錄』·『宋書』 권79 「竟陵
   王誕傳」에 근거하여 ('隨'로) 고쳤다. 이하에서도 마찬가지로 고쳤다.

〈양양악襄陽樂〉은 (남조南朝) 송宋나라의 수왕隨王 유탄劉誕[89]이 지은 것이다. 유탄은 처음에 양양襄陽군수가 되었다가 원가元嘉 26년(449)에 이어서 옹주雍州[90]자사가 되었는데,[91] 밤에 여자들이 노래하는 것을 듣고서 이 곡을 지었다. 때문에 화답하는 노래에서 이르길, "양양에 오니 밤에 음악을 연주하네"라고 했다. 그 노래에 이르길, "아침에 양양을 떠나와서, 저녁에 대제大堤[92]에 이르러 묵네.

---

89) 유탄劉誕(433~459) : 南朝 宋 文帝의 여섯 째 아들로, 孝武帝 劉駿과 明帝 劉彧의 이복형제다. 처음에는 廣陵王에 봉해졌다가 나중에 隨郡王에 봉해졌다. 元嘉 연간 北伐에서 전공을 세웠으며, 劉劭를 토벌하고 孝武帝를 옹립하는 데 공을 세워 侍中·开府儀同三司·揚州刺史에 임명되고 竟陵王에 봉해졌으며, 孝武帝를 도와 劉義宣의 난을 평정했다. 탁월한 공로 때문에 점차 효무제의 의심을 사게 되었다. 大明 3년(459)에 유탄은 廣陵에서 반란을 일으켰는데, 沈慶之의 군대에 포위된 채 여러 달을 버티다가 패하여 죽임을 당했다.

90) 옹주雍州 : 『禹貢』에 나오는 九州의 하나로, 오늘날 寧夏·靑海·甘肅·陝西 및 新疆과 內蒙古 일부에 해당한다. 그런데 西晉과 東晉 시기에 옹주 사람들이 避難하여 湖北 서북부의 襄陽 등지로 流入되었고, 南朝 宋 孝武帝 太元14년(389)에 襄陽을 중심으로 雍州를 僑置(지명을 옮김)했다. 南朝 宋 元嘉 26년(449)에는 荊州의 襄陽·南陽·順陽·新野·隨 등 다섯 郡을 僑置된 雍州의 실제 영토로 삼았으며, 治所는 襄陽城 내에 있었다.

91) 元嘉 26년(449)에 劉誕은 雍州·梁州·南秦州·北秦州의 都督, 竟陵郡·隨郡의 諸軍事, 後將軍, 雍州刺史 등의 관직을 맡았다. "二十六年, 出爲都督雍·梁·南北秦四州, 荊州之竟陵·隨二郡諸軍事, 後將軍, 雍州刺史."(『宋書』 권79 「竟陵王誕傳」)

92) 대제大堤 : 襄陽城(현재 湖北省 襄陽) 바깥에 있었으며, 상업이 번성하고 인구가 많은 곳이었다.

대제의 여인들, 꽃처럼 아름다워 사내의 눈을 놀라게 하네"라고 했
다. 배자야裴子野의 『송략宋略』에서는 이렇게 말했다. "진안후晉安侯
유도언劉道彥이 옹주자사가 되어 (백성들에게) 은혜를 베풀어 교화
하니[惠化] 백성들이 그것을 노래했는데 〈양양악〉이라고 불렀다."[93]
그(『송략』에서 언급한 〈양양악〉) 가사의 취지는 (유탄이 지은 〈양양
악〉의 것이) 아니다.

棲烏夜飛, 沈攸之元徽五年所作也. 攸之未敗之前, 思歸京師,
故歌和云:「日落西山還去來!」

〈서오야비棲烏夜飛〉는 심유지沈攸之[94]가 (남조南朝 송宋) 원휘元
徽 5년(477)에 만든 것이다. 심유지가 패하기 전에 경사京師로 돌아

---

93) 『通典』에 따르면, 劉道彥(?~442)이 襄陽太守가 되어 善政을 베푸니 백
   성들이 즐겁게 생업에 종사하고 집안이 풍족하며 蠻夷가 순종하여 〈襄陽
   樂歌〉가 생겨났다고 한다. "襄陽樂者, 劉道彥爲襄陽太守, 有善政, 百姓
   樂業, 人戶豐贍, 蠻夷順服, 悉緣沔而居, 由此有襄陽樂歌也."(『通典』
   「樂典」) 『宋書』 권65 「劉道彥傳」에 따르면, 유도언은 雍州刺史와 襄陽
   太守를 지냈다.

94) 심유지沈攸之(?~478) : 『宋書』 권74 「沈攸之傳」. 吳興 武康(현재 浙江
   德淸 武康鎭) 사람으로, 南朝 宋나라의 명장이었다. 後廢帝(劉昱,
   463~477)가 제위에 오른 뒤 심유지는 荊州刺史가 되었다. 升明 元年
   (477)에 蕭道成이 후폐제를 시해하고 順帝(劉準, 467~479)를 옹립한 뒤
   심유지를 車騎大將軍, 開府儀同三司로 삼았다. 얼마 뒤 심유지는 荊州
   에서 병사를 일으켜 소도성에 맞섰으나 전군이 궤멸했다. 升明 2년(478)
   에 심유지는 江陵 동쪽의 華容에서 목매달아 죽었고, 그의 首級은 京師
   로 보내졌다.

갈 것을 생각했기 때문에 화답하는 노래에 이르기를, "해가 서산으로 지니 돌아가야지!"라고 했다.

估客樂, 齊武帝之製也. 布衣時常遊樊·鄧, 追憶往事而作歌曰〔一四〕[95]:「昔經樊·鄧役, 阻潮梅根渚. 感憶追往事, 意滿情不敍.」使太樂令劉瑤教習, 百日無成. 或啓釋寶月善音律, 帝使寶月奏之, 便就. 敕歌者常重爲感憶之聲. 梁改其名爲商旅行.

〈고객악估客樂〉은 (남조南朝) 제齊나라 무제武帝(소색蕭賾, 440~493)가 지은 것이다. (무제가) 포의布衣 시절에 번樊·등鄧 지역을 자주 유람했는데, (즉위한 뒤에) 옛일을 추억하여 노래를 지었다. "옛날에 번·등에서 전투를 치르고, 매근저梅根渚[96]에서 조수(조수처럼 밀려드는 적)를 막아냈다네.[97] 감회에 젖어 옛일을 추억하니,

---

95) [교감기 14] 『通典』 권145와 『樂府詩集』 권48에서 인용한 『古今樂錄』에 따르면 "追憶往事"의 '追' 앞에 '登祚以後' 4자가 추가되어 있다. 『文獻通考』 권142에는 ('登祚以後'가) '踐祚以後'로 되어 있다.

96) 매근저梅根渚: 오늘날 安徽 貴池區 동북쪽에 있던 지명으로 梅根港, 錢溪라고도 한다. 梅根港 동쪽에 梅根監이 있었는데, 역대로 이곳에서 돈을 주조했고 錢官이 이를 관장했다.

97) 樊과 鄧은 春秋시대 樊國과 鄧國이 있었던 곳으로, 오늘날 湖北省 襄樊市와 河南省 鄧縣 일대이다. 예로부터 兵家必爭의 땅이었다. 泰始 2年(466)에 晉安王 劉子勛이 明帝 劉彧과 제위를 다툴 때 蕭賾은 유욱을 지지하며 梅根河에서 유자훈의 군대와 격전을 펼쳤다. 이후 소색은 襄陽(治所는 현재 湖北 襄樊市에 있었다)太守가 되었다. 樊과 鄧은 모두 양양의 관할 구역이었다. "昔經樊·鄧役"은 소색이 양양태수였을 때의 일이다.

생각은 가득하나 정회를 펼칠 길 없네." 태악령太樂令 유요劉瑤에게 (이 노래에 악곡을 더해) 교습敎習하게 했으나 백일이 지나도록 숙달하지 못하였다. 어떤 이가 승[釋] 보월寶月이 음률에 뛰어나다고 아뢰자, 황제(무제)가 보월에게 그것을 연주하게 하니 바로 완성하였다. 가자歌者 상중常重에게 칙명을 내려 감회에 젖도록 만드는 노랫소리[感憶之聲]를 만들게 했다. 양梁나라 때 그 이름(〈고객악〉)을 〈상려행商旅行〉으로 고쳤다.

楊伴, 本童謠歌也. 齊隆昌時, 女巫之子曰楊旻, 旻隨母入內, 及長, 爲后所寵. 童謠云:「楊婆兒, 共戲來.」而歌語訛, 遂成楊伴兒. 歌云:「暫出白門前, 楊柳可藏烏. 歡作沈水香, 儂作博山爐.」

〈양반楊伴〉은 본래 동요이다. (남조南朝) 제齊나라 (소소업蕭昭業, 473~494) 융창隆昌 연간(494)에 여자 무당의 아들 양민楊旻이 모친을 따라 (궁궐) 안으로 들어왔는데, 성장한 뒤에 황후의 총애를 받았다.[98] 동요에 이르기를, "양씨네 노파의 아들[楊婆兒], 함께 희롱하러 왔구

---

98) 여기에 나오는 황후는 南朝 齊나라의 3대 황제 蕭昭業의 황후인 何婧英이다. 『南帝書』 권20 「皇后列傳」에는 楊旻이 楊旻之로 나오며, 황후 하정영은 물론 황제 소소업 역시 楊旻之와 부적절한 관계를 맺었다고 한다. 隆昌 元年(494)에 蕭鸞이 政變을 일으켜 소소업을 살해하는데, 소소업은 鬱陵王으로 追貶되고 하정영은 폐출된다. 이 일이 있기 전에 楊旻之는 사형에 처해진 바 있다. 때문에 『구당서』 본문에서 楊旻이 '隆昌 연간'에 모친을 따라 궁궐 안으로 들어왔고 '성장한 뒤'에 황후의 총애를 받았다고 한 것은 시간상 논리적으로 맞지 않다. "성장한 뒤에[及長]"라는 구절을 빼는 것이 역사 사실에 부합한다.

나"라고 했다. 노랫말이 와전되어서 마침내 ('양파아楊婆兒'가) '양반아楊伴兒'가 되었다. 노래에 이르기를, "잠시 백문白門99) 앞으로 나갔더니, 수양버들이 까마귀를 감출 수 있겠구나. 그대[歡]100)가 침수향沈水香101)이 된다면, 나[儂]는 박산로博山爐102)가 되리"라고 했다.

驍壺, 疑是投壺樂也. 投壺者謂壺中躍矢爲驍壺, 今謂之驍壺

---

99) 백문白門 : 六朝시대의 宮城인 臺城의 正南門이 '宣陽門'인데, 민간에서는 이를 '白門'이라고 불렀다. 南朝 민간의 情歌에 백문이 자주 언급되는데, 밀회의 장소를 의미한다. 백문은 南京의 별칭으로 사용되기도 했다.

100) 고대에 사랑하는 남녀 사이에서 여자가 情人을 부를 때 '歡'이라고 했다. "新詞歡不見, 紅霞映樹鷓鴣鳴."(劉禹錫,「踏歌詞」) "聞歡下揚州, 相送楚山頭."(古樂府「莫愁樂」)

101) 침수향沈水香 : 沈香을 가리킨다. 침향은 물에 두면 가라앉기 때문에 沈水라고도 한다. 침향을 태우면 상쾌한 향기가 난다.

102) 박산로博山爐 : 博山香爐 · 博山香薰 · 博山薰爐라고도 하며, 漢 · 晉 시기에 많이 사용되었던 향로이다. 바다에 있다는 전설 속의 仙山인 博山을 상징한다. 향로의 몸체는 청동기의 豆 형태이고 그 위에 산 형태의 뚜껑이 덮여 있으며 향로에는 새와 짐승 문양이 있다.

前漢시기의 박산로
(1968년 河北 滿城 中山靖王 劉勝의 墓에서 출토)

者是也.

〈효호驍壺〉는 아마도 투호投壺[103]할 때의 음악일 것이다. 투호할 때 항아리 속에서 튕겨 나오는 살[躍矢]을 효호라고 하는데,[104] 지금 '효호'라고 하는 것이 바로 이것이다.

常林歡, 疑是宋·梁間曲. 宋·梁世, 荊·雍爲南方重鎭, 皆皇子爲之牧, 江左辭詠, 莫不稱之, 以爲樂土, 故隨王作襄陽之歌, 齊武帝追憶樊·鄧. 梁簡文樂府歌云:「分手桃林岸, 送別峴山頭. 若欲寄音信, 漢水向東流.」又曰:「宜城投[음두]酒今行熟, 停鞍繫

---

103) 투호投壺 : 射禮에서 기원한 전통 유희로, 戰國시대에 성행했고, 특히 唐나라 때 유행했다. 항아리 속으로 살[矢]을 던져서 더 많이 넣는 쪽이 이기는데, 졌을 경우에는 규정에 따라 罰酒를 마셨다.

〈投壺圖〉(南陽 漢畵館 소장)

104) 漢 武帝 때 郭舍人이 投壺에 능했는데, 그는 대나무로 만든 살[矢]을 항아리 안으로 세게 던져서 살이 튕겨 나오면 그것을 다시 항아리 안으로 던져 넣었다. 그는 하나의 살로 그렇게 백여 번을 되풀이 할 수 있었는데, 이를 '驍'라고 했다. 투호할 때 항아리 속에서 튕겨 나오는 살을 '驍壺'라고 한 것은 여기서 유래한 듯하다. "武帝時郭舍人善投壺,以竹爲矢, 不用棘也. … 郭舍人則激矢令還, 一矢百餘反, 謂之爲驍."(『西京雜記』 권5)

馬暫栖宿.」桃林在漢水上, 宜城在荊州北. 荊州有長林縣. 江南謂
情人爲歡.「常」「長」聲相近, 蓋樂人誤謂「長」爲「常」.

〈상림환常林歡〉은 아마도 (남조南朝) 송宋·양梁 때의 곡일 것이
다. 송·양 시대에는 형주荊州와 옹주雍州가 남방의 요충지[重鎭]라
서 모두 황자皇子를 지방관[牧]으로 삼았고, 강좌江左의 노래[辭詠]
에서도 모두 그곳(형주와 옹주)을 일컬으며 악토樂土(음악의 땅)로
여겼기 때문에 (송宋의) 수왕隨王(유탄劉誕, 433~459)이 〈양양襄陽〉
의 노래를 짓고 제齊 무제武帝가 번樊·등鄧(에서 있었던 일)을 추억
한 것이다. 양梁 간문제簡文帝의 악부가樂府歌에 이르기를, "도림桃
林 기슭에서 헤어지니,[105] 현산峴山[106] 머리에서 송별했네. 마치 소
식을 전하고자 하려는 듯, 한수漢水는 동쪽으로 흐르네"라고 했다.
또 이르기를, "의성宜城의 두주投酒[107]가 지금 익어가니, 안장 풀고
말을 메어놓고 잠시 묵었다 가네"라고 하였다. 도림은 한수 가에 있
고 의성은 형주 북쪽에 있다. 형주에는 장림현長林縣이 있다. 강남에
서는 정인情人을 환歡이라고 한다. (원래는 〈장림환長林歡〉인데 〈상

---

105) 峴山 위에 桃林亭이 있는데, 漢나라 때 세워졌으며 배웅하고 마중하고
교제하는 용도로 사용되었다.
106) 현산峴山 : 湖北 襄陽縣 남쪽에 있으며, 峴首山이라고도 한다. 동쪽으로
漢水와 접해 있다. 『水經注』「沔水」에서는, "면수(즉, 漢水)가 다시 도림
정 동쪽을 지나고, 다시 현산 동쪽을 지난다.沔水又徑桃林亭東, 又徑峴
山東."고 했다.
107) 의성宜城의 두주投酒 : 古代 襄州 宜城(현재 湖北 宜城市)에서 생산된
美酒인 宜城酒를 가리킨다. 宜城春, 竹葉酒라고도 한다. '投'는 두 번
빚은 술인 '酘'를 의미한다. 『方輿勝覽』에 따르면, 宜城縣 동쪽에 金沙
泉이 있는데, 이 물로 술을 빚으면 술맛이 매우 좋다고 한다.

림환〉이 된 것은) '상常'과 '장長'의 소리가 서로 비슷하여, 악인樂人들이 오해한 탓에 '장長'을 '상常'이라고 했을 것이다.

三洲, 商人歌也. 商人數行巴陵三江之間, 因作此歌.

〈삼주三洲〉는 상인商人의 노래다. 상인이 파릉巴陵[108]의 삼강三江[109] 일대를 자주 다닌 데서 말미암아 이 노래를 지었다.

採桑, 因三洲曲而生此聲也.

〈채상採桑〉은 〈삼주곡三洲曲〉을 바탕으로 생겨난 소리다.

春江花月夜 · 玉樹後庭花 · 堂堂, 並陳後主所作. 叔寶常與宮中女學士及朝臣相和爲詩, 太樂令何胥又善於文詠, 採其尤艷麗者以爲此曲.

〈춘강화월야春江花月夜〉〈옥수후정화玉樹後庭花〉〈당당堂堂〉은 모두 (남조南朝의) 진陳 후주後主(진숙보陳叔寶, 553~604)가 지은 것이다. 숙보叔寶는 늘 궁중의 여학사女學士 및 조신朝臣과 서로 화답하

---

108) 파릉巴陵 : 湖南 岳陽의 옛 명칭으로, 岳州라고도 한다.
109) 삼강三江 :『通典』권145「樂典」에는 '三江口'로 나와 있다. 湖南 岳陽 城陵磯 부근의 삼강구는 岷江(현재 荊江), 沅江, 湘江이 합류하는 곳이자 洞庭湖가 長江으로 유입되는 곳이다.

며 시를 지었는데, 태악령太樂令 하서何胥가 시문을 읊는 데 특히 뛰어나 그중에서 더욱 아름다운[豔麗] 것을 골라서 이 곡을 만들었다.

汎龍舟, 隋煬帝江都宮作.

〈범용주汎龍舟〉는 수隋 양제煬帝(양광楊廣, 569~618)가 강도궁江都宮에서 지은 것이다.[110]

餘五曲, 不知誰所作也. 其辭類皆淺俗, 而綿世不易, 惜其古曲, 是以備論之. 其他集錄所不見, 亦闕而不載.

나머지 다섯 곡은 누가 지었는지 알 수 없다. 그 가사가 모두 천박하고 속되지만, 대대로 전해지면서 바뀌지 않았으며 그것이 옛 곡[古曲]임이 아까워 (여기서) 함께 논하였다. 다른 곡들은 집록集錄에도 보이지 않기에 빠진 채로 두고 기록하지 않았다.

當江南之時, 巾舞 · 白紵 · 巴渝等衣服各異. 梁以前舞人並二八, 梁舞省之, 咸用八人而已. 令工人平巾幘, 緋褲褶. 舞四人,

---

110) 江都는 江蘇省 중부에 자리한 揚州로 고대에 廣陵 · 江都 · 維揚으로도 불렸다. 隋 煬帝 楊廣이 일생 중 양주에서 보낸 기간이 길 뿐만 아니라 그가 지은 시 역시 상당수가 양주와 관계가 있다. 양광은 10년 동안 揚州 總管을 지냈고 황제가 된 이후에도 3차례나 양주로 내려가 지냈을 만큼 양주를 좋아했다.

碧輕紗衣, 裙襦大袖, 畫雲鳳之狀, 漆鬟髻, 飾以金銅雜花, 狀如雀釵, 錦屨. 舞容閑婉, 曲有姿態. 沈約宋書志江左諸曲哇淫[一五],111) 至今其聲調猶然. 觀其政已亂, 其俗已淫, 既怨且思矣, 而從容雅緩, 猶有古士君子之遺風, 他樂則莫與爲比.

　강남 시대에는 〈건무巾舞〉〈백저白紵〉〈파투巴渝〉 등의 의복이 각각 달랐다. (남조南朝) 양梁나라 이전에는 춤추는 사람이 모두 16명이었는데, 양나라 때의 춤에서 (춤추는 사람의 인원수를) 감소시켜서 8명으로 줄여 썼을 따름이다. 악공樂工에게는 평건책平巾幘112)과 붉은[緋] 고습褲褶113)을 착용하게 했다. 춤추는 자는 4명이며, 푸르고 가벼운 깁옷[紗衣]을 입는데, 소매가 넓은 윗옷과 치마[大袖裙襦]에 구름과 봉황의 문양을 넣었다. 검은 트레머리[漆鬟髻]를 하고 금동金銅으로 만든 온갖 꽃으로 장식했는데 그 형상이 작차雀釵(참새 모양의 비녀)와 같았으며, 비단신을 신었다. 춤추는 모습이 우아하며 부드러운 자태가 빼어났다. 심약沈約의 『송서宋書』「지志(악지樂

---

111) [교감기 15] "沈約宋書志江左諸曲哇淫"에서 '志' 자는 『通典』 권146에 '惡'로 나와 있다.

112) 평건책平巾幘 : 魏·晉 이래 武官이 착용했던 두건의 일종이다. 위쪽이 평평하며 平上幘이라고도 한다. 隋나라 때는 侍臣과 武官이 착용했다. 唐나라 때는 武官과 衛官이 착용했고, 天子와 皇太子가 말을 탈 때 착용하기도 했다.

113) 고습褲褶 : 袴褶이라고도 한다. 고대 중국 복식에 군복으로 수용된 胡服으로, 기본 형식은 상의와 바지[褲]로 이루어져 있다. 褶은 여러 겹의 옷 가운데 가장 바깥에 입는 옷으로, 그 형태는 袍와 같고 길이는 짧으며 소매가 넓고 左衽이다. "褶, 謂重衣之最在上者也, 其形若袍, 短身而廣袖, 一曰左衽之袍也."(『急就篇』 顔師古 注)

志)」에서는 "강좌江左의 곡들은 음란하다[哇淫]"[114]라고 했는데, 지금까지도 그 소리의 가락[聲調]은 여전히 그러하다. 그 정치가 어지럽고 풍속이 음란한 것을 보고 원망하며 (옛날을) 그리워했겠지만, (강남의 악무는) 점잖고 우아하여 여전히 옛 사군자士君子의 유풍을 간직하고 있으니 다른 음악은 더불어 비길 것이 못된다.

李壽(577〜630) 墓 第一 過洞 東壁
벽화에 그려진 儀衛圖에서 袴褶을 착용한 두 사람(陝西박물관 소장)

114) 沈約의 『宋書』 「樂志」는 처음으로 俗樂의 詩歌를 正史 「樂志」에 편입시켰는데, 그 기준이 바로 음란하지 않은 것이었다. "무릇 樂章이 음란[淫哇]한 가사가 아니면 모두 상세히 기재했다.凡諸樂章, 非淫哇之辭, 並皆詳載."(『宋書』 권11 「志序」)라고 했다. 또 『宋書』 권19 「樂志」에서는 隨王 誕의 〈襄陽樂〉, 南平穆王의 〈壽陽樂〉, 荊州刺史 沈攸之의 〈西烏飛哥曲〉을 언급하면서 그 가사가 "음란하며 반듯하지 않다.淫哇不典正."라고 비판했다. 여기서 "江左의 곡들은 음란하다.江左諸曲哇淫."라고 한 것은 바로 이 부분을 언급한 것이다.

樂用鐘一架, 磬一架, 琴一, 三絃琴一, 擊琴一, 瑟一, 秦琵琶一, 臥箜篌一, 筑一, 箏一, 節鼓一, 笙二, 笛二, 簫二, 篪二, 葉二, 歌二.

음악에는 종종鐘 1가架, 경경磬 1가, 금금琴 1개, 삼현금三絃琴 1개, 격금擊琴 1개, 슬슬瑟 1개, 진비파秦琵琶 1개, 와공후臥箜篌 1개, 축축筑 1개, 쟁쟁箏 1개, 절고節鼓 1개, 생생笙 2개, 적적笛 2개, 소소簫 2개, 지篪 2개, 엽葉 2개, 노래[歌] 2개를 사용한다.

自長安已後, 朝廷不重古曲, 工伎轉缺, 能合于管絃者, 唯明君 · 楊伴 · 驍壺 · 春歌 · 秋歌 · 白雪 · 堂堂 · 春江花月等八曲. 舊樂章多或數百言, 武太后時, 明君尚能四十言, 今所傳二十六言, 就之訛失[一六],115) 與吳音轉遠. 劉貺以爲宜取吳人使之傳習. 以問歌工李郎子, 李郎子北人, 聲調已失, 云學於兪才生. 才生, 江都人也. 今郎子逃[一七],116) 清樂之歌闕焉. 又聞清樂唯雅歌一曲[一八],117) 辭典而音雅, 閱舊記, 其辭信典. 漢有盤舞, 今隸散樂部中. 又有幡舞 · 扇舞, 並亡.

---

115) [교감기 16] "就之訛失"이라는 구절에는 誤字가 있는 듯하다. '就之'는 『通典』권146에 '就中'으로 나와 있고, 『唐會要』권33에는 '漸漸'으로 나와 있다.

116) [교감기 17] "今郎子逃"는 『通典』권146에 "自郎子亡後"로 나와 있고, 『唐會要』권33에는 "郎子亡後"로 나와 있으며, 『樂府詩集』권44에는 "後郎子亡去"로 나와 있다.

117) [교감기 18] "唯雅歌一曲"에서 '雅'자는 각 본에 원래 없는데, 『通典』권146과 『樂府詩集』권44에 의거해 보충했다.

장안長安(으로 수도를 옮긴) 이후로 조정에서는 옛 곡을 중시하지
않아 악공樂工[工伎]이 점점 사라져서, 악기[管絃]에 맞춰 연주할 수
있는 곡은 〈명군明君〉〈양반楊伴〉〈효호驍壺〉〈춘가春歌〉〈추가秋歌〉
〈백설白雪〉〈당당堂堂〉〈춘강화월야春江花月〉 등 8곡뿐이었다. 옛 악
장樂章은 많으면 수백 언言에 달했는데, 무태후武太后 때에 〈명군〉은
아직 40언이 (연주가) 가능했지만 지금 전하는 것은 26언으로, 갈수
록 잘못되어 오음吳音과 점차 멀어졌다. 유황劉貺[118])은 오吳 지역 사
람을 데려다가 전습傳習하게 해야 한다고 여겼다. 그래서 (노래와 연
주가 직업인) 가공歌工 이낭자李郞子에게 물었는데, 이낭자는 북쪽
사람으로 (그가 살던 지역에서는) 소리의 가락[聲調]이 이미 유실되
었으며 (자신은) 유재생兪才生에게 배웠다고 했다. 유재생은 강도江
都 사람이다. 이제 이낭자가 없으니, 〈청악淸樂〉의 노래는 사라졌다.
또 들자하니 〈청악〉은 〈아가雅歌〉 1곡만 있으며 가사는 전아하고 음
이 우아하다고 하는데, 옛 기록을 살펴보니 그 가사가 진실로 전아하
다. 한漢나라 때의 〈반무盤舞〉는 오늘날 〈산악散樂〉[119]) 부류에 속한
다. 또 〈번무幡舞〉와 〈선무扇舞〉도 있는데 모두 망실되었다.

自周·隋已來, 管絃雜曲將數百曲, 多用西涼樂, 鼓舞曲多用龜

---

118) 유황劉貺 : 唐 玄宗 연간 徐州 彭城 사람으로, 劉知幾의 큰아들이다.
經史·天文·律曆·音樂에 뛰어났다. 起居郎에 발탁되었고 右拾遺를
지냈다.

119) 〈산악散樂〉: 곡예·잡기·음악이 결합되어 이루어진 百戲와 雜戲를 말
한다.

茲樂, 其曲度皆時俗所知也. 惟彈琴家猶傳楚・漢舊聲, 及淸調・
瑟調, 蔡邕雜弄, 非朝廷郊廟所用, 故不載.

북주北周・수隋 이래 관현管絃으로 연주하는 잡곡雜曲[120]은 거의
수백 곡인데, 대부분 〈서량악西涼樂〉을 사용한다. 고무곡鼓舞曲은 대
부분 〈구자악龜玆樂〉을 사용하는데, 그 곡의 가락[曲度]은 모두 세간
에 알려진 것이다. 오직 금琴을 타는 자만이 여전히 초楚・한漢의 옛
소리[舊聲] 및 〈청조淸調〉와 〈슬조瑟調〉를 전하였다. 채옹蔡邕의 잡
농雜弄[121]은 조정과 교묘郊廟에서 사용되지 않으므로 기재하지 않
았다.

西涼樂者, 後魏平沮渠氏所得也. 晉・宋末, 中原喪亂, 張軌據
有河西, 符秦通涼州, 旋復隔絶. 其樂具有鐘磬, 蓋涼人所傳中國
舊樂, 而雜以羌胡之聲也. 魏世共隋咸重之. 工人平巾幘, 緋褶. 白
舞一人, 方舞四人. 白舞今闕. 方舞四人, 假髻, 玉支釵, 紫絲布褶,
白大口褲, 五綵接袖, 烏皮靴. 樂用鐘一架, 磬一架, 彈箏一, 搊箏
一, 臥箜篌一, 豎箜篌一, 琵琶一, 五絃琵琶一, 笙一, 簫一, 篳篥

120) 잡곡雜曲 : 산실되거나 잔존한 민간 樂調를 樂府에서 정리한 것으로, 五
    言 古詩와 비슷하다. 漢代에서 唐代까지 유행했다. 민간에서 흥기한 俗
    樂 新聲으로, 정통 雅樂에 상대되는 개념으로 사용되기도 한다.
121) 채옹蔡邕의 잡농雜弄 : 後漢의 蔡邕(133~192)이 창작한 琴曲인 '蔡氏五
    弄'으로, 〈遊春〉〈渌水〉〈幽思〉〈坐愁〉〈秋思〉를 포함한다. 隋 煬帝가
    三國시대 嵇康(223~262)이 창작한 琴曲인 嵇氏四弄(〈長淸〉〈短淸〉〈長
    側〉〈短側〉)을 蔡氏五弄과 합하여 '九弄'이라고 통칭했다.

一, 小篳篥一, 笛一, 橫笛一, 腰鼓一, 齊鼓一, 檐鼓一, 銅拔一, 貝一. 編鐘今亡.

〈서량악西涼樂〉은 북위北魏가 저거씨沮渠氏(의 북량北涼)를 평정하고[122] 얻은 것이다.[123] 진晉·송宋 말 중원에 상란喪亂(재앙과 난리)이 일어났을 때, 장궤張軌가 하서河西[124] 지역을 차지하였고[125] 부진苻秦(전진前秦)이 양주涼州[126]를 통하게 했으나 곧 다시 단절되었다.[127] 그(〈서량악〉) 음악은 종鐘과 경磬을 갖추고 있는데, 대개 양주 사람이 전한 중국의 옛 음악에 강호羌胡[128]의 소리를 섞은 것

---

122) 太延 5년(439) 北魏 太武帝 拓跋燾(408~452)에 의해 沮渠氏의 北涼(397~439)이 멸망했다.

123) 〈西涼樂〉의 역사적 배경과 관련해 『通典』 권146 「樂典」에서는 다음과 같이 설명하고 있다. "〈서량악〉은 부씨 말엽에 생겨났는데 여광, 저거몽손 등이 양주를 차지하고 있으면서 구자의 음악을 변화시켜서 만든 것으로 〈진한기〉라고 불렀다. 북위 태무제가 하서 지역을 평정한 뒤 이것을 얻어 〈서량악〉이라고 불렀다.(西涼樂者, 起苻氏之末, 呂光, 沮渠蒙遜等據有涼州, 變龜玆聲爲之, 號爲秦漢伎. 後魏太武旣平河西, 得之, 謂之西涼樂.)"

124) 하서河西 : 오늘날 甘肅의 酒泉·張掖·武威 등지를 가리킨다. 黃河 以西 지역에 자리했으므로 '河西'라고 칭했다

125) 西晉의 八王의 亂 때 張軌(255~314)가 涼州刺史로 부임했으며 永嘉의 亂으로 서진이 몰락하자 前涼(301~376)을 세우고 독자 노선을 취했다. 전량은 376년에 前秦(350~394)의 苻堅(338~385)에 의해 멸망했다.

126) 양주涼州 : 오늘날 甘肅 武威에 해당하며, 고대에는 雍州·姑臧·休屠라고도 불렸다. 前涼·後涼·南涼·北涼·大涼이 이곳을 도읍으로 삼았다.

127) 문장의 의미가 확실하지 않다.

128) 강호羌胡 : 중국 고대의 羌族과 匈奴族을 가리키며, 중국 고대 서북부의 소수민족을 두루 가리키기도 한다.

이다. 북위에서 수隋에 이르기까지 모두 그것(〈서량악〉)을 중시하였
다. 악공樂工은 평건책平巾幘과 붉은[緋] 습삼129)을 착용한다. 백무
白舞는 1명이 추고 방무方舞는 4명이 춘다. 백무는 지금 없어졌다.
방무를 추는 4명은 가계假髻130)에 옥비녀[玉支釵]를 꽂고, 사포絲
布131)로 만든 자줏빛 습삼을 입고, 흰색의 (아랫단의 통이 넓은) 대
구고大口褲132)를 입고, 오색의 접수接袖133)를 입고, (목이 긴 검정
가죽 신발인) 오피화烏皮靴를 신는다. 음악에는 종鐘 1가, 경磬 1가,

---

129) 습삼襲褶 : 『釋名』에서는 褶을 襲으로 풀었고, 『說文解字』에서는 襲을 '左衽
    의 袍'라고 했다. 『急就篇』의 顔師古 注에 따르면 褶은 여러 겹의 옷
    가운데 가장 바깥에 입는 옷으로, 그 형태는 袍와 같고 길이는 짧으며
    소매가 넓고 左衽이다. 이상을 종합해보면, 褶은 左衽의 袍 형태인 겹옷
    이다.
130) 가계假髻 : 여자의 예장에 쓰는 딴머리의 일종으로 고대에는 編, 副로
    칭했다. 漢 이후에 假髻, 假紒로 칭했고 唐代에는 義髻라고도 했다.
131) 사포絲布 : 누에에서 뽑아낸 실[蠶絲]에 마의 섬유질로 만든 실[麻絲]이
    나 칡의 섬유질로 만든 실[葛絲]을 섞어 짜서 만든 직물을 말한다. 雲布
    라고도 한다.
132) 대구고大口褲 : 아랫단의 통이 넓은 바지를 가리킨다. 북방 유목민족으로
    부터 유래한 褲가 南北朝 시기에 이르러 漢族 거주지에서 널리 유행하면
    서 바지 아랫단이 갈수록 넓어졌다. 움직임을 편하게 하기 위해서 1미터
    정도의 끈으로 바짓가랑이를 묶었는데 이를 '縛褲'라 했고, 아랫단의 통
    이 넓은 바지를 '大口褲'라 했다.
133) 접수接袖 : 길이는 허리까지 오고 소매는 팔꿈치까지 내려오는 윗옷을
    가리킨다. 조선 숙종 때인 1712년에 金昌業이 청나라를 다녀온 使行日
    記인 『老稼齋燕行日記』의 다음 기록을 통해 '接袖'의 형태를 추정해볼
    수 있다. "그 길이가 허리에 이르고, 두 소매는 팔꿈치에 이르는 것을
    접수라고 한다.其長至腰, 兩袖及肘, 是謂接袖."

탄쟁彈箏 1개, 추쟁搊箏 1개, 와공후臥箜篌 1개, 수공후豎箜篌 1개, 비파琵琶 1개, 오현비파五絃琵琶 1개, 생笙 1개, 소簫 1개, 필률篳篥 1개, 소필률小篳篥 1개, 적笛 1개, 횡적橫笛 1개, 요고腰鼓 1개, 제고齊鼓 1개, 첨고檐鼓 1개, 동발銅拔 1개, 패貝 1개를 사용한다. 편종編鐘은 지금 없다.

周官:「靺師掌教靺樂, 祭祀則帥其屬而舞之, 大享亦如之.」靺, 東夷之樂名也. 擧東方, 則三方可知矣. 又有「鞮鞻氏掌四夷之樂, 與其聲歌, 祭祀則龡而歌之, 讌亦如之」. 作先王樂者, 貴能包而用之. 納四夷之樂者, 美德廣之所及也. 東夷之樂曰靺離, 南蠻之樂曰任, 西戎之樂曰禁, 北狄之樂曰昧. 離, 言陽氣始通, 萬物離地而生也. 任, 言陽氣用事, 萬物懷任也. 禁, 言陰氣始通, 禁止萬物之生長也. 昧, 言陰氣用事, 萬物衆形暗昧也. 其聲不正, 作之四門之外, 各持其方兵, 獻其聲而已. 自周之衰, 此禮尋廢.

『주관周官』에서는 이렇게 말했다. "매사靺師는 〈매악靺樂〉을 주관하여 가르치는데, 제사를 지낼 때 그 무리를 거느리고 춤을 추며, 대향大享[134])에서도 이와 같이 한다." 〈매靺〉는 동이東夷의 음악 명칭[樂名]이다. 동방(의 음악)을 예로 들어 살펴보면, (나머지) 세 방위(음악) 역시 알 수가 있다. (『주관』에서는) 또 이렇게 말했다. "제루

---

134) 대향大享:『周禮』「春官·宗伯」에는 '大饗'으로 나와 있다. 先王을 合祀하는 祭禮, 五方 天帝에 대한 제사, 天子가 내조한 제후에게 베푸는 연회, 상급자가 하급자를 술과 음식으로 위로하는 것 등을 '大饗'이라고 한다.

씨鞮鞻氏는 사이四夷의 음악과 그 노래를 주관하는데, 제사에서는 악기를 불며 노래하고 연회에서도 이와 같이 한다." 선왕先王의 음악을 연주하는 것은 포용하여 쓸 수 있는 것을 귀하게 여긴 것이다. 사이의 음악을 받아들이는 것은 덕이 널리 미치는 것을 아름답게 여긴 것이다. 동이의 음악을 〈매리眜離〉라 하고, 남만南蠻의 음악을 〈임任〉이라 하고, 서융西戎의 음악을 〈금禁〉이라 하고, 북적北狄의 음악을 〈매眛〉라고 한다. 리離는 양기陽氣가 처음 통하여 만물이 땅을 떠나 생성되는 것을 말한다. 임任은 양기가 힘을 떨쳐 만물이 회임懷任하는 것을 말한다. 금禁은 음기陰氣가 처음 통하여 만물의 생장을 금하는 것을 말한다. 매眛는 음기가 힘을 떨쳐 만물의 모든 형상이 어두워지는 것을 말한다. 그(사이의 음악) 소리[聲]가 바르지 못하여 (도성의 동서남북 성문인) 사문四門의 밖에서 연주하는데, 각자 그 방위의 병기를 쥐고서 그 소리를 바칠 따름이었다. 주周나라가 쇠퇴한 이후로 이 예禮도 얼마 안 되어 폐지되었다.

後魏有曹婆羅門, 受龜茲琵琶於商人, 世傳其業, 至孫妙達, 尤爲北齊高洋所重, 常自擊胡鼓以和之. 周武帝聘虜女爲后, 西域諸國來滕, 於是龜茲·疏勒·安國·康國之樂, 大聚長安. 胡兒令羯人白智通敎習, 頗雜以新聲. 張重華時, 天竺重譯貢樂伎, 後其國王子爲沙門來遊, 又傳其方音. 宋世有高麗·百濟伎樂. 魏平馮跋[一九],135) 亦得之而未具. 周師滅齊, 二國獻其樂. 隋文帝平陳,

---

135) [교감기 19] "魏平馮跋"에서 '馮'자는 각 본에 '拓'으로 나와 있는데, 『通典』 권146에 근거해 ('馮'으로) 고쳤다. 『校勘記』 권13에서 말하길,

得清樂及文康禮畢曲, 列九部伎, 百濟伎不預焉. 煬帝平林邑國,
獲扶南工人及其匏琴, 陋不可用, 但以天竺樂轉寫其聲, 而不齒樂
部. 西魏與高昌通, 始有高昌伎. 我太宗平高昌, 盡收其樂, 又造讌
樂, 而去禮畢曲. 今著令者, 惟此十部. 雖不著令, 聲節存者, 樂府
猶隸之. 德宗朝, 又有驃國亦遣使獻樂.

북위北魏에 조바라문曹婆羅門이라는 사람이 있었는데, 구자龜玆의
비파를 상인에게 전수받아 그 업을 대대로 전하였다. (조바라문의) 손
자 조묘달曹妙達[136]에 이르러서 (구자의 음악이) 북제北齊 (문선제文
宣帝) 고양高洋(526~559)으로부터 특히 중시되어 (문선제가) 항상 직
접 호고胡鼓를 치면서 그것(묘달의 비파 연주)에 화답했다. 북주北周
무제武帝(우문옹宇文邕, 543~578)가 오랑캐 여인[虜女][137]을 황후로
맞아들이자 서역西域의 여러 나라가 잉첩媵妾[138]을 보내왔다. 이에

"拓跋은 魏의 성씨이고, 馮跋은 北燕의 통치자이다.拓跋卽魏之姓, 馮
跋則北燕主也."라고 했다.

136) 조묘달曹妙達 : 北齊에서 隋 文帝 시기 西域 출신의 궁정 음악가로, 琵
琶 연주에 능했다. 대대로 비파를 전수해온 집안 출신으로, 조부인 曹婆
羅門이 상인에게 龜玆의 비파를 전수받았으며 아들 曹僧奴에게 전해졌
고 이후 손자 曹妙와 손녀 曹昭儀에게 전해졌다. 조바라문·조승노·조
묘·조소의를 '四曹'라고 칭한다.

137) 노녀虜女 : 북방 이민족을 폄하해 '虜'라고 칭했는데, 여기서 虜女는 突
厥의 공주 阿史那氏를 가리킨다. 北周 武帝 때 北齊와 北周는 강성한
돌궐 남쪽에 자리하고 있었다. 이런 상황에서 무제는 돌궐의 공주를 황후
로 맞이할 수밖에 없었다. 무제는 북제를 멸망시킨 이후 宣政 元年(578)
에 돌궐을 치러 가다가 병에 걸려 洛陽으로 돌아온 뒤 병사했다.

138) 잉첩媵妾 : 귀인에게 시집가는 여인을 따르며 시중을 들던 시첩을 媵妾
이라고 하는데, 왕실 간의 혼인에는 흔히 동성이나 이성 제후들이 동맹이

구자龜玆 · 소륵疏勒 · 안국安國 · 강국康國의 음악이 장안長安에 두루 모이게 되었다. (무제가) 호아胡兒[139]들을 갈인羯人 백지통白智通[140]으로부터 교습 받도록 했는데 새로운 소리[新聲]가 적잖이 섞여 들어갔다.[141] (전량前涼의 환왕桓王) 장중화張重華[142] 때 천축天竺이 먼 곳에서 내조來朝하러 와서[重譯][143] 악기樂伎[144]를 바쳤고, 그 뒤에

나 우호를 다지기 위해서 왕실의 딸을 잉첩으로 보냈다.

139) 호아胡兒 : 중국의 북방 이민족 및 西域의 각 민족을 가리키던 용어로, 胡人이라고도 한다.

140) 백지통白智通 : 龜玆 사람으로, 北周 武帝 때의 뛰어난 음악가였다.

141) "周武帝聘虜女爲后~頗雜以新聲"의 내용은 『通典』의 기록과 차이가 있다. "북주 무제가 突厥 여인을 황후로 맞아들이자 서역의 여러 나라가 잉첩을 보내왔으며, 이에 구자 · 소륵 · 안국 · 강국의 음악이 있게 되었다. 무제가 장안의 호아를 대거 불러 모아 갈인 백지통에게 (그들을) 교습하게 했는데, 새로운 소리가 적잖이 섞여 들어갔다.周武帝聘突厥女爲后, 西域諸國來媵, 於是有龜玆, 疏勒, 安國, 康國之樂. 帝大聚長安胡兒, 羯人白智通敎習, 頗雜以新聲."(『通典』 권146 「樂典」) 여기서는 『舊唐書』의 표점을 따르되 『通典』의 기록을 참고하여 해석했다.

142) 장중화張重華(327~353) : 涼州 姑臧(현재 甘肅 武威市) 사람으로, 前涼 文王 張駿의 둘째 아들이다. 建興 34년(346)에 장준이 사망한 뒤 정식으로 왕위를 이었다. 永樂 8년(353)에 사망했으며, 廟號는 世宗이다.

143) 중역重譯 : 통역을 거듭한다는 뜻인데, 周나라 成王 때 越裳氏가 통역을 거듭해 꿩을 바친 경우처럼 교화가 크게 이루어져서 먼 곳에서 來朝하러 온다는 의미로, 국가가 강성하고 백성이 편안함을 비유하는 말이다. "元始元年春正月, 越裳氏重譯獻白雉一, 黑雉二, 詔使三公以薦宗廟."(『漢書』 「平帝紀」)

144) 악기樂伎 : 음악과 가무를 업으로 하는 藝人을 伎라고 하는데, 악기 연주를 위주로 하는 예인을 樂伎 라 하고 노래와 춤을 위주로 하는 예인을 舞伎라 한다.

그 나라의 왕자가 스님[沙門]이 되어 (중국으로) 유람하러 왔다가 다시 그 지방의 음악[方音]을 전했다. (남조南朝) 송宋나라 때 〈고려기高麗伎〉와 〈백제기百濟伎〉의 음악이 있었다. 북위가 (북연北燕 문성제文成帝, ?~430) 풍발馮跋을 평정하고 역시 그것(북연의 음악)을 얻었지만 다 갖추지는 못했다. 북주北周의 군대가 북제北齊를 멸망시키자 두 나라가 그 음악을 바쳤다. 수隋 문제文帝가 진陳을 평정해 〈청악清樂〉과 〈문강예필곡文康禮畢曲〉을 얻어 9부기九部伎145)에 편입시켰는데, 〈백제기百濟伎〉는 그 안에 포함되지 않았다. 양제煬帝가 임읍국林邑國146)을 평정하고서 부남扶南147)의 악공樂工과 그 나라의 포금匏琴을 얻었지만 조악粗惡[陋]하여 쓸 수가 없었기에, 단지 〈천축악天竺樂〉으로 그 소리를 전사轉寫했으며 악부樂部에 편입시키지는 않았다. 서위西魏가 고창高昌과 통교하면서148) 비로소 〈고창기高昌伎〉가 있게되었다. 우리[我] (당나라) 태종太宗(이세민李世民, 599~649)이 (정관貞觀 14년에) 고창을 평정하고서 그(고창) 음악을 모두 거두었으며, 또 〈연악讌樂〉을 만들고 〈예필곡禮畢曲〉을 없앴다. 지금 영令에 기록

---

145) 9부기九部伎 : 〈清樂〉〈龜茲樂〉〈西涼樂〉〈天竺樂〉〈康國樂〉〈疏勒樂〉〈安國樂〉〈高麗樂〉〈禮畢樂〉의 九部樂을 가리킨다.

146) 임읍국林邑國 : 인도차이나 반도 동부에 있었던 고대 국가로, 2세기 말엽에 참족(Cham)이 세운 나라이다. 隋 大業 연간(605~618)에 林邑郡을 설치했다. 17세기 말엽 베트남에게 멸망당했다.

147) 부남扶南 : 인도차이나 반도 남동부 메콩 강 하류 지역에 있던 고대 왕국으로, 1세기부터 7세기 말까지 존재했다. 오늘날의 베트남·타이·캄보디아를 포괄하는 지역이 그 영토였으며, 중국은 물론 인도와도 교역했다.

148) 西魏 文帝 大統 14년(548)에 麴堅世子(麴玄喜)가 高昌王에 봉해지고, 西魏 恭帝 2년(555)에는 麴茂가 고창왕에 봉해졌다.

되어 있는 것은 오직 이 10부十部149)이다. 비록 영슈에 기록되어 있지 않더라도 소리와 곡조[聲節]가 보존되어 있는 것은 악부樂府에서 여전히 그것을 예하에 두었다. 덕종德宗(이괄李适, 742~805) 때는 또 표국驃國에서도 사신을 보내 음악을 바쳤다.150)

高麗樂, 工人紫羅帽, 飾以鳥羽, 黃大袖, 紫羅帶, 大口褲, 赤皮靴, 五色絛繩. 舞者四人, 椎髻於後, 以絳抹額, 飾以金璫. 二人黃裙襦, 赤黃褲[二〇],151) 極長其袖, 烏皮靴, 雙雙並立而舞. 樂用彈箏一, 搊箏一, 臥箜篌一, 豎箜篌一, 琵琶一, 義觜笛一, 笙一, 簫一,

---

149) 10부十部 : 十部伎(十部樂)로, 〈清樂〉〈龜茲樂〉〈西涼樂〉〈天竺樂〉〈康國樂〉〈疏勒樂〉〈安國樂〉〈高麗樂〉〈高昌樂〉〈讌樂〉을 가리킨다.

150) 驃國(220~832)은 오늘날 미얀마의 전신인 고대 불교 왕국으로, 832년 南詔에게 멸망당했다. 唐나라 德宗 때 驃國에서 음악을 바친 일이 『舊唐書』에 나온다. "(덕종) 貞元 연간(785~804)에 南詔의 異牟尋이 당나라에 歸附했다는 소문을 듣고 표국의 왕이 부러워했는데, 정원 18년(802)에 아우 悉利移를 보내 당나라에 來朝하여 표국의 음악 10곡과 악공 35인을 바쳤다. 악곡은 모두 석가모니의 經論을 펼쳐낸 것이었다. 貞元中, 其王聞南詔異牟尋歸附, 心慕之. 十八年, 乃遣其弟悉利移因南詔重譯來朝, 又獻其國樂凡十曲, 與樂工三十五人俱. 樂曲皆演釋氏經論之詞意."(『舊唐書』 권197 「南蠻·西南蠻列傳」)

151) [교감기 20] 『通典』 권146과 『文獻通考』 권148에는 "二人黃裙襦赤黃褲"라는 구절 다음에 "二人赤黃裙襦褲"라는 구절이 나와 있다. 앞 문장에서 "춤추는 자는 4명舞者四人"이라고 했으며, 다음 문장에서 "쌍쌍이 나란히 서서 춤을 춘다.雙雙並立而舞."라고 했으므로, 마땅히 이 구절("二人赤黃裙襦褲")이 있어야 한다.

小篳篥一, 大篳篥一, 桃皮篳篥一, 腰鼓一, 齊鼓一, 擔鼓一, 貝一.
武太后時尚二十五曲, 今惟習一曲, 衣服亦寖衰敗, 失其本風.

〈고려악高麗樂〉. 악공樂工이 자줏빛의 나사羅紗 모자[紫羅帽]를 쓰고 새 깃털로 장식하며, 황색의 소매가 넓은 윗옷[大袖]을 입고 자줏빛의 나사 띠[紫羅帶]를 차며, (아랫단의 통이 넓은) 대구고大口褲152)를 입고, 적색 가죽신[赤皮靴]을 신으며 오색 끈을 묶는다. 춤추는 자는 4명이며, (머리) 뒤쪽에 머리카락을 원추형으로 틀어 올리고[椎髻]153) 진홍색[絳] 말액抹額(이마를 동여매는 머리띠)을 두르며 금당金璫154)으로 장식한다. 2명은 황색의 치마와 윗옷[裙襦] 및

---

152) 대구고大口褲 : 아랫단의 통이 넓은 바지를 가리킨다. 북방 유목민족으로부터 유래한 褲가 南北朝 시기에 이르러 漢族 거주지에서 널리 유행하면서 바지 아랫단이 갈수록 넓어졌다. 움직임을 편하게 하기 위해서 1미터 정도의 끈으로 바짓가랑이를 묶었는데 이를 '縛褲'라 했고, 아랫단의 통이 넓은 바지를 '大口褲'라 했다.

153) 추계椎髻 : 머리카락을 원추형으로 틀어 올린 머리 양식을 가리키는데, 椎結이라고도 한다.

머리카락을 원추형으로틀어 올린 椎髻

154) 금당金璫 : 璫은 冠의 꾸미개인데, 금으로 만들었기 때문에 金璫이라고 불렀다. 漢나라 때는 侍中과 中常侍의 冠飾이었다.

적황색의 바지를 입고, (2명은 적황색의 치마와 윗옷과 바지를 입는다.) 그 소매는 매우 길게 하며, (목이 긴 검정 가죽 신발인) 오피화烏皮靴를 신고, 쌍쌍이 나란히 서서 춤을 춘다. 음악에는 탄쟁彈箏 1개, 추쟁搊箏 1개, 와공후臥箜篌 1개, 수공후竪箜篌 1개, 비파琵琶 1개, 의취적義觜笛 1개, 생笙 1개, 소簫 1개, 소필률小篳篥 1개, 대필률大篳篥 1개, 도피필률桃皮篳篥 1개, 요고腰鼓 1개, 제고齊鼓 1개, 첨고檐鼓 1개, 패貝 1개를 사용한다. 무태후武太后 때에는 그나마 25곡이 있었는데, 지금은 오직 1곡만 전습되고 있으며 의복 역시 점차 쇠패衰敗하여 본래의 풍모를 잃었다.

百濟樂, 中宗之代, 工人死散. 岐王範爲太常卿, 復奏置之, 是以音伎多闕. 舞二人, 紫大袖裙襦, 章甫冠, 皮履. 樂之存者, 箏·笛·桃皮篳篥·箜篌·歌.

〈백제악百濟樂〉. 중종中宗(이현李顯, 656~710) 때 그 악공樂工이 죽거나 흩어져 사라졌다. 기왕岐王 범範[155]이 태상경太常卿이 되어 그것(〈백제악〉)을 설치할 것을 거듭 상주했는데, (〈백제악〉에 정통한) 음기音伎가 많이 빠져 있었기 때문이다. 춤추는 자는 2명이며, 소매가 넓은 자줏빛의 윗옷과 치마[紫大袖裙襦]를 입고, 장보관章甫冠[156]을 쓰고, 가죽신[皮履]을 신는다. (〈백제악〉의) 음악에 보존되어

---

155) 기왕岐王 범範(686~726) : 唐나라 睿宗의 넷째 아들 李範을 가리킨다. 玄宗(李隆基)의 동생이며 岐王에 봉해졌다. 본명은 李隆範인데, 李隆基의 이름을 避諱하고자 '隆'을 생략했다. 학문을 좋아했으며 음률에 능했다.
156) 장보관章甫冠 : 儒者들이 쓰던 관으로 章甫, 章父라고도 한다. 『漢書』

있는 것은 쟁箏·적笛·도피필률桃皮篳篥·공후箜篌, 그리고 노래
[歌]이다.

此二國, 東夷之樂也[二一].157)

이 두 나라(의 음악, 〈고려악〉〈백제악〉)는 동이東夷의 음악이다.

扶南樂, 舞二人, 朝霞行纏, 赤皮靴. 隋世全用天竺樂, 今其存
者, 有羯鼓·都曇鼓·毛員鼓·簫·笛·篳篥·銅拔·貝.

〈부남악扶南樂〉. 춤추는 자가 2명이며, 조하朝霞158) 행전行纏159)을

「賈誼傳」의 顏師古 注에서는 章父가 은나라 때의 冠名이며, 父는 甫로
읽는다고 했다. "章父, 殷冠名也 … 父讀曰甫."

章甫冠(『三才圖會』)

157) [교감기 21] "此二國東夷之樂也"에서 '二' 자는 각 본에 '三'으로 나와
    있는데, 『通典』 권146과 『唐會要』 권33에 근거해 ('二'로) 고쳤다.
158) 조하朝霞 : 비단으로 만든 朝霞錦을 가리킨다. 朝霞라는 말에서 알 수
    있듯이 아침노을 같은 붉은빛 비단이다. 絹·紗·綺·羅는 짠 뒤에 염색
    하는 것이지만 錦은 염색된 실로 문양을 짜는 것이기 때문에 여러 비단

동여매고 적색 가죽신[赤皮靴]을 신는다. 수隋나라 때는 전부〈천축악天竺樂〉을 사용했으며, 지금 (그 음악에) 보존되어 있는 것은 갈고羯鼓·도담고都曇鼓·모원고毛員鼓·소簫·적笛·필률篳篥·동발銅拔·패貝이다.

天竺樂, 工人皂絲布頭巾, 白練襦, 紫綾褲, 緋帔. 舞二人, 辮髮, 朝霞袈裟, 行纏, 碧麻鞋. 袈裟, 今僧衣是也. 樂用銅鼓·羯鼓·毛員鼓·都曇鼓·篳篥·橫笛·鳳首箜篌·琵琶·銅拔·貝. 毛員鼓·都曇鼓今亡.

〈천축악天竺樂〉. 악공樂工이 검은색 사포絲布[160] 두건을 쓰고, 흰색의 (삶아서 희고 부드럽게 만든) 누인 명주 윗옷[練襦]을 입고, 자줏빛의 비단 바지[綾褲]를 입고, 붉은빛 어깨걸이[緋帔]를 걸친다. 춤추는 자는 2명이며, 머리를 길게 땋아 늘이고[辮髮], 조하朝霞 가사袈裟를 입으며, 행전行纏을 동여매고 푸른[碧] 미투리[麻鞋]를 신는다. 가사는 지금의 승복이다. 음악에는 동고銅鼓·갈고羯鼓·모원고毛員鼓·도담고都曇鼓·필률篳篥·횡적橫笛·봉수공후鳳首箜篌·

종류 중에서 가장 만들기 어려운 비단이라고 할 수 있다. 삼국시대 고구려의 高麗白錦과 더불어서 신라의 朝霞錦이 매우 유명하여 중국과 일본까지 명성을 떨쳤다.

159) 행전行纏 : 바지를 입었을 때 움직임을 간편하게 하고자 무릎 아래부터 발목까지 바지 위에 둘러싸 매는 물건을 가리킨다.

160) 사포絲布 : 누에에서 뽑아낸 실[蠶絲]에 마의 섬유질로 만든 실[麻絲]이나 칡의 섬유질로 만든 실[葛絲]을 섞어 짜서 만든 직물을 말한다. 雲布라고도 한다.

비파琵琶·동발銅鈸·패貝를 사용한다. 모원고와 도담고는 지금은
없다.

  驃國樂, 貞元中, 其王來獻本國樂, 凡一十二曲, 以樂工三十五
人來朝. 樂曲皆演釋氏經論之辭.

  〈표국악驃國樂〉. (덕종德宗) 정원貞元 연간(785~805)에 그(표국)
왕이 본국의 음악을 바쳤는데, 모두 12곡이며 악공樂工 35명이 내조
來朝했다. 악곡은 모두 석가모니[釋氏]의 경론經論의 말[辭]을 펼쳐
낸 것이다.

  此三國, 南蠻之樂.

  이 세 나라(의 음악, 〈부남악〉〈천축악〉〈표국악〉)는 남만南蠻의
음악이다.

  高昌樂, 舞二人[二二],161) 白襖錦袖, 赤皮靴, 赤皮帶, 紅抹額.
樂用答臘鼓一, 腰鼓一, 雞婁鼓一, 羯鼓一, 簫二, 橫笛二, 篳篥二,
琵琶二, 五絃琵琶二, 銅角一, 箜篌一. 箜篌今亡.

  〈고창악高昌樂〉. 춤추는 자가 2명이며, 안감이 있는 흰색 윗옷[白

---

161) [교감기 22] "舞二人"에서 '二'자는 각 본에 없는데, 『通典』 권146에 근거
    해서 보충했다.

襖]에 비단 소매 옷을 입고, 적색 가죽신을 신고, 적색 가죽 띠를 매고, 홍색 말액抹額(이마를 동여매는 머리띠)을 두른다. 음악에는 답랍고答臘鼓 1개, 요고腰鼓 1개, 계루고雞婁鼓 1개, 갈고羯鼓 1개, 소簫 2개, 횡적橫笛 2개, 필률篳篥 2개, 비파琵琶 2개, 오현비파五絃 琵琶 2개, 동각銅角 1개, 공후箜篌 1개를 사용한다. 공후는 지금은 없다.

龜茲樂, 工人皂絲布頭巾, 緋絲布袍, 錦袖, 緋布褲. 舞者四人, 紅抹額, 緋襖, 白褲帑, 烏皮靴. 樂用豎箜篌一[二三],162) 琵琶一, 五絃琵琶一, 笙一, 橫笛一, 簫一, 篳篥一, 毛員鼓一, 都曇鼓一, 答臘鼓一, 腰鼓一, 羯鼓一, 雞婁鼓一, 銅拔一, 貝一. 毛員鼓今亡.

〈구자악龜茲樂〉. 악공樂工이 검은색 사포絲布 두건을 쓰고, 붉은색 [緋] 사포 포袍를 입는데 비단 소매가 달려 있으며, 붉은색 베 바지 [緋布褲]를 입는다. 춤추는 자는 4명이며, 홍색 말액抹額(이마를 동 여매는 머리띠)을 두르고, 안감이 있는 붉은색 윗옷[緋襖]을 입고, 흰색 고노褲帑163)를 착용하고, (목이 긴 검정 가죽 신발인) 오피화烏

---

162) [교감기 23] "樂用豎箜篌一"에서 '樂用'은 각 본에 없는데, 『通典』 권 146에 근거해서 보충했다.

163) 고노褲帑 : 복사뼈에서 무릎 아래까지의 아랫다리 부분에 착용하는 것으로 袴奴, 袴帑라고도 한다. 行縢(脚絆)과 기능이 유사하지만 형태상 차이가 있는데, 袴奴는 行縢처럼 감싸서 묶는 게 아니라 다리를 그 안에 넣어 관통시키는 방식이다. 길이 역시 차이가 있는데, 行縢은 발부터 무릎까지 감싸지만 袴奴는 복사뼈에서 무릎 아래까지의 아랫다리 부분에

皮靴를 신는다. 음악에는 수공후豎箜篌 1개, 비파琵琶 1개, 오현비파
五絃琵琶 1개, 생笙 1개, 횡적橫笛 1개, 소簫 1개, 필률篳篥 1개, 모원
고毛員鼓 1개, 도담고都曇鼓 1개, 답랍고答臘鼓 1개, 요고腰鼓 1개,
갈고羯鼓 1개, 계루고雞婁鼓 1개, 동발銅拔 1개, 패貝 1개를 사용한
다. 모원고는 지금은 없다.

疏勒樂. 工人皂絲布頭巾, 白絲布褲, 錦襟褾. 舞二人, 白襖, 錦
袖, 赤皮靴, 赤皮帶. 樂用豎箜篌・琵琶・五絃琵琶・橫笛・簫・
篳篥・答臘鼓・腰鼓・羯鼓・雞婁鼓.

〈소륵악疏勒樂〉. 악공樂工이 검은색 사포絲布 두건을 쓰고, 흰색
사포 바지를 입고, 옷깃과 소맷부리를 비단으로 두른 윗옷[錦襟褾]
을 입는다. 춤추는 자는 2명이며, 안감이 있는 흰색 윗옷[白襖]에
비단 소매 옷을 입고, 적색 가죽신을 신고, 적색 가죽 띠를 맨다.
음악에는 수공후豎箜篌, 비파琵琶, 오현비파五絃琵琶, 횡적橫笛, 소

착용한다. 움직임을 편하게 해주는 기능을 하며 일반적으로 삼베 재질이
다. 袴奴라는 명칭은 唐나라 이후 문헌에서 찾아볼 수 있는데, 西域 樂工
의 복장이나 변방 군인의 복장을 설명할 때 사용된다. 특히 당나라 때
敦煌과 투루판에서 출토된 문서에 '袴奴'라는 용어가 빈번히 출현하는
것을 통해서 볼 때 당나라 때 이들 지역에서 보편적으로 사용되었음을
알 수 있다. 袴奴는 전형적인 당나라 때의 군인 복식으로, 주로 開元・天
寶 연간에 성행했고 관련 돈황 문서의 연대 역시 천보 연간이다. 袴奴는
대부분 '抹額'과 함께 언급되며, 양자를 합한 武人의 의례복을 奴抹 또는
帑抹이라고 불렀다. 이상의 내용은 다음 논문을 참고. 葉嬌, 「唐代文獻
所見'袴奴'形制考」, 『中國國家博物館館刊』, 2012年 第1期.

簫, 필률篳篥, 답랍고荅臘鼓, 요고腰鼓, 갈고羯鼓, 계루고雞婁鼓를 사
용한다.

康國樂, 工人皂絲布頭巾, 緋絲布袍, 錦領. 舞二人, 緋襖, 錦領
袖, 綠綾渾襠褲[二四],164) 赤皮靴, 白褲帑. 舞急轉如風, 俗謂之
胡旋. 樂用笛二, 正鼓一, 和鼓一, 銅拔一.

〈강국악康國樂〉. 악공樂工이 검은색 사포絲布 두건을 쓰고, 붉은색
[緋] 사포 포袍를 입는데 옷깃을 비단으로 둘렀다. 춤추는 자는 2명이
며, 안감이 있는 붉은색 윗옷[緋襖]을 입는데 옷깃과 소매를 비단으
로 둘렀고, 녹색 비단[綠綾]으로 만든 혼당고渾襠褲165)를 입고, 적색
가죽신을 신고, 흰색 고노褲帑를 착용한다. 춤추는 것이 마치 바람처
럼 빠르게 돌기에 세간에서는 이를 호선胡旋이라고 한다. 음악에는
적笛 2개, 정고正鼓 1개, 화고和鼓 1개, 동발銅拔 1개를 사용한다.

---

164) [교감기 24] "綠綾渾襠褲"에서 '渾'자는 聞本에는 빈칸으로 되어 있고
殿本 · 懼盈齋本 · 局本 · 廣本에는 모두 없는데, 『通典』 권146에 근거해
서 보충했다.

165) 혼당고渾襠褲 : 밑이 터 있는 바지인 開襠褲와 상대되는 개념의 밑이
막힌 바지인 '窮袴'를 가리킨다. 『漢書』 「外戚傳」의 顏師古 注에서 "窮
袴는 오늘날의 緄襠褲이다.窮袴卽今之緄襠褲也."라고 했다. 緄襠褲가
바로 渾襠褲인데, 지금도 陝西 지역 방언에서는 渾襠褲라고 한다. 다음
논문을 참고. 劉鈞杰, 「古人的絝(褲), 褌及襠」, 『尋根』, 2006年 第4期.

安國樂, 工人皂絲布頭巾, 錦褾領, 紫袖褲. 舞二人, 紫襖, 白褲
帑, 赤皮靴. 樂用琵琶・五絃琵琶・豎箜篌[二五]166)・簫・横笛
・篳篥・正鼓・和鼓・銅拔・箜篌. 五絃琵琶今亡.

〈안국악安國樂〉. 악공樂工이 검은색 사포絲布 두건을 쓰고, 소맷부
리와 옷깃을 비단으로 두른 윗옷[錦褾領]을 입고, 소매는 자줏빛이
며 자줏빛 바지를 입는다. 춤추는 자는 2명이며, 안감이 있는 자줏빛
윗옷[紫襖]을 입고, 흰색 고노褲帑를 착용하고, 적색 가죽신을 신는
다. 음악에는 비파琵琶, 오현비파五絃琵琶, 수공후豎箜篌, 소簫, 횡적
横笛, 필률篳篥, 정고正鼓, 화고和鼓, 동발銅拔, 공후箜篌를 사용한다.
오현비파는 지금은 없다.

此五國, 西戎之樂也.

이 다섯 나라(의 음악, 〈고창악〉〈구자악〉〈소륵악〉〈강국악〉〈안
국악〉)는 서융西戎의 음악이다.

南蠻・北狄國俗, 皆隨髮際斷其髮, 今舞者咸用繩圍首, 反約髮
杪, 內於繩下. 又有新聲河西至者, 號胡音聲, 與龜茲樂・散樂俱
爲時重, 諸樂咸爲之少寢.

남만南蠻과 북적北狄의 나라 풍속은 모두 머리 가장자리를 따라서

---

166) [교감기 25] "豎箜篌"에서 '豎'자는 각 본에 없는데, 『通典』 권146과 『新
唐書』 권21 「禮樂志」에 근거해서 보충했다.

머리카락을 자르는데, 오늘날 춤추는 자들은 모두 끈을 사용해 머리를 둘러싸고, 머리카락 끝부분을 돌려 묶어서 끈 아래로 집어넣는다. 또 하서河西 지역에서 들어온 새로운 소리[新聲]를 호음성胡音聲이라고 부르는데 〈구자악龜玆樂〉〈산악散樂〉과 더불어 모두 당시에 중시되었으며, 나머지 다른 악樂은 이로 인해 모두 조금 침체되었다.

北狄樂, 其可知者鮮卑·吐谷渾·部落稽三國, 皆馬上樂也. 鼓吹本軍旅之音, 馬上奏之, 故自漢以來, 北狄樂總歸鼓吹署. 後魏樂府始有北歌[二六],167) 卽魏史所謂眞人代歌是也. 代都時, 命挍庭宮女晨夕歌之. 周·隋世, 與西涼樂雜奏. 今存者五十三章, 其名目可解者六章: 慕容可汗·吐谷渾·部落稽·鉅鹿公主·白淨王太子·企喩也. 其不可解者, 咸多可汗之辭. 按今大角[二七],168) 此卽後魏世所謂簸邏迴者是也, 其曲亦多可汗之辭. 北虜之俗, 呼主爲可汗. 吐谷渾又慕容別種, 知此歌是燕·魏之際鮮卑歌, 歌辭虜音[二八],169) 竟不可曉. 梁有鉅鹿公主歌辭, 似是姚萇時歌, 其辭華音[二九],170) 與北歌不同. 梁樂府鼓吹又有大白淨

---

167) [교감기 26] "後魏樂府始有北歌"에서 '後'자는 각 본에 없는데, 『通典』 권146·『唐會要』 권33·『太平御覽』 권567·『樂府詩集』 권25에서 인용한 『舊唐書』 「音樂志」에 근거해서 보충했다.

168) [교감기 27] "按今大角"이라는 4자는 聞本에 4개의 빈칸으로 되어 있고, 殿本·懼盈齋本·局本·廣本에는 모두 없다. 『通典』 권146·『唐會要』 권33·『太平御覽』 권567에 근거해서 보충했다.

169) [교감기 28] "歌辭虜音"은 각 본에 "歌音辭虜"로 나와 있다. 『通典』 권146과 『樂府詩集』 권25에서 인용한 『舊唐書』 「音樂志」에는 "其詞虜音"으로 나와 있는데, 이에 근거해서 ('歌辭虜音'으로) 고쳤다.

皇太子·小白淨皇太子·企喩等曲. 隋鼓吹有白淨皇太子曲, 與
北歌校之, 其音皆異. 開元初, 以問歌工長孫元忠, 云自高祖以來,
代傳其業. 元忠之祖, 受業於侯將軍, 名貴昌, 幷州人也, 亦世習
北歌. 貞觀中, 有詔令貴昌以其聲教樂府. 元忠之家世相傳如此,
雖譯者亦不能通知其辭, 蓋年歲久遠, 失其眞矣. 絲桐, 惟琴曲有
胡笳聲大角, 金吾所掌[三〇].171)

〈북적악北狄樂〉 중에서 알 수 있는 것은 선비鮮卑·토욕혼吐谷渾
·부락계部落稽172)의 세 나라의 것으로, 모두 말 위에서 연주하는
음악이다. 고취鼓吹는 본래 군대[軍旅]의 음악으로, 말 위에서 그것
을 연주했기 때문에 한漢나라 이래 〈북적악〉은 모두 고취서鼓吹
署173)에 귀속되었다. 북위北魏[後魏] 악부樂府에 비로소 (북방 민족
의 노래인) 북가北歌가 있게 되었는데, 바로 북위 역사서(『위서魏
書』 「악지樂志」)에서 〈진인대가眞人代歌〉라고 칭한 그것이다. 대도
代都174) 시기에는 액정掖庭175)의 궁녀들에게 명하여 아침저녁으로

---

170) [교감기 29] "其辭華音"에서 '其'자는 각 본에 없는데, 『通典』 권146과
『樂府詩集』 권25에서 인용한 『舊唐書』 「音樂志」에 근거해서 보충했다.

171) [교감기 30] "絲桐惟琴曲有胡笳聲大角金吾所掌"은 『通典』 권146에서
도 동일하다. 『唐會要』 권33에는 다음과 같이 나와 있다. "오직 琴曲에
胡笳로 연주하는 곡조인 〈대각〉이라는 것이 아직 남아 있는데, 금오에서
관장하며 악공은 그것을 〈각수〉라 하고 고취 계열에 편성했다.唯琴尚有
笳聲大角者, 金吾所掌, 工人謂之角手, 備鼓吹之列."

172) 부락계部落稽 : 步落稽를 가리킨다. 稽胡, 山胡라고도 하며 匈奴의 別
種인 고대 민족이다.

173) 고취서鼓吹署 : 太常寺에 속해 있던 기구로, 儀仗에서의 鼓吹 음악을
전담했다.

그것을 노래하게 하였다. 북주北周·수隋 시기에는 〈서량악西涼樂〉과 섞어서 연주하였다. 지금 남아 있는 것은 53장章인데, 그 명목名目 중에서 해석할 수 있는 것은 6장으로, 〈모용가한慕容可汗〉〈토욕혼〉〈부락계〉〈거록공주鉅鹿公主〉〈백정왕태자白淨王太子〉〈기유企喩〉이다. 그중에서 해석할 수 없는 것은 거의 대부분 가한可汗의 말[辭]이다. 지금의 〈대각大角〉을 살펴보면, 이것은 바로 북위 시기에 〈파라회簸邏迴〉라고 하던 그것인데 그 곡에도 역시 가한의 말[辭]이 많다. 북로北虜의 풍속에서는 군주를 가한이라고 부른다. 토욕혼은 또 (선비족 중의 한 부족인) 모용慕容의 별종別種으로, 이 노래가 북연北燕·북위 때 선비鮮卑의 노래임을 알 수 있는데, 노랫말이 오랑캐[虜]의 음으로 되어 있어서 결국 이해할 수 없다. 양梁나라에는 〈거록공주가사鉅鹿公主歌辭〉가 있는데, 요장姚萇176) 때의 노래인 것 같지만 그(〈거록공주가사〉) 노랫말은 화화華夏의 음으로 되어 있어 북가와는 다르다. 양나라의 악부고취樂府鼓吹에는 또 〈대백정태자곡大白淨皇太子曲〉〈소백정황태자곡小白淨皇太子曲〉〈기유곡企喩曲〉 등이 있다. 수隋나라의 고취에는 〈백정황태자곡〉이 있는데, 북가와

---

174) 대도代都 : 代國(338~376)의 수도. 代國은 五胡十六國시대 拓跋鮮卑가 세운 나라로, 北魏의 전신이다.

175) 액정掖庭 : 황궁에서 妃嬪이 거처하는 곳을 가리킨다. 고대 궁전 건축은 남북 방향의 중심축을 중심으로 배치되었는데, 중심축에는 황제가 조정 업무를 보는 朝堂과 황제와 황후의 寢宮이 있었다. 그 침궁 양쪽에 있는 건축물은 마치 양쪽 겨드랑이처럼 침궁을 호위하고 있는 형태이므로 '掖庭'이라고 통칭했으며, 비빈이 거처하는 곳이 바로 이곳이었다.

176) 요장姚萇(331~393) : 五胡十六國시대 後秦의 초대 황제인 太祖 武昭皇帝로, 字는 景茂이다.

비교해보면 그 음이 모두 다르다. (당唐 현종玄宗) 개원開元 연간 (713~741) 초에 (노래와 연주가 직업인) 가공歌工 장손원충長孫元忠 에게 물으니, 고조高祖(이연李淵, 566~635) 이래 대대로 그 업을 전 수했다고 했다. 장손원충의 조부는 후장군侯將軍에게 배웠는데, (후 장군은) 이름이 귀창貴昌이고 병주幷州 사람이며 역시 대대로 북가 를 전습해왔다. (태종太宗) 정관貞觀 연간(627~649)에 조서를 내려 귀창에게 그(북가) 소리를 악부樂府에서 가르치게 했다. 장손원충의 집안에서 이처럼 대대로 전해왔지만, 비록 역자譯者라 하더라도 그 가사(의 의미)를 다 알 수는 없으니 대개 세월이 오래 되어서 그 본 래의 것[眞]을 상실했기 때문이다. 악곡[絲桐]177) 중에는 오직 금곡 琴曲에만 호가로 연주하는 곡조[胡笳聲]인 〈대각大角〉이 있는데, 금 오金吾178)에서 관장한다.

散樂者, 歷代有之, 非部伍之聲, 俳優歌舞雜奏. 漢天子臨軒設 樂, 舍利獸從西方來, 戲於殿前, 激水成比目魚, 跳躍嗽水, 作霧 翳日, 化成黃龍, 修八丈, 出水遊戲, 輝耀日光. 繩繫兩柱, 相去數 丈, 二倡女對舞繩上[三一],179) 切肩而不傾. 如是雜變, 總名百 戲. 江左猶有高絙紫鹿·跂行鱉食·齊王捲衣·竿鼠·夏育扛鼎

---

177) 사동絲桐 : 樂曲을 가리킨다. 오동나무[桐]와 명주실[練絲]의 弦으로 만 든 琴을 의미하기도 한다.

178) 금오金吾 : 황제와 대신의 警衛와 儀仗을 책임지고, 京師를 순찰하고, 치안을 담당하던 武職이다.

179) [교감기 31] "二倡女對舞繩上"에서 '繩'자는 각 본에 없는데, 『太平御 覽』권569에 근거해서 보충했다.

· 巨象行乳 · 神龜抃戲背負靈嶽 · 桂樹白雪 · 畫地成川之伎. 晋成帝咸康七年[三二],180) 散騎侍郎顧臻表曰 : 「末世之樂, 設外方之觀[三三],181) 逆行連倒. 四海朝觀帝庭, 而足以蹈天, 頭以履地, 反天地之順, 傷彝倫之大.」 乃命太常悉罷之. 其後復高絙紫鹿. 後魏 · 北齊, 亦有魚龍辟邪 · 鹿馬仙車 · 呑刀吐火 · 剝車剝驢[三四]182) · 種瓜拔井之戲. 周宣帝徵齊樂并會關中. 開皇初, 散遣之. 大業二年, 突厥單于來朝洛陽宮, 煬帝爲之大合樂, 盡通漢 · 晋 · 周 · 齊之術, 胡人大駭. 帝命樂署肄習, 常以歲首縱觀端門內.

〈산악散樂〉이라는 것은 역대로 있어왔는데, 대오를 편성하여 연주하는 소리가 아니라 배우俳優와 가무가 섞여서 어우러지는 것[雜奏]183)이다. 한漢나라 천자가 임헌臨軒184)하여 음악을 베풀면 서방

---

180) [교감기 32] "晋成帝咸康七年"에서 '咸康'은 각 본에 없는데,『通典』권146과『文獻通考』권147에 근거해서 보충했다.

181) [교감기 33] "設外方之觀"에서 '外方'은『宋書』권19「樂志」·『晋書』권23「樂志」·『通典』권146·『文獻通考』권147에 모두 '禮外'로 나와 있다.『合鈔』권38「樂志」에는 '方外'로 나와 있다. 마땅히 '禮外'로 고쳐야 할 듯하다.

182) [교감기 34] "剝車剝驢"에서 '剝車'는 오류가 있는 듯하다.『隋書』권15「音樂志」·『通典』권146·『文獻通考』권147에는 모두 '殺馬'로 나와 있다.

183) 任半塘에 따르면 '俳優'는 科白의 성분이 강하고, '歌舞'는 소리와 모양[聲容]의 성분이며, '雜奏'라는 것은 이 두 성분을 서로 융합하여 歌舞戲를 만들어내는 것을 말한다.(任半塘,『唐戲弄』第二章, 上海古籍出版社, 2006)

184) 임헌臨軒 : 황제가 正殿에 앉아 있지 않고 난간 쪽으로 거동하는 것을 가리킨다. "천자가 임헌하여 제후의 인장을 하사하네.天子臨軒賜侯印."

에서 온 사리수舍利獸[185])가 전전殿 앞에서 연희演戱를 펼쳤는데, 물을 치면서 비목어比目魚[186])로 변하여 위로 솟구치며 물을 내뿜어서 안개를 만들어 해를 가렸다가 여덟 길[丈]의 황룡黃龍으로 변하여 물에서 나와 놀면서 장난하는데 그 광채가 햇빛처럼 빛났다. 밧줄을 두 개의 기둥에 매어 놓는데, (기둥 사이의) 거리는 몇 길이나 되고 2명의 창녀倡女[187])가 밧줄 위에서 서로 마주보고 춤을 추는데, 어깨가 부딪쳐도 쓰러지지 않는다. 이처럼 다양하게 변화하는 것을 백희百戱라고 총칭한다. 강좌江左에는 〈고환자록高絙紫鹿〉〈기행별식跂行鱉食〉〈제왕권의齊王捲衣〉〈산서竿鼠〉〈하육강정夏育扛鼎〉[188]) 〈거상행유巨象行乳〉〈신귀변희배부영악神龜抃戱背負靈嶽〉〈계수백설桂

(王維,「少年行」)

185) 사리수舍利獸 : 魚龍이라고도 한다. 『漢書』「西域傳 · 贊」의 顔師古 注에서는 "어룡이란 사리수이다.魚龍者, 爲舍利之獸."라고 하면서 어룡(사리수)이 比目魚로 化하고 또 黃龍으로 化하는 내용을 언급했으며, "바다의 대어가 변해서 용이 된다.海鱗變而成龍."는 「西京賦」의 구절을 인용하며 어룡이 바로 이것이라고 했다.

186) 비목어比目魚 : 머리 한쪽으로 눈이 몰려 있는 납작한 몸의 가자미 · 넙치 · 광어 같은 물고기를 가리킨다. 전설 속에서는 눈이 한쪽밖에 없는 물고기를 가리키는데, 두 마리가 함께해야만 제대로 다닐 수 있기 때문에 그림자처럼 늘 같이 있는 연인을 비유하기도 한다.

187) 창녀倡女 : 歌舞와 雜戱를 펼치는 藝人을 가리키며, 倡人 · 倡優 · 倡伎라고도 한다.

188) 〈하육강정夏育扛鼎〉: '扛鼎'은 수레바퀴 · 돌절구 · 옹기 등 무거운 것을 자유자재로 손에서 가지고 노는 것으로, 力士를 대표하는 기예이다. 戰國시대 秦나라의 역사 烏獲과 衛나라의 역사 夏育이 유명했으므로 강정을 烏獲扛鼎 또는 夏育扛鼎이라고도 했다.

樹白雪〉〈획지성천畫地成川〉 등의 기伎가 아직도 남아 있다. 동진東晉 성제成帝 함강咸康 7년(341)에 산기시랑散騎侍郎 고진顧臻이 표문을 올려 (다음과 같이) 아뢰었다. "말세의 악은 예에 벗어난 볼거리를 베푸니, (천지의) 운행에 역행합니다. 온 세상[四海]에서 조정朝廷으로 조근朝覲하러 왔는데, 발로 하늘을 밟고 머리로 땅을 디디니 천지의 순리를 거스르고 윤상倫常[彝倫]의 위대함을 손상시키는 것입니다." 이에 태상太常에게 명하여 그것을 모두 없애도록 했다. (그러나) 그 뒤에 다시 〈고환자록〉이 있었다. 북위北魏와 북제北齊 때에도 역시 〈어룡벽사魚龍辟邪〉〈녹마선거鹿馬仙車〉〈탄도토화吞刀吐火〉〈살마박려殺馬剝驢〉〈종과발정種瓜拔井〉 등의 희戲가 있었다. 북주北周 선제宣帝(우문윤宇文贇, 559~580)가 북제의 악을 (수도 장안長安이 자리한) 관중關中에 모두 집결시켰다. (이후 수 문제) 개황開皇 연간 초에 그것을 모두 방출放黜했다. 대업大業 2년(606)에 돌궐의 선우單于가 낙양궁洛陽宮으로 내조하러 왔는데, 양제煬帝가 그 때문에 악(〈산악〉)을 대대적으로 모아 한·진晉·북주·북제의 (〈산악〉의) 술術을 모두 통하게 하자 호인胡人이 크게 놀랐다.[189] 양제가 악서樂署에 명해 익히도록 했고, 늘 정월[歲首]이면 (궁전 정전 앞의 정문인) 단문端門 안에서 관람했다.

---

189) 여기서 胡人은 煬帝 大業 2년(606)에 내조하러 온 돌궐의 單于로, 染干(?~609)이다. 『通典』에 따르면, 양제 대업 2년에 염간이 내조하자 양제가 그에게 자랑하고자 사방의 〈散樂〉을 모두 구해다 東都에 집결시켰다고 한다. "煬帝大業二年, 突厥染干來朝, 帝欲夸之, 總追四方散樂, 大集東都."(『通典』 권146 「樂典」)

大抵散樂雜戲多幻術, 幻術皆出西域, 天竺尤甚. 漢武帝通西
域, 始以善幻人至中國. 安帝時, 天竺獻伎, 能自斷手足, 刳剔腸
胃, 自是歷代有之. 我高宗惡其驚俗, 敕西域關令不令入中國. 符
堅嘗得西域倒舞伎. 睿宗時, 婆羅門獻樂, 舞人倒行, 而以足舞於
極銛刀鋒, 倒植於地, 低目就刃, 以歷臉中, 又植於背下, 吹篳篥
者立其腹上, 終曲而亦無傷. 又伏伸其手, 兩人躡之, 旋身遶手,
百轉無已. 漢世有橦木伎, 又有盤舞. 晉世加之以柸, 謂之柸盤舞.
樂府詩云「姸袖陵七盤」, 言舞用盤七枚也. 梁謂之舞盤伎. 梁有長
蹻伎 · 擲倒伎 · 跳劍伎 · 吞劍伎, 今並存. 又有舞輪伎, 蓋今戲車
輪者. 透三峽伎, 蓋今透飛梯之類也. 高絚伎, 蓋今之戲繩者是也.
梁有獼猴幢伎, 今有緣竿, 又有獼猴緣竿, 未審何者爲是. 又有弄
碗珠伎 · 丹珠伎.

대개 〈산악散樂〉의 잡희雜戲에는 환술幻術이 많은데, 환술은 모두
서역西域에서 나왔으며 (그중에서도) 천축天竺이 가장 성했다. 한漢
무제武帝(유철劉徹, 기원전 156~기원전 87)가 서역과 교통한 뒤로
비로소 환술에 뛰어난 사람이 중국에 오게 되었다. 안제安帝 때 천
축에서 (환술에 능한) 기인[伎]을 바쳤는데 손발을 스스로 자르고
장과 위를 발라낼 수 있었으며, 이때부터 이것(이 환술)이 대대로
있게 되었다. 우리[我] (당나라) 고종高宗은 그것이 세속을 놀라게
하는 것을 싫어하여 서역의 관령關令에게 조칙을 내려서 (환술하는
이들이) 중국에 들어오지 못하도록 했다. (전진前秦)의 부견符堅
(338~385)이 일찍이 서역에서 도무기倒舞伎[190]를 얻었다. (당나라)
예종睿宗(이단李旦, 662~716) 때 바라문婆羅門이 악樂을 바쳤는데,

---

190) 도무기倒舞伎 : 물구나무서서 雜技를 펼치는 藝人을 가리킨다.

춤추는 자가 거꾸로 걷고 매우 예리한 칼끝에서 발로 춤을 추며, (칼을) 땅에 거꾸로 꽂아 놓고서 눈을 칼날에 가까이 대며 얼굴을 스치게 하고, 또 (칼을) 등 밑에 꽂아 놓고 (누우면) 필률篳篥을 부는 자가 그 배 위에 서 있는데 곡이 끝나고서도 다친 곳이 없다. 또 엎어진 자세로 그 손을 펴고서 두 사람이 그것(손)을 밟고 올라서면, 몸을 회전시키면서 손을 돌리는데 백 번이나 돌려도 그침이 없다. 한나라 때는 〈장목기橦木伎〉가 있었고 또 〈반무盤舞〉191)가 있었다. 진晉나라 때는 여기(盤)에 술잔[杯]을 더했는데, 그것을 〈배반무杯盤舞〉라고 한다. 악부시樂府詩에서 이르길, "고운 소매가 7개의 반盤을 지나가네(姸袖陵七盤)"라고 했는데, (〈반무〉)를 출 때 7개의 반을 사용한다는 말이다. 양梁나라에서는 그것을 〈무반기舞盤伎〉라고 했다. 양나라에는 〈장교기長蹻伎〉〈척도기擲倒伎〉〈도검기跳劍伎〉〈탄검기呑劍伎〉가 있었는데, 지금도 모두 남아 있다. 또 〈무륜기舞輪伎〉가 있는데, 대개 오늘날 수레바퀴를 가지고 노는 것이다. 〈투삼협기透三峽伎〉는 대개 오늘날 〈투비제透飛梯〉의 종류이다. 〈고환기高絙

---

191) 〈반무盤舞〉: 〈盤鼓舞〉〈七盤舞〉라고도 한다. 盤이나 북[鼓]을 바닥에 놓고 춤추는 이가 그 위나 주위에서 춤을 추는데, 7개의 盤을 사용하는 경우가 많기 때문에 〈七盤舞〉라고 한다. "일곱 쟁반 위에서 돌아다니며 뛰어오르고 내딛네.歷七槃而縱躡."(張衡의 「舞賦」)

河南 南陽 畫像石에 새겨진 〈盤鼓舞〉

伎〉는 대개 오늘날 줄[繩]을 가지고 노는 것이다. 양나라에는 〈미후당기彌猴幢伎〉가 있었는데, 지금은 〈연간緣竿〉이 있고 또 〈미후연간彌猴緣竿〉이 있어서 어느 것이 이것(〈미후당기〉)인지는 확실하지 않다. 또 〈농완주기弄碗珠伎〉〈단주기丹珠伎〉가 있다.

歌舞戲, 有大面・撥頭・踏搖娘・窟礨子等戲. 玄宗以其非正聲, 置敎坊於禁中以處之.

가무희歌舞戲에는 〈대면大面〉〈발두撥頭〉〈답요낭踏搖娘〉〈굴뢰자窟礨子〉 등의 희희戲가 있다. 현종玄宗은 그것이 바른 소리[正聲]가 아니라고 여겨 궁중[禁中]에 교방敎坊을 설치해 그것을 담당하게 했다.

婆羅門樂, 與四夷同列. 婆羅門樂用漆篳篥二, 齊鼓一.

〈바라문악婆羅門樂〉은 사이四夷(의 악樂)와 동렬이다. 〈바라문악〉은 칠필률漆篳篥 2개, 제고齊鼓 1개를 사용한다.

散樂, 用橫笛一, 拍板一, 腰鼓三. 其餘雜戲, 變態多端, 皆不足稱.

〈산악散樂〉은 횡적橫笛 1개, 박판拍板 1개, 요고腰鼓 3개를 사용한다. 그 나머지 잡희雜戲는 변화가 많고 가지각색인데[變態多端], 일컫기에는 모두 부족하다.

大面出於北齊. 北齊蘭陵王長恭, 才武而面美, 常著假面以對
敵. 嘗擊周師金墉城下, 勇冠三軍, 齊人壯之, 爲此舞以效其指麾
擊刺之容, 謂之蘭陵王入陣曲.

〈대면大面〉은 북제北齊에서 나왔다. 북제 난릉왕蘭陵王 장공(고장
공高長恭, 541~573)은 무예에 재능이 있고 용모도 아름다웠는데, 늘
가면을 쓰고서 적을 상대했다. (그는) 일찍이 북주北周의 군사를 금
용성金墉城 아래에서 공격했는데,[192] 용맹이 삼군三軍[193] 중에 으뜸
이었기에 북제 사람들이 그를 장하게 여겨 이 춤을 만들어 그가 지
휘하며 치고 찌르는 모습을 본뜨고 이를 〈난릉왕입진곡蘭陵王入陣
曲〉이라 했다.

撥頭出西域. 胡人爲猛獸所噬, 其子求獸殺之, 爲此舞以像之也.

〈발두撥頭〉는 서역西域에서 나왔다. 호인胡人이 맹수에게 잡아먹

---

192) 河淸 3년(564) 北周가 洛陽을 공격했을 때 高長恭은 500명의 騎兵을
이끌고서 북주 군대의 포위망을 뚫고 金墉城(현재 洛陽 동북쪽에 있었던
故城) 아래까지 이르러 전투를 벌인 끝에 북주 군대를 물리쳤다. 이 전투
로 인해 고장공은 명성을 떨치게 되었고 그를 칭송하는 〈蘭陵王入陣曲〉
까지 생겨났다.

193) 삼군三軍 : 셋으로 나뉜 군대 편제를 가리키며, 대규모의 군대를 의미하
기도 한다. 春秋시대 대국에서는 일반적으로 三軍을 설치했는데, 中軍·
上軍·下軍 또는 中軍·左軍·右軍이라고 했다. 이후 前軍·中軍·後
軍으로 점차 대체되었고 唐·宋 이후에는 前軍·中軍·後軍이 고정된
편제가 되었다. 전군은 선봉부대이고, 중군은 주력군이며, 후군은 엄호와
경계를 맡았다.

히자 그 아들이 맹수를 찾아 죽였는데, 이 춤(〈발두〉)을 만들어서 그
것을 형상화한 것이다.

　踏搖娘, 生於隋末. 隋末河內有人貌惡而嗜酒, 常自號郎中, 醉
歸必毆其妻. 其妻美色善歌, 爲怨苦之辭. 河朔演其曲而被之絃
管, 因寫其妻之容. 妻悲訴, 每搖頓其身, 故號踏搖娘. 近代優人頗
改其制度, 非舊旨也.

　〈답요낭踏搖娘〉은 수隋나라 말에 생겨났다. 수나라 말 하내河
內[194]에 생김새가 추하고 술을 좋아하는 사람이 있었는데, 늘 낭중
郎中이라고 자칭했으며 취해서 돌아가면 반드시 아내를 때렸다. 그
의 아내는 용모가 아름다웠고 노래를 잘해서 원망과 고통이 어린 노
래를 불렀다. (황하黃河 이북 지역인) 하삭河朔에서 그 곡을 발전시
키고 거기에 악기[絃管]를 더하면서 그 아내의 모습을 묘사했다. 아
내는 슬픔을 하소연하면서 매번 그 몸을 흔들었으므로 〈답요낭〉이
라고 불렀다. 근대近代의 우인優人이 그 제도를 많이 고쳤는데, 옛
취지[舊旨]가 아니다.

　窟礧子, 亦云魁礧子, 作偶人以戲. 善歌舞, 本喪家樂也. 漢末始
用之於嘉會. 齊後主高緯尤所好. 高麗國亦有之.

---

194) 하내河內 : 黃河 중류의 북쪽 지역을 가리키는 말로, 豫北(현재 河南省
　　내 黃河 이북 지역)에 해당한다. 河內郡(현재 河南省 焦作市의 沁陽)을
　　가리키기도 한다.

〈굴뢰자窟礧子〉는 〈괴뢰자魁礧子〉라고도 하는데, 인형[偶人]을 만들어 연희하는 것이다. (〈굴뢰자〉는) 노래와 춤에 뛰어난데, 본래는 상가喪家의 악樂이었다. 한漢나라 말 비로소 기쁜 모임[嘉會]에 쓰이기 시작했다. 북제北齊의 후주後主 고위高緯(556~577)가 특히 좋아했다. 고려국高麗國에도 그것이 있다.

八音之屬, 協於八節. 匏, 瓠也, 女媧氏造. 列管於匏上, 內簧其中, 爾雅謂之巢. 大者曰竽, 小者曰和. 竽, 煦也, 立春之音, 煦生萬物也. 竽管三十六, 宮管在左. 和管十三, 宮管居中. 今之竽·笙, 並以木代匏而漆之, 無復音矣. 荊·梁之南, 尙存古制云.

팔음八音의 범주[屬]는 팔절八節[195]에 합치된다.[196] 포匏는 호瓠이며 여와씨女媧氏가 만들었다. 박[匏]에 관管을 줄지어 꽂고 그(관) 안에다 황簧을 집어넣은 것인데, 『이아爾雅』에서는 그것을 '소巢'라고 했다. 큰 것은 '우竽'라고 하며 작은 것은 '화和'라고 한다. 우竽는 후煦(따뜻하게 한다)이며 입춘立春의 소리로, 만물을 따뜻하게 하여 생겨나게 한다. 우竽의 관은 36개이며 궁관宮管이 왼쪽에 있다. 화和의 관은 13개이며 궁관이 중앙에 있다. 지금의 우竽와 생笙

---

195) 팔절八節 : 24節氣 중에서 기준점이 되는 8개의 주요 절기를 가리킨다. 즉 立春·春分·立夏·夏至·立秋·秋分·立冬·冬至이다.

196) 『史記正義』 권24 「樂書」에 관련 내용이 나온다. "천지와 팔절이 움직이는 것이다. 천지가 物을 化育하고 팔절이 다시 서로 감응하여 움직이니, 樂 역시 팔음으로 하여금 서로 감응하여 움직이게 하는 것이다. 天地八節蕩動也. 天地化物, 八節更相感動, 作樂亦令八音相感動也."

은 모두·박[匏]을 나무로 대신하고 거기에 옻칠을 하므로 더 이상
(본래의) 음이 아니다. 형荊·양梁의 남쪽에서는 아직도 옛 제도를
보존하고 있다.

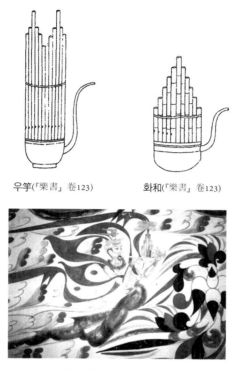

우생竽(『樂書』 卷123)　　　　화和(『樂書』 卷123)

생황笙(莫高窟 第285窟 벽화)

管三孔曰籥, 春分之音, 萬物振躍而動也.

관管에 3개의 구멍이 있는 것을 '약籥'이라고 하는데, 춘분春分의
소리이며 만물이 떨쳐 일어나 움직이는 것이다.

약簫(『樂書』 卷121)　　　　　小簫(『樂書』 卷121)

簫, 舜所造也. 爾雅謂之茭【音交】. 大曰言, 二十三管, 修尺四寸.

소簫는 순舜이 만든 것이다. 『이아爾雅』에서는 그것을 '교茭'【음은
교交이다】라고 했다. 큰 것은 '언言'이라고 하는데, 23개의 관管이 있
으며 길이는 1척尺 4촌寸이다.

笛, 漢武帝工丘仲所造也. 其元出於羌中. 短笛, 脩尺有咫. 長笛
·短笛之間, 謂之中管.

적笛은 한漢 무제武帝(유철劉徹, 기원전 156~기원전 87) 때의 악
공 구중丘仲이 만든 것이다. 그것(적)은 본래 강羌에서 나왔다. 길이
는 1척尺 8촌[咫]이다. 장적長笛과 단적短笛 사이의 것은 중관中管이
라고 한다.

적笛(前漢, 甘肅省文物考古研究所 소장)

장적長笛(拉楞卜寺 벽화)

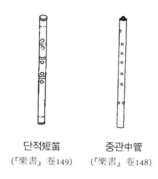

단적短笛   중관中管
(『樂書』卷149)   (『樂書』卷148)

篪, 吹孔有觜如酸棗. 橫笛, 小篪也. 漢靈帝好胡笛, 五胡亂華,
石遵玩之不絶音. 宋書云 : 有胡篪出於胡吹, 則謂此. 梁胡吹歌云
:「快馬不須鞭, 反挿楊柳枝. 下馬吹橫笛, 愁殺路傍兒.」此歌辭
元出北國. 之橫笛皆去觜[三五],197) 其加觜者謂之義觜笛.

지篪는 (입김을 불어 넣는 구멍인) 취공吹孔에 멧대추[酸棗]처럼 생

---

197) [교감기 35] "之橫笛皆去觜"에서 '之'자는 오류인 듯하다. 『通典』 권144
    에는 "今橫笛去觜"로 나와 있는데, 이것이 마땅히 맞다.

긴 주둥이[觜]가 있다. 횡적橫笛은 작은 지篪이다. 한漢나라 영제靈帝 (유굉劉宏, 157~189)가 호적胡笛을 좋아했다. 오호五胡가 중화를 어지럽히던[亂華] 시기에 석준石遵[198]이 그것(호적)을 즐겨 소리가 끊어지지 않았다. 『송서宋書』에서 "호지胡篪 중에 호취胡吹에서 나온 것이 있다"고 했는데, 바로 이것을 이른다. 양梁나라 〈호취가胡吹歌〉에서 이르기를, "쾌마快馬는 채찍이 필요 없거늘, 버드나무 가지를 꺾네.[199] 말에서 내려 횡적을 부니, 길가의 어린아이 시름겹게 하네"라고 했다. 이 가사는 본래 북방에서 나왔다. 지금 횡적은 모두 주둥이를 제거했으며, 그것(횡적)에 주둥이를 더한 것은 '의취적義觜笛'이라고 한다.

횡적橫笛(莫高窟 第248窟 벽화)

의취적義觜笛(『樂書』 卷130)

---

198) 석준石遵(?~349) : 오호십육국 시대 後趙의 황제이다. 후조 武帝 石虎의 아홉째 아들로, 石世의 이복형이다. 석세가 제위에 오른 뒤 석준을 좌승상으로 삼았는데, 얼마 뒤 석준이 석세를 죽이고 제위에 올랐다.

199) "反揷楊柳枝"에서 '反揷'은 거꾸로 꽂는다는 의미이다. 『通典』 권144 「樂典」에는 '反揷'이 '拗折'로 나와 있는데, 문맥상 이에 근거해 '꺾다'로 해석했다.

篳篥, 本名悲篥, 出於胡中, 其聲悲. 亦云 : 胡人吹之以驚中國
馬云.

필률篳篥은 본래 이름이 비률悲篥이며, 호胡에서 나왔고 그 소리
가 슬프다. 또 이르기를, "호인胡人이 그것을 불어 중국의 말을 놀라
게 했다고 한다"고 한다.

필률篳篥(『樂書』 卷132)   축枳(『樂書』 卷124)

枳, 衆也. 立夏之音, 萬物衆皆成也. 方面各二尺餘, 傍開員孔,
內手於中, 擊之以擧樂.

축枳은 무리[衆]를 의미한다. 입하立夏의 소리이며, 만물의 무리가
모두 성장하는 것이다. 사방이 각각 2척 남짓이며, 옆으로 둥근 구멍
이 뚫려 있어서 그 안에 손을 넣어 두드려서 음악을 시작한다.

敔, 如伏虎, 背皆有鬣二十七, 碎竹以擊其首而逆刮之, 以止樂也.

어敔는 엎드린 호랑이처럼 생겼는데, 등에는 (톱날처럼 생긴) 27
개의 갈기[鬣]가 있으며 대나무채[碎竹]로 그 머리를 치고 (갈기를)

거슬러 긁으며 (소리를 내) 음악을 마친다.

어敔(『景慕宮儀軌』 卷1)

春牘, 虛中如籥, 無底, 擧以頓地如舂杵, 亦謂之頓相[三六].[200]
相, 助也, 以節樂也. 或謂梁孝王築睢陽城, 擊鼓爲下杵之節. 睢陽
操用舂牘, 後世因之.

용독春牘은 통소籥처럼 가운데가 비어 있고 바닥이 없으며, 절굿공이
처럼 들어서 땅을 내리쳐[頓地] 그것(용독)을 돈상頓相이라고도 한다.
상相은 돕는다는 것인데, (용독으로) 음악의 박자를 맞춘다. 혹자는
이르기를, 양효왕梁孝王(유무劉武, ?~기원전 144)이 수양성睢陽城을
쌓을 때 북을 침으로써 절굿공이를 내리치는 박자로 삼았다고 한다.
〈수양조睢陽操〉에서 용독을 사용하는데, 후대에 그것을 따른 것이다.

拍板, 長闊如手, 厚寸餘, 以韋連之, 擊以代抃.

박판拍板은 길이와 너비가 손과 같다. 두께는 1촌 남짓인데, (여러

---

200) [교감기 36] "亦謂之頓相"에서 '謂'자는 각 본에 '爲'로 나와 있는데,
『通典』 권144에 근거해서 ('謂'로) 고쳤다.

장의 나무판을) 가죽 끈으로 연결해 그것을 (폈다 접었다 하며) 부
딪치게 함으로써 손뼉 치는 것을 대신한다.

박판拍板(五代, 揚州博物館 소장)

琴, 伏羲所造. 琴, 禁也, 夏至之音, 陰氣初動, 禁物之淫心. 五絃
以備五聲, 武王加之爲七絃. 琴十有二柱[三七],201) 如琵琶. 擊琴,
柳惲所造. 惲嘗爲文詠, 思有所屬, 搖筆誤中琴絃, 因爲此樂. 以管
承絃, 又以片竹約而束之, 使絃急而聲亮, 擧竹擊之, 以爲節曲.

금琴은 복희伏羲가 만든 것이다. 금琴은 금지한다[禁]는 의미이며
하지夏至의 소리로, 음기陰氣가 처음 움직이기 시작하니 만물의 방
탕한 마음[淫心]을 금지하는 것이다. 5현絃으로 5성聲을 갖추었는데,
무왕武王이 7현으로 늘렸다. 금(일현금一弦琴)에는 12개의 주柱(줄
받침)가 있는데, 비파琵琶와 같다. 격금擊琴은 유운柳惲이 만든 것이
다. 유운이 일찍이 시문[文詠]을 짓던 중에 글 쓸 내용을 생각하며
붓을 흔들다가 실수로 금의 현絃을 맞추었는데, 이로 인해 이 악기
(격금)를 만들었다. 관을 현에 잇고 또 편죽片竹으로 그것을 묶어서

---

201) [교감기 37]『通典』권144에는 "琴十有二柱"의 '琴' 앞에 '一弦' 2자가
추가되어 있는데, 이것이 마땅히 맞다.

현을 팽팽하게 하여 소리가 낭랑해지게 한 다음 대[竹]를 들어 그것
(격금)을 쳐서 곡의 박자를 맞추었다.

금琴(唐代, 故宮博物院 소장)

격금擊琴(『樂書』 卷141)

瑟, 昔者大帝使素女鼓五十絃瑟, 悲不能自止, 破之爲二十五
絃. 大帝, 太昊也.

슬瑟. 옛날에 대제大帝가 소녀素女에게 50현絃의 슬을 연주하게
했는데, 슬픔을 스스로 멈출 수 없었기에 그것을 없애고 25현으로
만든 것이다. 대제는 태호太昊이다.

슬瑟(『樂書』 卷120)

箏, 本秦聲也. 相傳云蒙恬所造, 非也. 制與瑟同而絃少. 案京房
造五音準, 如瑟, 十三絃, 此乃箏也. 雜樂箏並十有二絃, 他樂皆
十有三絃. 軋箏, 以片竹潤其端而軋之[三八].202)

쟁箏은 본래 진秦나라의 소리다. 전해지기로는 몽염蒙恬이 만들었다고 하는데, 아니다. 만든 형태가 슬瑟과 같으나 현絃은 더 적다. 생각하건대 경방京房[203]이 오음준五音準을 만들었는데 슬과 같고 13현이니, 이것(오음준)이 바로 쟁이다. 잡악雜樂에 쓰이는 쟁은 모두 12현이고 다른 악에서는 모두 13현이다. 알쟁軋箏은 편죽片竹의 끝을 부드럽게 하여 그것(알쟁의 현)을 마찰시킨다.

쟁箏(莫高窟 第17窟 벽화)

알쟁軋箏(『樂書』 卷146)

---

202) [교감기 38] "以片竹潤其端而軋之"『校勘記』권13에서 말하길, "장(종태)본에서는 '潤'을 '搁'으로 쓰면서, 문장의 뜻에 따라 바르게 고친다고 했다.張(宗泰)本潤作搁, 云依文義改正."라고 했다.

203) 경방京房(기원전 77~기원전 37) : 前漢의 학자로, 본래 姓은 李이고 字는 君明이다. 경방은 악기의 개량에 업적을 남겼다. 전에는 笛에 宮·角·徵·羽에 해당하는 4개의 구멍만 있었는데, 경방이 商을 더해 五音에 부합하도록 했다. 또한 瑟과 같은 구조와 원리를 지닌 13絃의 準(五音準)을 만들어 음률의 표준 악기로 삼았다.

筑, 如箏, 細頸, 以竹擊之, 如擊琴. 清樂箏, 用骨爪長寸餘以代指[三九].204)

축筑은 쟁箏과 같은데, 목이 가늘다. 대[竹]로 그것(축)을 튕기는 것은 격금擊琴과 같다. 〈청악清樂〉에 쓰이는 쟁은 1촌 남짓의 골조骨爪를 사용해 손가락을 대신한다.

축筑(『樂書』 卷146)

琵琶, 四絃, 漢樂也. 初, 秦長城之役, 有弦鞉而鼓之者. 及漢武帝嫁宗女於烏孫, 乃裁箏・筑爲馬上樂, 以慰其鄉國之思. 推而遠之曰琵, 引而近之曰琶, 言其便於事也. 今清樂奏琵琶, 俗謂之「秦漢子」, 圓體修頸而小, 疑是弦鞉之遺制. 其他皆充上銳下, 曲項, 形制稍大, 疑此是漢制. 兼似兩制者, 謂之「秦漢」, 蓋謂通用秦・漢之法. 梁史稱侯景之將害簡文也, 使太樂令彭雋齎曲項琵琶就帝飲, 則南朝似無. 曲項者, 亦本出胡中. 五絃琵琶, 稍小, 蓋北國所出. 風俗通云:以手琵琶之, 因爲名. 案舊琵琶皆以木撥彈之, 太宗貞觀中始有手彈之法[四〇],205) 今所謂擘琵琶者是也. 風俗

---

204) [교감기 39] "清樂箏用骨爪長寸餘以代指"라는 12자는 『合鈔』 권38 「樂志」에는 "筑如箏" 앞에 나와 있는데, 이것이 마땅히 맞다. 『通典』 권144에서도 箏을 설명한 단락에서 清樂箏을 서술하였으며, 筑을 설명한 단락과 구분되어 있다.

205) [교감기 40] "太宗貞觀中始有手彈之法"에서 '中' 자는 각 본에 없는데, 『通典』 권144에 근거해서 보충했다.

通所謂以手琵琶之, 乃非用撥之義, 豈上世固有搊之者耶?

　비파琵琶는 4현絃이며 한漢나라 때의 악기
다. 애초에 진秦나라 때 장성長城을 쌓던 부
역꾼 중에 현도弦鼗를 만들어 연주한 자가 있
었다. 한 무제武帝(유철劉徹, 기원전 156~기
원전 87)가 종실 여인[宗女]을 오손烏孫으로
시집보낼 때, 쟁箏과 축筑으로 말 위에서 연
주하는 음악[馬上樂]으로 삼음으로써 고국[鄕
國]을 그리는 마음을 위로하게 했다. 밀어서
멀어지게 하는 것을 '비琵'라 하고 끌어당겨

비파琵琶(『樂書』 卷145)

서 가까워지게 하는 것을 '파琶'라고 하는데, 다루기에 편리함을 말한
것이다. 지금 〈청악淸樂〉에서 연주하는 비파는 세간에서 이를 '진한
자秦漢子'라고 하는데, 둥근 몸통에 긴 목이며 크기가 작으니 현도弦
鼗에서 전해진 제도인 듯하다. 나머지는 모두 위쪽은 펑퍼짐하고 아
래쪽은 예리하며 목은 굽었고[曲項] 규격은 조금 큰데, 이것은 한나
라의 제도[漢制]인 듯하다. 두 제도를 아울러 닮은 것을 '진한秦漢'이
라고 하는데, 진·한의 법을 통용한다는 것을 말한다. 『양사梁史』에
서는 후경侯景206)이 간문제簡文帝(소강蕭綱, 503~551)를 해치고자 태
악령太樂令 팽준彭雋에게 곡항비파曲項琵琶를 가지고 황제의 술자리

---

206) 후경侯景(503~552) : 南北朝시기 인물로, 羯族이다. 본래 姓은 侯骨이고
　　字는 萬景이며 朔州(현재 山西 朔州市) 사람이다. 大寶 2년(551)에 후경
　　이 梁 武帝, 簡文帝, 豫章王后를 살해한 뒤 제위를 찬탈하고 漢國을
　　건립했다. 이후 梁 元帝가 후경의 난을 평정했고, 후경은 부하에게 살해
　　되었다.

에 가게 했다고 했으니, 남조에는 (곡항비파가) 없었던 듯하다. 곡항(곡항비파)이라는 것 역시 본래 호胡에서 나왔다. 오현비파五絃琵琶는 약간 작은데, 대개 북쪽 나라에서 나온 것이다. 『풍속통의風俗通義』에 이르기를, "손으로 밀고 당기니[琵琶], 이로써 이름으로 삼았다"고 했다. 생각건대 옛날에 비파는 모두 목발木撥[207]로 탄주彈奏했으며, 태종太宗 정관貞觀 연간(627~649)에 비로소 손으로 탄주하는 방법이 생겨났는데, 지금 비파를 탄다[搊]고 하는 것이 이것이다. 『풍속통의』에서 손으로 밀고 당긴다고 한 것은 발撥을 사용한다는 의미가 아닌데, 어찌 오랜 옛날[上世]에 손으로 타는 것[搊]이 본래부터 있었겠는가?

곡항비파曲項琵琶(莫高窟 第285窟 벽화)

오현비파五絃琵琶(正倉院 소장)

阮咸, 亦秦琵琶也, 而項長過於今制, 列十有三柱. 武太后時, 蜀人蒯朗於古墓中得之, 晉竹林七賢圖阮咸所彈與此類, 因謂之阮咸. 咸, 晉世實以善琵琶知音律稱.

---

207) 목발木撥 : 현악기의 줄을 튕기는 나무채를 가리킨다.

완함阮咸 역시 진秦나라의 비파琵琶인데, 목[項]이 지금의 형태보다는 길고 13개의 주柱가 배열되어 있다. 무태후武太后 때 촉蜀 땅 사람 괴랑蒯朗이 옛 무덤에서 그것을 얻었는데, 진晉의 〈죽림칠현도竹林七賢圖〉에서 완함이 타던 것이 이것과 비슷했기 때문에 이를 '완함'이라고 했다. 완함은 진대晉代에 실로 비파 연주에 능하고 음률을 잘 아는 것으로 일컬어졌다.

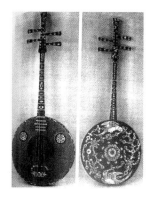

완함阮咸(正倉院 소장)

箜篌, 漢武帝使樂人侯調所作, 以祠太一. 或云侯輝所作, 其聲坎坎應節, 謂之坎侯, 聲訛爲箜篌. 或謂師延靡靡樂, 非也. 舊說亦依琴制, 今按其形, 似瑟而小, 七絃, 用撥彈之, 如琵琶. 豎箜篌, 胡樂也, 漢靈帝好之. 體曲而長, 二十有二絃, 豎抱於懷, 用兩手齊奏, 俗謂之擘箜篌. 鳳首箜篌, 有項如軫.

공후箜篌는 한漢 무제武帝(유철劉徹, 기원전 156~기원전 87)가 악인樂人[208) 후조侯調에게 만들게 한 것으로, 이것으로써 태일太一에게 제사지냈다. 어떤 이는 후휘侯輝가 만든 것이라고도 한다. 그 '캉캉[坎坎]'하는 소리로 박자를 맞추었으므로 그것을 감후坎侯라 하였는데, 소리가 와전되어 공후가 되었다. 어떤 이는 (공후의 소리가) 사연

---

208) 악인樂人 : 춤추고 노래하고 연주하는 藝人을 가리킨다.

師延의 미미악靡靡樂209)이라고 하지만 그렇지 않다. 옛 설에서도 금琴의 양식[制]을 따랐다고 했는데, 지금 그 형태를 살펴보면 슬瑟과 비슷하지만 작고 7현絃이며, 발撥을 사용해 탄주하는 것은 비파琵琶와 같다. 수공후豎箜篌는 호의 악기[胡樂]이다. 한 영제靈帝(유굉劉宏, 157~189)가 그것(수공후)을 좋아했다. 몸통이 굽어 있고 길며 22현인데, 세워서 품에 안고 양손을 동시에 사용하여 연주하므로 세상에서는 그것(수공후)을 벽공후擘箜篌라고 이른다. 봉수공후鳳首箜篌는 목[項]에 (줄의 소리를 고르는) 기러기발[軫]과 같은 것이 있다.210)

공후箜篌(莫高窟 第285窟 벽화)

---

209) 미미악靡靡樂 : 나라를 망하게 하는 퇴폐적인 음악의 대명사로 말해진다. 殷나라 말 師延이 紂王을 위해 '靡靡之樂'을 만들었는데, 武王이 주왕을 쳤을 때 사연은 동쪽으로 달아나 濮水에 이르러서 자살했다고 한다. "此師延之所作, 與紂爲靡靡之樂也, 及武王伐紂, 師延東走, 至於濮水而自投. 故聞此聲者, 必於濮水之上. 先聞此聲者, 其國必削, 不可遂."(『韓非子』 「十過」)

210) 鳳首箜篌를 설명하는 표현 중에 '項有軫' '項有縤' '頸有軫' 등은 봉수공후의 목 부분에 묶여 있는 붉은 끈을 가리키는데, 이것을 상하로 이동하면서 음의 높이를 조절한다.

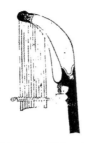

수공후豎箜篌(『樂書』 卷128)　　　봉수공후鳳首箜篌(『樂書』 卷128)

七絃, 鄭善子作, 開元中進. 形如阮咸, 其下缺少而身大, 傍有少缺, 取其身便也. 絃十三隔, 孤柱一, 合散聲七, 隔聲九十一, 柱聲一, 總九十九聲, 隨調應律.

칠현七絃은 정선자鄭善子가 만들어 개원開元 연간(713~741)에 헌상한 것이다. 형태는 완함阮咸과 같은데 그 아래쪽으로 갈수록 좁아지고 몸통은 (완함보다) 크며, 옆쪽이 조금 패여 있어서 몸통을 쥐는 데 편리하다. 현에는 13개의 격隔[211]이 있고, 고주孤柱(안족雁足)가 1개이다. 산성散聲[212] 7개, 격성隔聲[213] 91개, 주성柱聲 1개를 합하

---

211) 격隔 : 琴의 바깥 표면에 音의 위치를 표시하기 위하여 박아 넣은 원형의 標志인 徽(暉라고도 함)를 가리킨다. 기타(Guitar)의 목(neck) 옆이나 指板에 표시된 프렛(fret)과 프렛 사이에 있는 점(dot)과 같이 음정을 구분하는 역할을 한다. 왼손으로 휘를 짚고 현을 튕겨 음 높이를 조절하면서 연주한다. 휘는 소라나 조개껍질로 만드는데, 金·玉·수정 등의 보석으로 만들기도 한다.

212) 산성散聲 : 오른손으로만 絃을 튕겨서 내는 소리인데, 현의 숫자만큼 산성의 소리가 생겨난다. "散聲, 左手不按絃, 惟以右手弾之."(『樂律全書』)

여 총 99성聲인데, 조調에 따라 음률을 맞춘다.

칠현七絃(唐, 山西省博物館 소장)

太一, 司馬縚開元中進. 十二絃, 六隔, 合散聲十二, 隔聲七十
二. 絃散聲應律呂, 以隔聲旋相爲宮, 合八十四調. 令編入雅樂宮
縣內用之.

태일太一은 사마도司馬縚가 개원開元 연간(713~741)에 헌상한
것이다. 12현絃이고 6개의 격隔이 있어, 산성散聲 12개와 격성隔聲
72개가 어우러진다. 현의 (12개의) 산성이 율려律呂²¹⁴⁾에 대응하
며 (이 12율律이 7음음의) 격성과 배합되어 서로 돌아가면서 궁음
宮音이 됨으로써[旋相爲宮]²¹⁵⁾ 도합 84조調가 이루어진다. 아악雅樂

---

213) 격성隔聲 : 徽를 누르며 연주하여 나는 소리를 가리킨다. 絃과 隔의 수를
    곱한 숫자만큼 격성의 소리가 생겨난다.
214) 율려律呂 : 律은 陰陽으로 나누어지는데, 陽律을 六律이라 하고 陰律을
    六呂라고 한다. 六律과 六呂를 합하여 律呂라고 한다.
215) 선상위궁旋相爲宮 : 調가 이루어지는 원리로 '還相爲宮'이라고도 하며
    줄여서 '旋宮'이라고 한다. 12律에 宮·商·角·徵·羽의 5聲 또는 宮·
    商·角·徵·羽·變徵·變宮의 7聲을 배합하되, 12律이 서로 돌아가면
    서 宮音이 되면[旋相爲宮] 각각 60調와 84調를 얻게 된다. 예를 들면,
    12율 중 黃鐘을 宮音으로 삼으면 太簇가 商音, 姑洗이 角音, 林鐘이
    徵音, 南呂가 羽音에 해당된다. 이렇게 구성된 調를 '黃鐘宮'이라고 한
    다. 만약 大呂를 宮音으로 삼으면 夾鐘이 商音, 仲呂가 角音, 夷則이

궁현宮縣[216]에 이것(태일)을 편입시켜 사용하게 했다.

태일太一(『樂書』 卷144)

六絃, 史盛作, 天寶中進. 形如琵琶而長, 六絃, 四隔, 孤柱一, 合散聲六, 隔聲二十四, 柱聲一, 總三十一聲, 隔調應律.

육현六絃은 사성史盛이 만들어 천보天寶 연간(742~756)에 헌상한 것이다. 형태는 비파와 같은데 (비파보다) 길다. 6현絃, 4개의 격隔, 고주孤柱 1개이다. 산성散聲 6개, 격성隔聲 24개, 주성柱聲 1개를 합해 총 31성聲인데, 조調에 간격을 두면서 음률을 맞춘다.

天寶樂, 任偃作, 天寶中進. 類石幢, 十四絃, 六柱. 黃鐘一均足倍七聲, 移柱作調應律.

徵音, 無射이 羽音에 해당된다. 이렇게 구성된 調를 '大呂宮'이라고 한다. 宮·商·角·徵·羽에 變宮·變徵를 더하여 7聲을 사용하면 이론상 84개의 調를 얻을 수 있다. 실제로 84가지 음계가 모두 사용되지는 않았고, 최대 28가지 정도의 음계만 사용되었으며 상용되는 음계는 더 적었다.

216) 궁현宮縣 : 樂縣(鐘, 磬 등의 악기를 틀에 걸 때의 제도)에서 천자의 음악에 사용되는 것을 가리킨다. 천자는 사방을 집으로 삼는다는 의미에서 악기를 4면에 거는데, 이는 궁전의 4면을 상징하기 때문에 宮縣이라고 한다.

천보악天寶樂은 임언任偃이 만들어 천보 연간(742~756)에 헌상한 것이다. 석당石幢처럼 생겼으며, 14현絃이고 6개의 주柱가 있다. 황종黃鐘의 1균均[217)]으로 7성聲을 배가하기에 충분하며, 주柱를 이동해 조調를 만들어서 음률을 맞춘다.

천보악天寶樂(『樂書』卷144)

塤, 曛也, 立秋之音, 萬物將曛黃也. 埏土爲之, 如鵝卵, 凡六孔, 銳上豐下. 大者爾雅謂之曰踋.

훈塤은 훈曛(황혼 무렵)이라는 의미이며 입추立秋의 소리로, 만물이 장차 황혼 무렵에 접어든다는 것이다. 흙을 반죽해서 그것(훈)을 만드는데, 거위 알과 같고 6개의 구멍이 있으며 위는 뾰족하고 아래는 통통하다. 큰 것을 가리켜 『이아爾雅』에서는 '교踋'라고 했다.

---

217) 균均 : 각 律에서 宮을 토대로 만들어진 音階를 '均'이라고 한다. 예를 들면 黃鐘을 宮으로 삼은 음계를 '黃鐘均'이라 하고, 大呂를 宮으로 삼은 음계를 '大呂均'이라고 한다.

훈塤(盛唐, 鞏義市博物館 소장)

缶, 如足盆, 古西戎之樂, 秦俗應而用之. 其形似覆盆, 以四杖擊
之. 秦·趙會於澠池, 秦王擊缶而歌. 八缶, 唐永泰初司馬紹進廣
平樂, 蓋八缶具黃鐘一均聲.

부缶는 발을 씻을 때 쓰는 동이처럼 생겼다. 옛 서융西戎의 악기
인데, 진秦나라 민간에서 그것(부)을 받아들여 사용했다. 그 형태는
엎어 놓은 동이[覆盆]와 비슷하며, 4개의 막대기로 그것을 두드린다.
진나라와 조趙나라가 면지澠池에서 모임을 가졌을 때 진나라 왕이
부를 두드리며 노래했다.[218] 팔부八缶는 당唐나라 (대종代宗) 영태永

---

218) 『史記』 「廉頗藺相如列傳」에 관련 내용이 나온다. 秦나라가 趙나라를
   쳐서 石城을 함락시키고 이듬해에 또 조나라를 쳐서 2만 명을 죽인 뒤
   趙나라에 친선을 위한 회합을 제안했다. 澠池에서 열린 이 회합에서 주연
   이 무르익을 무렵, 진나라 왕이 조나라 왕에게 瑟을 연주하길 청하자
   조나라 왕이 瑟을 연주했다. 그러자 진나라 御史가 기록하길, "모년 모월
   모일 진나라 왕이 조나라 왕과 만나 주연을 베풀었는데 조나라 왕에게
   슬을 연주하게 했다.某年月日, 秦王與趙王會飮, 令趙王鼓瑟."라고 했
   다. 이에 조나라의 藺相如가 진나라 왕에게 缶를 연주하길 청했다. 진나
   라 왕은 노하며 응하지 않다가 결국 缶를 한 번 두드렸다. 그러자 藺相如
   는 조나라 御史를 불러서 "모년 모월 모일에 진나라 왕이 조나라 왕을

泰 연간(765~766) 초에 사마도司馬縚가 진상한 〈광평악廣平樂〉(에
사용된 것)으로, 팔부는 황종黃鐘 1균均의 소리를 갖추었다.

부缶(『樂書』 卷150)

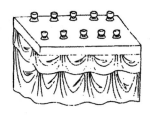
팔부八缶(『樂書』 卷137)

鐘, 黃帝之工垂所造. 鐘, 種也, 立秋之音, 萬物種成也. 大曰鎛,
鎛亦大鐘也, 爾雅謂之鏞. 小而編之曰編鐘, 中曰剽, 小曰棧〔四
一〕.219)

종鐘은 황제黃帝의 악공인 수垂가 만들었다. 종鐘은 종種(씨앗)이
라는 의미이며 입추立秋의 소리로, 만물의 씨앗이 성숙한다는 것이
다. (종 중에서) 큰 것을 박鎛이라 하는데, 박 역시 대종大鐘이며 『이
아爾雅』에서는 그것을 용鏞이라고 했다. (종 중에서) 크기가 작으면
서 (여러 개를) 배열해 놓은 것을 편종編鐘이라 하고, 중간 것을 표
剽라 하며, 작은 것을 잔棧이라고 한다.

위해 缶을 두드렸다.某年月日, 秦王爲趙王擊缶."라고 기록하게 했다.
219) [교감기 41] "小曰棧"에서 '棧' 자는 각 본에 '醆'으로 나와 있는데, 『通
典』 권144 및 『爾雅』 「釋樂」의 原文에 근거해서 ('棧'으로) 고쳤다.

편종編鐘(『樂書』 卷125)

　錞于, 圜如碓頭, 大上小下, 縣以籠床, 芒䈾將之以和鼓. 沈約宋
書云,「今人間時有之」, 則宋日非廟庭所用. 後周平蜀獲之, 斛斯
徵觀曰 :「錞于也.」依干寶周禮注試之, 如其言.

　순우錞于는 방아 머리[碓頭]처럼 둥글며 큰 데가 위이고 작은 데가
아래인데, 대로 만든 틀[籠床]에 걸어 놓고 망통芒筒으로 그것(순우)
을 훑어 (소리를 내어)[220] 북과 화음을 맞춘다. 심약沈約의 『송서宋

220) 『周書』「斛斯徵傳」에 근거해, '芒䈾將之'를 '芒筒捋之'로 해석했다. 이
　　단락에 나오는 곡사징의 일화 역시 『주서』「곡사징전」에 나온다. 세상에
　　전해지지 않던 순우라는 악기를 촉 땅에서 얻었지만 아무도 그것이 무엇
　　인지 모르는 상황에서 곡사징이 그것을 보고 '순우'라고 하자 다들 믿지
　　못했는데, 곡사징이 干寶의 『周禮注』에 따라 芒筒으로 순우를 훑자[捋]
　　그 소리가 크게 울렸고, 사람들이 탄복했다고 한다. "又樂有錞于者, 近
　　代絶無此器, 或有自蜀得之, 皆莫之識. 徵見之曰, '此錞于也.' 衆弗之
　　信. 徵遂依干寶『周禮注』以芒筒捋之, 其聲極振, 衆乃歎服."

書』에서 이르기를 "오늘날 민간에서 간혹 그것(순우)을 소유하고 있다"라고 했으니, (남조南朝) 송나라 때에는 종묘와 조정에서 사용하던 것이 아니다. 북주北周가 촉蜀을 평정하고 그것(순우)을 획득했는데, 곡사징斛斯徵221)이 보고 말하기를 "순우이다"라고 했다. 간보干寶의 『주례주周禮注』에 의거해 그것을 살펴보니 그 말과 같았다.

순우錞于(漢, 鄭州市博物館 소장)

鐃, 木舌, 搖之以和鼓[四二].222)

---

221) 곡사징斛斯徵(529~584) : 字는 士亮이며 河南 洛陽 사람으로 太傅尙書令 斛斯椿의 아들이다. 北周의 대신으로, 禮樂에 정통했다. 北周 宣帝 때 鄭譯의 모함으로 免職되었다가 隋 文帝 때 太子太傅에 제수되었다. 『樂典』 10卷을 저술했다.

222) [교감기 42] "鐃木舌搖之以和鼓" 『通典』 권144에는 "요는 편종과 같은데 舌이 없으며, 손잡이가 있어 그것을 흔들어서 북을 그치게 한다.鐃如編鐘而無舌, 有柄, 搖之以止鼓."라고 나와 있으며, 『合鈔』 권38 「樂志」에는 "요는 손잡이가 있고 舌은 없는데, 그것을 흔들어서 북을 그치게 한다.鐃有柄無舌, 搖之以止鼓."라고 나와 있다. 이는 『周禮』 「鼓人」에서 "金鐃로 북을 그치게 한다.以金鐃止鼓."(鄭注 : "요는 鈴과 같은데, 舌이 없고 손잡이가 있다.鄭注 : 鐃如鈴, 無舌有秉.")라고 한 것과 부합한다. 여기서는 문자에 오류가 있다.

요鐃는 설舌이 없으며, 그것(요)을 흔들어 북과 화음을 맞춘다.

요鐃(莫高窟 第154窟 벽화)

梁有銅磬, 蓋今方響之類. 方響, 以鐵爲之, 修八寸, 廣二寸, 圓上方下. 架如磬而不設業, 倚於架上以代鐘磬. 人間所用者纔三四寸.

(남조南朝) 양梁나라 때 동경銅磬이 있었는데, 대개 지금의 방향方響과 같은 종류이다. 방향은 철로 만드는데, 길이가 8촌寸이고 너비가 2촌이며, 위는 둥글고 아래는 모가 졌다. 경磬처럼 틀[架]이 있지만 (틀 위에 덧대는 장식용 널판인) 업業은 설치하지 않으므로, 틀에 매달고서 종鐘과 경을 대신한다. 민간에서 사용하는 것은 겨우 3~4촌이다.

방향方響(莫高窟 第390窟 벽화)

銅拔, 亦謂之銅盤, 出西戎及南蠻. 其圓數寸, 隱起若浮漚, 貫之
以韋皮, 相擊以和樂也. 南蠻國大者圓數尺. 或謂南齊穆士素所
造, 非也.

동발銅拔은 동반銅盤이라고도 하는데, 서융西戎과 남만南蠻에서
나왔다. 그 둘레가 수 촌寸이며, (가운데 부분이) 물거품처럼 은은하
게 솟아 있는데 가죽으로 그 부분을 꿰어 (손잡이로 삼아 두 개를)
서로 부딪치게 해서 음악과 조화를 이룬다. 남만의 나라에서는 큰
것은 둘레가 수 척尺이다. 혹자가 이르기를 남제南齊의 목사소穆士
素가 만들었다고 하는데, 그렇지 않다.

동발銅拔(唐代, 南京博物院 소장)

鉦, 如大銅疊, 縣而擊之, 節鼓.

정鉦은 대동첩大銅疊처럼 생겼는데, 그것(정)을 매달아 놓고 쳐서
북소리를 조절한다.

정鉦(齊國古城遺址博物館 소장)

銅鼓, 鑄銅爲之, 虛其一面, 覆而擊其上. 南夷扶南・天竺類皆
如此. 嶺南豪家則有之, 大者廣丈餘.

　동고銅鼓는 구리를 주조해서 만드는데, 한쪽 면은 비도록 한다.
(빈 면이 아래로 가도록) 엎어 놓고 그(동고의) 위를 친다. 남이南夷
인 부남扶南(현재 캄보디아)과 천축天竺 같은 곳에서도 모두 이와
같다. 영남嶺南의 부호의 집에는 그것(동고)이 있는데, 큰 것은 너비
가 1장丈 남짓이다.

동고銅鼓(唐宋, 瀘州市 文物管理所 소장)

　磬, 叔所造也. 磬, 勁也, 立冬之音, 萬物皆堅勁. 書云,「泗濱浮
磬」, 言泗濱石可爲磬 ; 今磬石皆出華原, 非泗濱也. 登歌磬, 以玉
爲之, 爾雅謂之磬.

　경磬은 숙叔이 만든 것이다. 경磬은 경勁(굳세다)이라는 의미이며
입동立冬의 소리로, 만물이 모두 굳세고 힘이 있다는 것이다.『상서
尙書』에서 이르기를 “사수泗水 가에서 나는 경을 만드는 돌[泗濱浮
磬]”223)이라고 했는데, 사수 가의 돌로 경을 만들 수 있다는 말이다.
지금 경을 만드는 돌은 모두 화원華原224)에서 나고 사수 가에서 나

223) “역산 남쪽 특산의 오동나무, 사수 가에서 나는 경을 만드는 돌嶧陽孤桐,
　　泗濱浮磬”(『書』「禹貢」)
224) 화원華原 : 唐나라 京兆府에 있던 縣의 명칭으로, 오늘날 陝西省 銅川

지 않는다. 등가登歌225)에 사용되는 경은 옥으로 만드는데, 『이아爾
雅』에서는 그것을 '효磬'라고 했다.

경磬(『樂書』 卷112)

鼓, 動也, 冬至之音, 萬物皆含陽氣而動. 雷鼓八面以祀天, 靈鼓
六面以祀地, 路鼓四面以祀鬼神. 夏后加之以足, 謂之足鼓 ; 殷人
貫之以柱, 謂之楹鼓 ; 周人縣之, 謂之縣鼓 ; 後世從殷制建之, 謂
之建鼓. 晉鼓六尺六寸, 金奏則鼓之. 傍有鼓謂之應鼓, 以和大鼓.
小鼓有柄曰鞞, 搖之以和鼓, 大曰鞀. 腰鼓, 大者瓦, 小者木, 皆廣
首而纖腹, 本胡鼓也. 石遵好之, 與橫笛不去左右. 齊鼓, 如漆桶,
大一頭, 設齊於鼓面如麝臍, 故曰齊鼓. 檐鼓, 如小甕, 先冒以革
而漆之. 羯鼓, 正如漆桶, 兩手具擊, 以其出羯中, 故號羯鼓, 亦謂
之兩杖鼓. 都曇鼓, 似腰鼓而小, 以槌擊之. 毛員鼓, 似都曇鼓而稍
大. 答臘鼓, 制廣羯鼓而短, 以指揩之, 其聲甚震, 俗謂之揩鼓. 雞

市 耀州區에 해당한다.
225) 등가登歌 : 登哥, 登謌라고도 한다. 祭典이나 大朝會 때 樂師가 堂에
올라가 노래하는 것을 '登歌'라고 하며, 이때 노래를 위주로 하는 음악을
'登歌樂'이라고 한다.

婁鼓, 正圓, 兩手所擊之處, 平可數寸. 正鼓 · 和鼓者, 一以正, 一以和, 皆腰鼓也. 節鼓, 狀如博局, 中間員孔, 適容其鼓, 擊之節樂也.

북[鼓]은 동動(움직이다)이라는 의미이며 동지冬至의 소리로, 만물이 모두 양기陽氣를 머금고 움직인다는 것이다. 뇌고雷鼓는 8면面이며 이것으로 하늘에 제사지내고, 영고靈鼓는 6면이며 이것으로 땅에 제사지내고, 노고路鼓는 4면이며 이것으로 귀신에게 제사지낸다. 하후夏后는 북에 다리를 더했는데, 이것을 일러 족고足鼓라고 한다. 은인殷人은 기둥으로 북을 꿰었는데, 이것을 일러 영고楹鼓라고 한다. 주인周人은 북을 매달았는데, 이것을 일러 현고縣鼓라고 한다. 후세

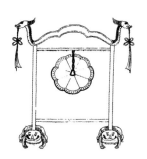

뇌고雷鼓(『樂書』 卷116)

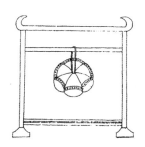

영고靈鼓(『樂書』 卷116)

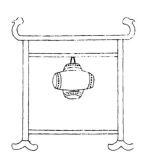

노고路鼓(『樂書』 卷116)

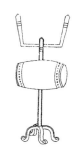

족고足鼓(『樂書』 卷116)

에 은殷나라 제도를 따라서 북을 만들었는데, 이것을 건고建鼓라고 한다. 진고晉鼓는 6척尺 6촌寸인데, 종鐘과 박鏄을 두드려서 음악을 연주[金奏]226)할 때면 그것(진고)을 두드린다. 곁에 있는 북을 응고應鼓라고 하는데, 이것으로 대고大鼓와 화음을 맞춘다. 작은 북 중에서 자루가 있는 것을 비鼙라고 하는데 그것(비)을 흔들어 북과 화음을 맞추

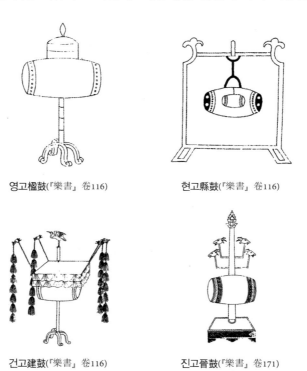

영고楹鼓(『樂書』 卷116)

현고縣鼓(『樂書』 卷116)

건고建鼓(『樂書』 卷116)

진고晉鼓(『樂書』 卷171)

---

226) 금주金奏 : 鐘과 鏄을 두드려서 음악을 연주한다는 의미인데, 일반적으로 廟堂의 음악을 가리킨다. "종사는 금주를 관장한다.鐘師掌金奏."(『周禮』 「春官·鐘師」)는 구절에 대한 다음의 鄭玄 注 참고. "금주는 金을 두드려 음악 연주의 박자로 삼는 것이다. 금이란 鐘과 鏄을 말한다.金奏, 擊金以爲奏樂之節. 金謂鐘及鏄."

며, 큰 것은 도鞉라고 한다. 요고腰鼓는 큰 것은 (통의 재료가) 질그릇 [瓦]이고 작은 것은 (통의 재료가) 나무인데, 모두 머리 부분은 넓고 배 부분은 가늘며, 본래는 (북방 민족의) 호고胡鼓이 다. 석준石遵이 그 것(호고)을 좋아하여 횡적橫笛과 더불어 곁에서 떼어 놓지 않았다. 제 고齊鼓는 칠통漆桶과 같은데 한쪽 머리 부분이 크며, 북면에 사향노루 배꼽[麝臍]처럼 생긴 배꼽을 설치하기 때문에 제고齊鼓라고 한다.227) 첨고檐鼓는 작은 독[甕]처럼 생겼는데, 먼저 가죽으로 씌우고 옻칠

응고應鼓(『樂書』 卷118)

비鞞(『樂書』 卷117)   도鞉(『樂書』 卷117)

요고腰鼓(唐, 蘭州市博物館 소장)

제고齊鼓(『樂書』 卷127)

227) 齊는 '臍'를 의미한다. 다음을 참고 "제고는 모양이 칠통과 같은데, 한쪽 머리 부분이 약간 크다. 북면에 배꼽을 설치했는데, 사양노루 배꼽과 같 다. 서량과 고려(고구려)의 악기다.齊鼓, 狀如漆桶, 一頭差大, 設臍於鼓 面, 如麝臍然. 西涼·高麗之器也."(『文獻通考』 권136 「樂考」)

을 한다. 갈고羯鼓는 바로 칠통과 같은데, 양손으로 같이 두드린다. 그것이 갈羯에서 나왔기 때문에 갈고라고 부르며, 그것을 양장고兩杖鼓라고도 한다. 도담고都曇鼓는 요고腰鼓와 비슷한데 작고, 북채로 친다. 모원고毛員鼓는 도담고와 비슷한데 조금 크다. 답랍고答臘鼓는 형태가 갈고보다 넓고 길이는 짧다. 손가락으로 그것(답랍고)을 문지르면[揩] 그 소리가 심하게 진동하므로, 민간에서는 그것을 일러 개고揩鼓라고 한다. 계루고雞婁鼓는 원형이며, 양손으로 두드리는 곳은 평평한 부분이 수 촌寸 정도이다. 정고正鼓와 화고和鼓라는 것은, 하나는 (악곡의 주된 선율을 이루는) 골격음[正]을 연주하는 데 쓰이고 하나는 (화성이나 가락에 변화를 주기 위하여 덧붙이는) 장식음[和]을 연주하는 데 쓰인다. (정고와 화고) 모두 요고腰鼓이다. 절고節鼓는 (받침대) 모양이 바둑판[博局] 같은데 중간에 둥근 구멍이있어서 그 북을 넣어두기에 적당하며, 그것(절고)을 쳐서 음악의 박자를 맞춘다.

첨고檐鼓(『樂書』 卷126)

갈고羯鼓(莫高窟 第124窟 벽화)

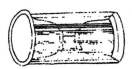

도담고都曇鼓(『樂書』 卷127)

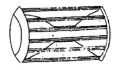

모원고毛員鼓(『樂書』 卷127)

계루고鷄婁鼓(『樂書』卷127)

절고節鼓(『樂學軌範』卷6)

撫拍, 以韋爲之, 實之以糠, 撫之節樂也.

무박撫拍은 가죽으로 만들고 (그 안을) 겨로 채우는데, 그것(무박)을 문질러서[撫] 음악의 흐름을 맞춘다.

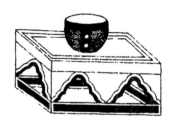

무박撫拍(『樂書』卷140)

金·石·絲·竹·匏·土·革·木, 謂之八音. 金木之音, 擊而成樂. 今東夷有管木者, 桃皮是也. 西戎有吹金者, 銅角是也. 長二尺, 形如牛角. 貝, 蠡也, 容可數升, 並吹之以節樂, 亦出南蠻. 桃皮, 卷之以爲筆篥. 嘯葉, 銜葉而嘯, 其聲淸震, 橘柚尤善. 四夷絲竹之量, 國異其制, 不可詳盡. 爾雅:琴二十絃曰離, 瑟二十七絃曰灑[四三].[228] 漢世有洞簫, 又有管, 長尺圍寸而倂漆之, 宋世有

繞梁, 似臥箜篌, 今並亡矣. 今世又有篪, 其長盈尋, 曰七星, 如箏
稍小, 曰雲和, 樂府所不用.

금金 · 석石 · 사絲 · 죽竹 · 포匏 · 토土 · 혁革 · 목木을 일러 팔음八
音이라고 한다. 금과 목의 소리는 두드려서 음악을 만든다. 지금 동
이東夷에 관목管木이라는 것이 있는데, 도피桃皮가 이것이다. 서융西
戎에는 취금吹金이라는 것이 있는데, 동각銅角이 이것이다. (동각의)
길이는 2척尺이고 형태는 소의 뿔[牛角]과 같다. 패貝는 여蠡이며 용
량이 몇 승升이나 되는데, 그것(패)을 불어서 음악의 박자를 맞추며
역시 남만南蠻에서 나왔다. 도피桃皮는 말아서 필률篳篥을 만든 것
이다. 소엽嘯葉은 잎을 물고서 휘파람을 부는 것인데, 그 소리가 맑
게 울리며 (소엽의 잎으로는) 귤나무와 유자나무가 더욱 좋다. 사이
四夷의 현악기와 관악기[絲竹]의 규격은 나라마다 그 제도가 달라서
전부 상세히 알 수는 없다. 『이아爾雅』에서 이르길 "20현絃의 금琴
을 이離라 하고, 27현의 슬瑟을 쇄灑라 한다"고 했다. 한漢나라 때
퉁소[洞簫]가 있었다. 또 관管이 있었는데, 길이는 1척尺이고 둘레는
1촌寸이며 모두 옻칠을 했다. [남조南朝] 송宋나라 때 요량繞梁이 있
었는데 와공후臥箜篌와 비슷했다. (이 악기들은) 지금은 모두 사라
졌다. 지금 세상에는 또 지篪가 있는데, 그 길이가 1심尋(8척尺)이
넘는 것을 칠성七星이라 부른다. 쟁箏처럼 생기고 조금 작은 것을
운화雲和라 부르는데, 악부에서는 사용하지 않는다.

----

228) [교감기 43] "瑟二十七絃曰灑"에서 '灑' 자는 각 본에 '麗'로 나와 있다.
『爾雅』「釋樂」에서는 "大瑟을 일러 灑라 하고, 大琴을 일러 離라 한다.
大瑟謂之灑, 大琴謂之離."라고 했으며, 『通典』 권144도 『爾雅』와 동일
하다. 이에 근거해서 ('灑'로) 고쳤다.

도피桃皮(『樂書』卷132)　　　　　소엽嘯葉(『樂書』卷132)

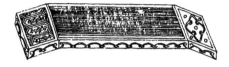

쇄뢰灑(『樂書』卷144)

퉁소[洞簫](『景慕宮儀軌』卷1)　　　관管(『樂書』卷120)

지篪(『樂書』卷130)

운화雲和(『樂書』卷146)

周天子宮縣, 諸侯軒縣, 大夫曲縣, 士特縣. 故孔子之堂, 聞金石之音；魏絳之家, 有鐘磬之聲. 秦·漢之際, 斯禮無聞. 漢丞相田蚡, 前庭羅鐘磬, 置曲旆. 光武又賜東海恭王鐘虡之樂. 卽漢世人臣, 尙有金石. 漢樂歌云「高張四縣, 神來讌饗」, 謂宮縣也. 制氏在太樂, 能記鏗鏘鼓舞. 河間王著樂記, 八佾之舞與制氏不甚相遠, 又舞八佾之明文也. 漢儀云, 高廟撞千石之鐘十枚, 卽上林賦所謂「撞千石之鐘, 立萬石之鋋鉅」者也. 鐘當十二, 而此十枚, 未識其義. 議者皆云漢世不知用宮縣, 今案漢章·和世用旋宮, 漢世群儒, 備言其義, 牛弘·祖孝孫所由準的也. 又河間王博採經籍, 與制氏不殊, 知漢世之樂, 爲最備矣. 魏·晉已來, 但云四廂金石, 而不言其禮, 或八架, 或十架, 或十六架. 梁武始用二十六架. 貞觀初增三十六架〔四四〕,229) 加鼓吹熊羆桉十二於四隅. 後魏·周·齊皆二十六架. 建德中, 復梁三十六架. 隋文省, 煬帝又復之.

주周나라 천자는 궁현宮縣을 사용하고, 제후는 헌현軒縣을 사용하고, 대부는 곡현曲縣을 사용하고, 사士는 특현特縣을 사용했다.230)

---

229) [교감기 44] "貞觀初增三十六架"에서 '貞觀' 2자는 오류가 있다. 『校勘記』 권13에서 말하길, "생각건대 뒤쪽에서 '양나라 때의 36가를 회복했다. 復梁三十六架.'라고 언급했으니, 이(貞觀)는 그릇된 것으로, (唐나라의 연호가 아닌) 梁나라의 연호여야 한다"라고 했다.

230) 縣은 懸을 의미한다. 鐘, 磬 등의 악기를 틀에 걸 때의 제도인 樂縣은 음악을 사용하는 이의 지위에 따라 각기 구별이 있었다. 천자는 악기를 4면에 거는데, 이는 궁전의 4면을 상징하기 때문에 '宮縣'이라고 했다. 천자의 궁현에서 1면을 줄인 것이 제후의 軒縣이고, 헌현에서 다시 1면을 줄인 것이 대부의 曲縣이고, 곡현에서 또 1면을 줄인 것이 士의 特縣이다. "대부는 곡현을 사용한다.大夫曲縣."가 『周禮』에서는 "경대부는 판현을 사용한다.卿大夫判縣."로 나와 있다. "正樂縣之位, 王宮縣, 諸侯軒縣,

卿大夫判縣, 士特縣."(『周禮』「春官·小胥」) 헌현은 남쪽을 비우고 나머지 3면에 악기를 건다. 판현은 남북을 비우고 동서 2면에 악기를 거는데, 서쪽에는 鐘을 매달고 동쪽에는 磬을 매단다. 특현은 동쪽 1면에만 磬을 매달 뿐이다. 궁현이 4면인 것은 왕이 사방을 집으로 삼기 때문이고, 헌현이 남쪽을 비운 것은 왕이 南面하는 방향을 피한 것이다. 판현이 동쪽과 서쪽에 종과 경을 매단 것은 경대부가 좌우에서 왕을 보좌하는 것을 상징하고, 特縣은 士가 홀로 지조 있게 행동하는 것을 상징한다. 궁현·헌현·판현·특현의 배치도는 다음과 같다.(『文獻通考』 卷140 「樂考」 참고)

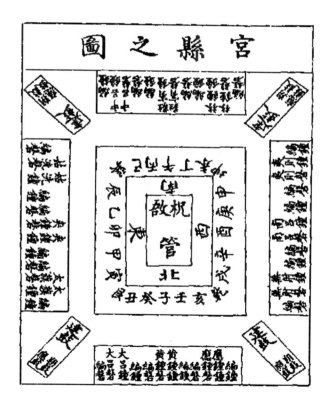

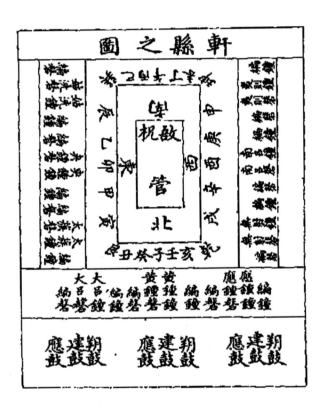

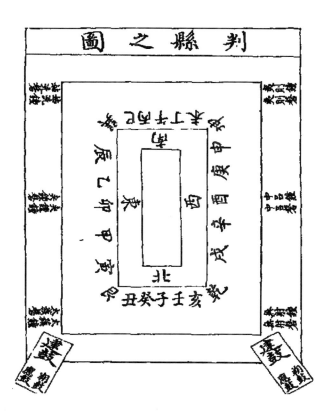

判縣之圖

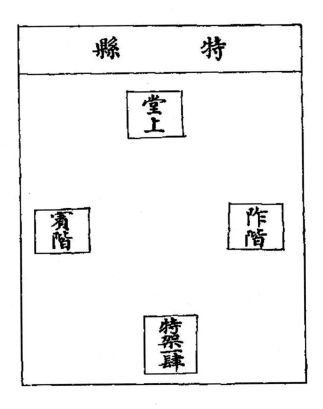

그러므로 공자孔子의 당堂에는 금석金石의 음악이 들리고, 위강魏
絳231)의 집에는 종鐘과 경磬의 소리가 있었다. 진秦·한漢 때에는 이
예제가 보이지 않는다. 한나라 승상 전분田蚡은 전정前庭에 종鐘과
경磬을 벌여 놓고, 곡전曲旃을 설치했다.232) 광무제光武帝(유수劉秀,
기원전 6~57)는 또 동해공왕東海恭王233)에게 종거鐘虡234)의 음악을
하사했다. 즉 한나라 때는 신하에게도 금석(의 음악)이 있었던 것이
다. 한나라 악가樂歌에 이르기를 "높게 펼쳐진 사현四縣이여, 신이
연향讌饗에 오신다네"라고 했는데, (여기서 사현이란) 궁현을 가리
키는 것이다. 제씨制氏는 태악관太樂官을 지냈는데, 금석 악기[鏗
鏘]235)와 고무鼓舞에 대한 내용을 기록할 수 있었다.236) 하간왕河間

---

231) 위강魏絳(?~기원전 552) : 春秋시대 晉나라 悼公 때의 卿이다. 悼公을
    보좌해 나라를 안정시키는 데 큰 공헌을 했으며, 軍令을 엄정하게 처리해
    이름을 드날렸다. 山戎과의 화친을 주장하여 마침내 동맹을 맺고 晉나라
    의 국세를 떨치게 했다.
232) 굽은 손잡이[曲柄]가 달린 비단 깃발을 曲旃이라고 하는데, 군주가 隱士
    를 초빙할 때 사용했다. 승상 田蚡이 曲旃을 사용한 것은 고대의 禮를
    위반한 것이다.
233) 동해공왕東海恭王 : 光武帝의 맏아들 劉强(劉疆, 25~58)으로, 모친은
    廢后 郭聖通이다. 모친이 폐위된 유강은 자발적으로 태자의 자리를 내놓
    았고, 東海王에 봉해졌다. 明帝 때 유강이 사망하자 '恭'이라는 시호를
    내렸고, 이로 인해 유강을 東海恭王이라 칭했다.
234) 종거鐘虡 : 鐘簨 혹은 鐘鐻라고도 한다. 종을 거는 틀을 가리키며 일반적
    으로 위쪽은 맹수로 장식한다. 湖北 隨縣의 戰國시대 曾侯乙墓에서는
    종거에 편종이 걸린 상태로 출토되었다.
235) 갱장鏗鏘 : 金石 악기의 소리로, 특히 鐘의 소리를 가리킨다.
236) 制氏는 한나라 때의 음악가로 雅樂과 聲律에 능통하여 세세토록 太樂官

王237)이 저술한 『악기樂記』와 (그가 바친) 팔일무八佾舞는 제씨의 것과 크게 다르지 않았으니,238) (이것) 역시 팔일무를 추었다는 명백한 기록이다. 『한의漢儀』에 이르기를, (한 고조高祖 유방劉邦의 사당인) 고묘高廟에서는 천석千石의 종 10개를 친다고 했다. 즉 「상림부上林賦」에서 이른바 "천석의 총을 치고 만석의 거虡[鐻鉅]를 세운다"라고 한 것이다. 종은 마땅히 12개이지만 여기서는 10개라고 했는데, 그 의미를 알 수 없다. 의론하는 자들이 모두 말하길, 한나라 때는 궁현을 (제대로) 사용할 줄 몰랐다고 한다. 지금 살펴보건대, 한나라 장제章帝(유달劉炟, 57~88)와 화제和帝(유조肇劉, 79~105) 때 선궁旋宮239)을 사용했고 한나라 때의 뭇 유자儒者가 그것(선궁)의 의미를 오롯이 설명했으니, (이것은) 우홍牛弘과 조효손祖孝孫이 준

을 지냈는데, 음악과 춤에 대해 기록하긴 했지만 그 의미를 설명하지는 못했다고 한다. "漢興, 樂家有制氏, 以雅樂聲律世世在大樂官, 但能紀其鏗鎗鼓舞, 而不能言其義."(『漢書』「禮樂志」)

237) 하간왕河間王 : 漢 景帝 劉啓(기원전 188~기원전 141)의 둘째 아들 劉德(기원전 171~기원전 130)을 가리킨다. 경제 前元 2년(기원전 155)에 河間王에 봉해졌다. 26년 동안 하간왕으로 있으면서 정치 소용돌이에 말려들지 않고 평생 고적의 수집과 정리에 힘썼다. 시호는 獻王이며, 그의 봉지에 능침인 獻王陵이 있다.

238) 武帝(기원전 156~기원전 87) 때 河間王이 『樂記』를 짓고 八佾舞를 바쳤다고 한다. "武帝時, 河間獻王好儒, 與毛生等共采『周官』及諸子言樂事者, 以作『樂記』, 獻八佾之舞, 與制氏不遠."(『漢書』「藝文志」)

239) 선궁旋宮 : 調가 이루어지는 원리인 '旋相爲宮'을 가리킨다. 12律에 宮·商·角·徵·羽의 5聲 또는 宮·商·角·徵·羽·變徵·變宮의 7聲을 배합하되, 12律이 서로 돌아가면서 宮音이 되면[旋相爲宮] 각각 60調와 84調를 얻게 된다.

거로 삼았던 바이다. 또 하간왕은 경적을 널리 수집하였고 (이에 근거해 지은 『악기』의 내용이) 제씨의 것과 다르지 않으니, 한나라 때의 음악이 가장 완비된 것이었음을 알 수 있다. 위魏·진晉 이래로는 단지 사상금석四廂金石[240]에 대해 언급할 뿐 그 (안에 내재된) 예禮에 대해서는 말하지 않았는데, (당시 사용된 악현樂縣의 개수는) 8가架 또는 10가 또는 16가였다. (남조南朝) 양梁나라 무제武帝(소연蕭衍, 464~549) 때 처음으로 26가를 사용했다. (당唐 태종太宗) 정관貞觀 연간(627~649) 초에 36가로 늘렸으며, (악현 바깥) 사방 모퉁이에 고취웅비안鼓吹熊羆桉[241] 12개를 더했다. 북위北魏·북주北周·북제北齊 때는 모두 26가였다. (북주 무제武帝) 건덕建德 연간(572~578)에는 양나라 때의 36가를 회복했다. 수隋 문제文帝가 (악현의 개수

---

240) 사상금석四廂金石 : 四廂樂을 연주할 때 사용된 악기를 총칭하여 '四廂金石'이라고 한다. '四廂'이란 건물 중앙에서 동서 양쪽 귀퉁이에 해당하는 곳을 가리키고, 朝會와 燕饗 때 四廂에서 연주되는 음악을 '四廂樂'이라고 한다.

241) 고취웅비안鼓吹熊羆桉 : 南朝 梁 武帝 때부터 시작된 고대 궁정 鼓吹樂의 일종으로, 熊羆十二案·鼓吹十二案·鼓吹十二架·熊羆十二架라고도 한다. 양 무제 이전에는 궁정 고취악으로 秦·漢 시기에 전해진 16曲을 사용했는데, 무제가 그중에서 4개를 없애고 12곡을 남겨 12달의 수와 조화를 이루도록 했다. 熊羆桉 위에 놓인 악기로 연주하는 鼓吹樂이기 때문에 '鼓吹熊羆桉'이라고 한다. '熊羆桉'은 熊羆案, 熊羆架라고도 하며 곰과 말곰[羆]의 형상이 새겨져 있다. 나무로 만들어졌으며 높이는 1丈 남짓이고 난간이 둘러진 평상 형태이다. 朝會 때 12개의 案을 樂懸 바깥에 배치하고 각각의 案 위에 大鼓·羽葆鼓·金鐸 등의 악기를 안치해 樂懸의 鐘·磬 등과 더불어 연주했다. 자세한 내용은 다음 논문 참고. 許繼起, 「鼓吹十二案考釋」, 『中国音樂學』, 2004年 第4期.

를) 줄였고, 양제煬帝가 다시 그것을 회복했다.

樂縣, 橫曰簨, 豎曰虡. 飾簨以飛龍, 飾趺以飛廉, 鐘虡以摯獸, 磬虡以摯鳥, 上列樹羽, 傍垂流蘇, 周制也. 縣以崇牙, 殷制也. 飾以博山, 後世所加也. 宮縣每架金博山五, 軒縣三. 鼓, 承以花趺, 覆以華蓋, 上集翔鷺. 隋氏二十架, 先置建鼓於四隅, 鎛鐘方面各三, 依其辰位, 雜列編鐘·磬各四架於其間. 二十六架, 則編鐘十二架, 磬亦如之. 軒縣九架, 鎛鐘三架, 在辰丑申地, 編鐘·磬皆三架. 設路鼓二於縣內戌巳地之北. 設柷敔於四隅, 舞人立於其中. 錞于·鐃·鐸·撫拍·舂牘, 列於舞人間. 唐禮, 天子朝廟用三十六架. 高宗成蓬萊宮, 充庭七十二架. 武后遷都, 乃省之. 皇后廟及郊祭並二十架, 同舞八佾. 先聖廟及皇太子廟並九架, 舞六佾. 縣間設柷敔各一, 柷於左, 敔於右. 錞于·撫拍·頓相·鐃·鐸, 次列於路鼓南. 舞人列於縣北. 登歌二架, 登於堂上兩楹之前. 編鐘在東, 編磬在西. 登歌工人坐堂上, 竹人立堂下, 所謂「琴瑟在堂, 竽笙在庭」也. 殿庭加設鼓吹於四隅.

(종鐘과 경磬을 매다는) 악현樂縣에서 가로대를 순簨이라 하고 세로대를 거虡라 한다. 순簨은 비룡飛龍으로 장식하고, 부趺는 비렴飛廉으로 장식하고, 종거鐘虡는 맹수[摯獸]로 장식하고, 경거磬虡는 맹조[摯鳥]로 장식한다. 위쪽에 수우樹羽242)를 꽂고 옆쪽에 유소流

---

242) 수우樹羽 : 종 틀이나 경 틀에 오색 깃털을 꽂아서 장식한 것을 말한다. "맹인 악사들이 주나라 종묘의 뜰에서, (종과 경을 매다는 틀인) 業과 虡를 세우고, 그 위에 崇牙와 樹羽를 더하네.有瞽有瞽, 在周之庭. 設業

蘇243)를 드리우는 것은 주周나라 제도이다. 악현에 숭아崇牙244)를 만드는 것은 은殷나라 제도이다. 박산博山245)을 장식한 것은 후세에 덧붙인 것이다.

궁현宮縣의 각 가架는 (장식되어 있는) 금박산金博山이 5개이고 헌현은 (금박산이) 3개이다. 북은 화부花趺246)로 받치고 화개華蓋로 덮었으며, 위쪽에는 날개를 펼치고 날아가는 모양의 해오라기[翔鷺]가 얹혀 있다. 수나라 때는 20가였는데, 우선 사방 귀퉁이에 건고建鼓를 두고 박종鎛鐘은 사방의 각 방향마다 3개씩 진辰의 위치에 의거해 배치하며, 편종編鐘과 경磬 각각 4가架를 그 사이에 섞어 진설했다.247) 36가248)에서는 편종이 12가이고 경 역시 그와 같다.

設虡, 崇牙樹羽.”(『詩經』「周頌·有瞽」) ‘樹羽’에 대해 孔穎達 注에서는 “오색의 깃털을 꽂아 장식한다.樹置五采之羽以爲之飾.”라고 했다.

243) 유소流蘇 : 이삭이 아래로 드리워진 형태의 장식물을 말한다. 수레·가마·장막 등을 장식할 때 사용하며 오색 깃털이나 비단실로 만든다.

244) 숭아崇牙 : 樂縣의 가로대인 簨의 위쪽에 있는 톱날 형태의 것을 말한다. 숭아에 鐘이나 磬 등의 악기를 건다.

245) 박산博山 : 동쪽 바다에 있다는 전설 속의 仙山이다. 이를 상징적으로 표현한 향로가 漢·晉 시기에 유행한 博山香爐이다.

246) 화부花趺 : 꽃 형태의 받침[座臺]을 말한다. 佛像의 蓮華座도 花趺라고 한다.

247) 1면에 鎛鐘 3架씩 4면에 모두 12架를 진설하고, 각 면마다 가운데 놓인 鎛鐘의 양측에 각각 編鐘과 磬이 배치된 구조이다. 鎛鐘은 甲·丙·庚·壬의 위치에 자리하고, 磬은 乙·丁·辛·癸의 위치에 자리한다.

248) 36가架 : 원문은 “二十六架”로 되어 있지만 “三十六架”가 맞으므로 ‘36가架’로 고쳐서 번역했다. 梁나라 때 宮縣은 鎛鐘 12개를 진설하고 각 박종마다 編鐘과 磬을 함께 배치하여 모두 36架였다. 隋나라 때 梁의

헌현은 9가인데, 박종 3가가 진辰·축丑·신申의 자리에 있고 편종과 경 모두 (각각) 3가이다. 악현 안 술戌과 사巳의 자리 북쪽에 노고路鼓 2개를 진설한다. 사방 귀퉁이에 축柷과 어敔를 진설하고 춤추는 자는 그 가운데에 선다. 춤추는 이들 사이에 순우錞于·요요鐃·탁鐸·무박撫拍·용독春牘을 진설한다.

당례唐禮에서는 천자의 조묘朝廟에 36가架를 사용한다. 고종高宗이 봉래궁蓬萊宮[249]을 세우고 72가架로 뜰을 채웠다. 무후武后가 천도하여 그것(악현의 가架의 수)을 줄였다. 황후묘皇后廟와 교제郊祭에는 모두 20가를 사용하고 동일하게 팔일무八佾舞를 춘다. 선성묘先聖廟와 황태자묘에는 모두 9가를 사용하고 육일무六佾舞를 춘다. 악현 사이에는 축과 어를 각각 1개씩 설치하는데, 축은 왼쪽에 두고 어는 오른쪽에 둔다. 순우·무박·돈상頓相·요·탁은 노고의 남쪽에 차례대로 진설한다. 춤추는 자는 악현 북쪽에 배치한다. 등가登歌[250](에 사용되는) 2가는 당堂 위에 있는 2개의 기둥 앞에 올려놓는다. 편종은 동쪽에 자리하고 편경은 서쪽에 자리한다. 등가 악공

제도를 채택해 36架를 썼고, 唐나라 초에도 36架를 사용했다. "梁制: 凡律呂十二月而各一鐘. 天子宮縣, 黃鍾·蕤賓在南北, 自餘則在東西. 黃鍾廂宜用鐘·磬各二十四, 以應二十四氣也. 當是時, 因去衡鐘, 設十二鑄鐘, 各依辰位而應律, 每一鑄鐘, 設編鐘·磬各一虡, 合三十六架, 植鼓於四隅, 元會備用焉. … 及隋平陳, 得梁故事用三十六虡, 遂用之. 唐初, 因隋舊, 用三十六虡."(『文獻通考』卷140「樂考」)

249) 봉래궁蓬萊宮 : 당나라의 正宮인 大明宮을 가리킨다.

250) 등가登歌 : 등哥, 등謌라고도 한다. 祭典이나 大朝會 때 樂師가 堂에 올라가 노래하는 것을 '登歌'라고 하며, 이때 노래를 위주로 하는 음악을 '登歌樂'이라고 한다.

은 당 위에 앉고 (대나무로 만든 관악기를 부는 악공인) 죽인竹人은 당 아래에 서는데, 소위 "금琴과 슬瑟은 당에 있고, 우竽와 생笙은 뜰에 있다"라는 것이다. 전정殿庭에는 사방 모퉁이에 고취鼓吹(악기)를 더한다.

讌享陳清樂·西涼樂[四五].251) 架對列於左右廂, 設舞筵於其間. 舊皇后庭但設絲管, 大業尚侈, 始置鐘磬, 猶不設鎛鐘, 以鎛磬代. 武太后稱制, 用鐘, 因而莫革. 樂縣, 庭廟以五綵雜飾, 軒縣以朱, 五郊則各從其方色. 每先奏樂三日, 太樂令宿設縣於庭, 其日率工人入居其次. 協律郎舉麾, 樂作；偃麾, 樂止. 文舞退, 武舞進. 若常享會, 先一日具坐·立部樂名封上, 請所奏御注而下. 及會, 先奏坐部伎, 次奏立部伎, 次奏蹀馬, 次奏散樂而畢矣.

연향讌享 때는 〈청악清樂〉과 〈서량악西涼樂〉을 펼친다. 좌우의 상廂에 가架를 마주보게 배치하고 무연舞筵을 그 사이에 설치한다. 옛날에는 황후의 정庭에 현악기와 관악기[絲管]만 진설했는데, (수隋나라) 대업大業 연간(605~618)에 사치를 숭상해 비로소 종鐘과 경磬을 두긴 했지만 박종鎛鐘은 아직 설치하지 않고 박경鎛磬으로 대신했다. 무태후武太后가 국정을 주관하면서[稱制]252) 종을 사용하였고 이로부터 바꾸지 않았다. 악현樂縣은 전정殿庭과 종묘宗廟에서는 오색

---

251) [교감기 45] "讌享陳清樂西涼樂"에서 '西涼樂'은 각 본에 없는데, 『通典』 권144에 근거해서 보충했다.
252) 칭제稱制 : 皇后·皇太后·太皇太后 등의 여성 통치자가 황제를 대신해 국정을 장악하는 것을 말하며 臨朝稱制라고도 한다.

을 섞어 장식하고 헌현軒縣에서는 붉은색[朱]으로 장식하며, 오교五
郊의 경우에는 각각 그 방향의 색깔을 따른다. (대연회大讌會에서는
십부기十部伎를 설치해 놓고) 매번 먼저 3일 동안 음악을 연주하는
데,253) 태악령太樂令이 하룻밤 묵으면서 뜰에다 악현을 설치하고
(다음날 대연회가 열리는) 그 날에 공인工人을 인솔하여 (연주할) 자
리로 들어가게 한다. 협률랑協律郎이 휘麾를 들면 음악을 연주하고
휘를 눕히면 음악을 멈춘다. 문무文舞가 물러나면 무무武舞가 나온
다. 통상적인 연회[享會]인 경우에는, 하루 전날에 좌부기坐部伎와
입부기立部伎의 악곡 명칭을 갖추어서 황제에게 상주문을 올려 연
주할 악곡에 하답을 내려주시길 청한다. 연회 때가 되면, 먼저 좌부
기를 연주하고 그 다음에 입부기를 연주하며 그 다음에 접마蹀馬254)
를 연주하고 그 다음에 〈산악散樂〉255)을 연주하고 마친다.

廣明初, 巢賊干紀, 輿駕播遷, 兩都覆圮, 宗廟悉爲煨燼, 樂工淪
散, 金奏幾亡. 及僖宗還宮, 購募鐘縣之器, 一無存者. 昭宗卽位,
將親謁郊廟, 有司請造樂縣, 詢於舊工, 皆莫知其制度. 修奉樂縣
使宰相張濬悉集太常樂胥詳酌, 竟不得其法. 時太常博士殷盈孫

---

253) "대연회에서는 십부기를 뜰에 설치해 華夷의 음악을 갖추어 놓고 매번
먼저 3일 동안 음악을 연주하였다.凡大讌會, 則設十部之伎於庭, 以備
華夷, 每先奏樂三日."(『樂書』 卷114 「樂圖論」)

254) 접마蹀馬 : 金帶와 綉衣로 장식한 말들이 음악에 맞추어서 춤을 추는
궁정 오락 유희로, 舞馬 또는 蹀馬之戲라고도 한다.

255) 〈산악散樂〉 : 곡예·잡기·음악이 결합되어 이루어진 百戲와 雜戲를 말
한다.

深於典故, 乃案周官考工記之文[四六],256) 究其鑅·銑·于·鼓·鉦·舞·甬之法, 沈思三四夕, 用算法乘除, 鑄鐘之輕重高低乃定. 懸下編鐘, 正黃鐘九寸五分, 下至登歌倍應鐘三寸三分半, 凡四十八等. 口項之量, 徑衡之圍, 悉爲圖, 遣金工依法鑄之, 凡二百四十口. 鑄成, 張濬求知聲者處士蕭承訓·梨園樂工陳敬言與太樂令李從周, 令先校定石磬, 合而擊拊之, 八音克諧, 觀者聳聽. 濬旣進呈, 昭宗陳於殿庭以試之. 時以宗廟焚毁之後, 修奉不及, 乃權以少府監廳爲太廟. 其庭甚狹, 議者論縣樂之架不同. 濬奏議曰:

광명廣明 연간(880~881) 초에 역적 황소黃巢가 법기法紀를 범하니, 황제께서 도성을 떠나 난을 피하시고[輿駕播遷] (장안長安과 낙양洛陽) 양도兩都가 함락되었으며, 종묘宗廟가 모두 잿더미가 되고 악공은 흩어져 사라지고 금주金奏257)는 거의 다 없어졌다. 희종僖宗(이현李儇, 862~888)께서 환궁하심에 이르러 종현鐘縣 악기를 널리 구하였지만 하나도 남은 것이 없었다. 소종昭宗(이엽李曄, 867~904)께서 즉위하여 장차 교묘郊廟에 친히 전알展謁하고자 하시니, 유사有司가 악현樂縣을 만들 것을 청하고 옛 악공들에게 물어보았으나 그(악현) 제도에 대해서 아무도 알지 못했다. 악현을 복구하고자 재

---

256) [교감기 46] "乃案周官考工記之文"에서 '工' 자는 각 본에 '功'으로 나와 있는데, 『唐會要』 권33·『冊府元龜』 권569·『周禮』 「考工記」 原文에 근거해서 ('工'으로) 고쳤다.

257) 금주金奏 : 鐘과 鎛을 두드려서 음악을 연주한다는 의미인데, 일반적으로 廟堂의 음악을 가리킨다. "종사는 금주를 관장한다.鐘師掌金奏."(『周禮』 「春官·鐘師」)는 구절에 대한 다음의 鄭玄 注 참고 "금주는 금金을 두드려 음악의 리듬을 연주하는 것이다. 금이란 鐘과 鎛을 말한다.金奏, 擊金以爲奏樂之節. 金謂鐘及鎛."

상 장준張濬에게 태상太常의 악서樂胥258)를 모두 모아서 심의하여 채택하도록 했지만 결국 그 방법을 얻지 못했다. 당시에 태상박사太常博士 은영손殷盈孫이 전고典故에 조예가 깊어 『주관周官』(『주례周禮』)「고공기考工記」의 문장에 근거해, 난鑾·선銑·우于·고鼓·정鉦·무舞·용甬의 방법을 탐구하며 사나흘 동안 심사숙고하여 곱셈과 나눗셈의 계산법을 사용해 박종鎛鐘의 무게와 높이[輕重高低]가 비로소 정해졌다. 악현의 편종編鐘에서 (표준이 되는 율관律管인) 정황종正黃鐘은 (그 길이가) 9촌寸 5분分이며, 아래로 등가登歌 때 (사용하는) 배응종倍應鐘의 3촌 3분 반半에 이르기까지 무릇 48등급이었다. 종의 아가리[口項]의 크기와 경형徑衡의 둘레가 모두 그림으로 그려지자 금공金工을 보내 법식대로 그것을 주조하게 하니, 무릇 240개였다. 주조가 끝나자 장준이 소리에 대해 잘 아는 처사處士 소승훈蕭承訓과 이원梨園 악공 진경언陳敬言을 찾아 태악령太樂令 이종주李從周와 함께 먼저 석경石磬을 교정하게 했는데, 합주하여 쳐보도록 하니 팔음八音이 능히 조화로워 참관한 이들이 귀 기울여 들었다. 장준이 (완성된 악현을) 바치자 소종이 그것을 전정殿庭에 진설해 연주해보도록 했다. 당시에는 종묘가 타버린 뒤 아직 복구하기 전이었기 때문에 임시로 소부감少府監의 관청을 태묘太廟로 사용했다. 그 뜰이 매우 협소하였는데, 논자들이 (태묘에 사용되는) 악현의 가架의 수량이 (이전과) 같지 않음에 대해 논했다. 장준이 다음과 같이 주의奏議했다.

---

258) 악서樂胥: 음악 관련 업무에 종사하는 小吏를 말한다.

臣伏準舊制, 太廟含元殿並設宮縣三十六架, 太淸宮·南
北郊·社稷及諸殿庭, 並二十架. 今修奉樂懸, 太廟合造三十
六架, 臣今參議, 請依古禮用二十架. 伏自兵興已來, 雅樂淪
缺, 將爲修奉, 事實重難. 變通宜務於酌中, 損益當循於寧儉.

신이 삼가 살펴보니, 구제舊制에 따르면 태묘太廟와 함원전
含元殿 모두 궁현宮縣 36가架를 진설하고 태청궁太淸宮·남북
교南北郊·사직社稷 및 전정殿庭에는 모두 20가를 두었습니다.
이제 악현樂懸을 받들어 복구함에 태묘에는 마땅히 36가를 설
치해야 하지만, 신은 지금 건의 드리오니 고례古禮에 따라 20
가를 사용할 것을 청하옵니다. 병란이 일어난 이래로 아악雅樂
이 소멸되었으니, 장차 복구하려면 그 일이 실로 어려울 것입
니다. 변통變通은 마땅히 절충[酌中]에 힘써야 하고 손익損益은
마땅히 검소함[寧儉]259)을 따라야 하옵니다.

臣聞諸舊史, 昔武王定天下, 至周公相成王, 始暇制樂. 魏
初無樂器及伶人, 後稍得登歌食擧之樂[四七].260) 明帝太寧

---

259) 녕검寧儉 : 『論語』「八佾篇」에서 林放이 예의 근본을 묻자 孔子가 "예는
사치함보다는 검소함이 낫다.禮與其奢也寧儉."라고 답한 데서 나온 용
어다.

260) [교감기 47] "後稍得登歌食擧之樂"에서 '食' 자는 각 본에 '會'로 나와
있다. 『宋書』 권19 「樂志」에는 다음과 같이 나와 있다. 東晉 初期에 "〈등
가악〉〈식거악〉을 많이 얻었지만 아직 완비되지 않았는데, 명제 태녕 말에
다시 완부 등에게 명해 그것을 더하여 늘리도록 하였다.頗得登歌食擧之
樂, 猶有末備. 明帝太寧末, 又詔阮孚等增益之." 『晉書』 권23 『樂志』도

末, 詔增益之. 咸和中, 鳩集遺逸, 尚未有金石之音. 至孝武
太元中[四八],261) 四廟金石始備, 郊祀猶不擧樂. 宋文帝元
嘉九年, 初調金石. 二十四年, 南郊始設登歌, 廟舞猶闕. 孝
武孝建中[四九],262) 有司奏郊廟宜設備樂, 始爲詳定. 故後
魏孝文太和初, 司樂上書, 陳樂章有闕, 求集群官議定, 廣修
器數, 正立名品. 詔雖行之, 仍有殘缺. 隋文踐祚, 太常議正
雅樂, 九年之後, 惟奏黃鐘一宮, 郊廟止用一調. 【據禮文, 每一
代之樂, 二調並奏, 六代之樂, 凡十二調[五〇].263)】 其餘聲律, 皆不
復通. 高祖受隋禪, 軍國多務, 未遑改創, 樂府尚用隋氏舊
文. 武德九年, 命太常考正雅樂. 貞觀二年, 考畢上奏. 蓋其
事體大, 故歷代不能速成.

　　신이 옛 역사를 듣자오니, 옛날 무왕武王이 천하를 평정한
뒤 주공周公이 성왕成王을 보좌함에 이르러서야 비로소 음악
을 제정할 겨를이 있었습니다. 위魏나라 초에는 악기와 악인
[伶人]이 없었는데, 후에 〈등가악登歌樂〉과 〈식거악食擧樂〉264)

----

261) [교감기 48] "至孝武太元中"에서 '武' 자는 각 본에 '和'로 나와 있는데,
　　『唐會要』 권33에 근거해서 ('武'로) 고쳤다.

262) [교감기 49] "孝武孝建中"에서 '孝建'은 각 본에 '建元'으로 나와 있다.
　　『合鈔』 권38 「樂志」에는 '孝建'으로 나와 있다. 『校勘記』 권13에서 말하
　　길, "송 효무제의 연호는 본래 효건이다. 건원은 한 무제, 진 강제, 제
　　고제의 연호이다. 반드시 고쳐야 마땅하다.按宋孝武帝之年號本是孝建,
　　若建元, 乃漢武帝 · 晉康帝 · 齊高帝之年號也, 必當改正."라고 했다.
　　이에 근거해서 ('建元'을 '孝建'으로) 고쳤다.

263) [교감기 50] "凡十二調"는 각 본에 "凡二十調"로 나와 있는데, 『唐會要』
　　권33에 근거해서 ('凡十二調'로) 고쳤다.

을 점차 얻게 되었습니다. (동진東晉) 명제明帝(사마소司馬紹) 태녕太寧 연간(323~326) 말에 그것을 늘리도록 명했습니다. (성제成帝 사마연司馬衍) 함화咸和 연간(326~334)에는 산일散佚된 것들을 모으도록 했으나 아직 금석金石의 소리는 없었습니다. 효무제孝武帝(사마요司馬曜) 태원太元 연간(376~396)에 사상금석四廂金石이 비로소 갖추어졌지만 교사郊祀 때에 여전히 연주하지 못했습니다. 송宋 문제文帝(유의륭劉義隆) 원가元嘉 9년(432)에 처음으로 금석악기를 아우르게 되었습니다. 24년(447), 남교南郊에서 처음으로 등가登歌를 시행했으나 묘무廟舞는 여전히 없었습니다. 효무제(유준劉駿) 효건孝建 연간(454~456)에 유사有司가 교묘郊廟에는 마땅히 악무를 완비해야 한다고 상주하자 비로소 자세히 살펴 확정하게 되었습니다. 북위北魏 효문제孝文帝(탁발굉拓跋宏) 태화太和 연간(477~499) 초에 (음악을 담당하는) 사악司樂이 상서하길, 진설된 악장에 빠진 바가 있으니 여러 관리들을 모아 논의하여 확정하되 악기의 수를 두루 수정하고 명칭과 등급을 바로 세우자고 청하였습니다. 조詔를 내려 비록 이를 시행하게 되었지만 여전히 빠진 바가 있었습니다. 수隋 문제文帝(양견楊堅, 541~604)가 제위에 오르자 태상太常이 아악雅樂을 논의하여 정하였고, 9년 뒤(개황開皇 9년, 589)에는 오직 황종黃鐘 하나만 궁음宮音으로 삼을 것[黃鐘一宮]을 주청하여 교묘郊廟에서는 1조調만을 사용했습

264) 〈식거악食擧樂〉: 典禮를 거행할 때 고기를 먹는 의례를 '食擧'라고 하며, 제왕의 식사와 연회에서 연주되는 음악을 〈食擧樂〉이라고 한다.

니다.265) 【예문禮文에 따르면 각 1대代의 음악은 2조調를 아울러 연주하니, 6대의 음악은 무릇 12조이다.266)】 그 나머지 성률聲律은 모두 다시는 통하지 않게 되었사옵니다. 고조高祖(이연李淵, 566~635)께서 수나라로부터 제위를 넘겨받으신 뒤 군무軍務와 국정에 힘쓰느라 (악례樂禮를) 새롭게 세울 겨를이 없으셨기에 악부樂府에서는 여전히 수나라의 옛 제도를 사용했습니다. 무덕武德 9년(626)에 태상太常에게 명해 아악을 제대로 살펴보도록 하였습니다. (태종太宗) 정관貞觀 2년(628)에 조사가 끝나자 상주하였습니다. 그 일이 방대하기 때문에 역대로 신속히 이룰 수가 없었던 것이옵니다.

伏以俯逼郊天, 式修雅樂, 必將集事, 須務相時. 今者帑藏未充, 貢奉多闕, 凡闕貨力, 不易方圓, 制度之間, 亦宜撙節. 臣伏惟儀禮宮懸之制, 陳鑄鐘二十架, 當十二辰之位. 甲·丙·庚·壬, 各設編鐘一架; 乙·丁·辛·癸, 各設編磬一架,

---

265) 『隋書』「音樂志」에 관련 내용이 나온다. 牛弘이 五聲과 六律에 근거해 서로 돌아가며 宮音으로 삼을 것[旋相爲宮]을 주청했는데, 文帝가 批答을 내리길 牛弘의 건의를 허락하지 않고 黃鐘 하나만 宮音으로 삼게[黃鐘一宮] 했다. 隋代의 雅樂은 오직 黃鐘 하나만 宮音으로 삼아 연주했고, 郊廟에는 1調만 사용하고 迎氣에는 5調를 사용했다. "牛弘遂因鄭譯之舊, 又請依古五聲六律, 旋相爲宮. … 注弘奏下, 不許作旋宮之樂, 但作黃鍾一宮而已. … 故隋代雅樂, 唯奏黃鍾一宮, 郊廟饗用一調, 迎氣用五調."

266) "육악을 12조에 배합하니, 1대의 음악은 2조를 사용한다.以六樂配十二調, 一代之樂, 則用二調矣."(『隋書』「音樂志」)

合爲二十架. 樹建鼓於四隅, 當乾·坤·艮·巽之位, 以象二十四氣. 宗廟·殿庭·郊丘·社稷, 皆用此制, 無聞異同. 周·漢·魏·晉·宋·齊六朝, 並祇用二十架, 隋氏平陳. 檢梁故事, 乃設三十六架. 國初因之不改. 高宗皇帝初成蓬萊宮, 充庭七十二架. 尋乃省之. 則簨虡架數太多, 本近於侈. 止於二十架, 正協禮經. 兼今太廟之中, 地位甚狹, 百官在列, 萬舞充庭, 雖三十六架具存, 亦施爲不得. 廟庭難容, 未易開廣, 樂架不可重沓鋪陳. 今請依周·漢·魏·晉·宋·齊六代故事, 用二十架.

삼가 생각건대 하늘에 제사를 올려야 할 때가 임박하였으니 아악雅樂을 갖추고자 함에 반드시 일을 성사시키려면 때를 잘 살펴야 하옵니다. 지금은 국고[帑藏]가 아직 채워져 있지 않고 공물도 많이 부족하니, 재화와 인력이 모두 부족하여 준칙[方圓]대로 행하기가 어렵고, 제도에는 또한 모름지기 절제가 있어야 하옵니다. 신이 삼가 생각건대, 『의례儀禮』의 궁현宮懸 제도에서 박종鎛鍾 12가架[267]를 진설한 것은 12시진時辰의 자리에 해당합니다. 갑甲·병丙·경庚·임壬의 자리에 각각 편종編鍾 1가를 진설하고 을乙·정丁·신辛·계癸의 자리에 각각 편

---

267) 12가架 : 원문은 "二十架"로 되어 있지만 맥락상 "十二架"가 맞으므로 '12架'로 고쳐서 번역했다. "『의례』에 근거해 궁현 사면에는 박종 12虡를 각각의 辰位에 따라 진설했다. 또 甲·丙·庚·壬의 자리에 각각 鍾 1虡를 진설하고, 乙·丁·辛·癸 자리에 磬 1虡를 진설했다. 모두 20虡이다. 又准『儀禮』, 宮懸四面設鎛鍾十二虡, 各依辰位. 又甲·丙·庚·壬位, 各設鍾一虡, 乙·丁·辛·癸位, 各陳磬一虡. 共爲二十虡."(『隋書』「音樂志」)

경編磬 1가를 진설하였으니, (박종·편종·편경을) 합하여 20가이옵니다. 사방 모퉁이에 건고建鼓를 세운 것은 건乾·곤坤·간艮·손巽의 자리에 해당하여 24절기를 상징합니다. 종묘宗廟·전정殿庭·교구郊丘·사직社稷에도 모두 이 제도를 사용하였고 이와 다른 경우는 듣지 못하였사옵니다. 주周·한漢·위魏·진晉·송宋·제齊의 여섯 왕조는 모두 20가만을 사용했는데, 수隋가 진陳을 평정한 뒤에는 양梁의 고사故事에 따라서 36가를 진설했습니다. 우리 왕조의 초에는 이것(36가)을 계승하여 고치지 않았사옵니다. 고종高宗 황제께서 처음 봉래궁蓬萊宮을 세우시고 72가架로 뜰을 채우셨습니다. 얼마 뒤 (무후武后께서) 그것(악현樂縣의 가의 수)을 줄이셨습니다. 악현[簨虡]의 가의 수가 너무 많은 것은 본래 사치에 가깝사옵니다. 20가만 사용하는 것이 예경禮經에 부합합니다. 게다가 지금 태묘太廟로 사용되는 곳의 공간이 매우 협소하니, 백관百官이 늘어서고 모든 무악[萬舞]이 뜰에 가득 펼쳐지게 될 경우, 비록 36가를 모두 구비하고 있다 하더라도 진설할 수는 없사옵니다. 묘정廟庭이 (좁아서 36가를) 수용하기 어렵고 공간을 넓히기도 어려우니, 악현의 가架는 과하게 진설할 수 없습니다. 지금 청컨대, 주·한·위·진·송·제의 6대의 고사故事에 따라서 20가를 사용하시옵소서.

從之. 古制, 雅樂宮縣之下, 編鐘四架, 十六口. 近代用二十四口, 正聲十二, 倍聲十二, 各有律呂, 凡二十四聲. 登歌一架, 亦二十四鐘. 雅樂淪滅, 至是復全.

　(소종昭宗이) 이것(장준張濬의 건의)을 따랐다. 옛 제도에서는 아악雅樂 궁현宮縣에 진설된 편종編鐘은 4가架 16구口였다. 근대近代에는 24구를 사용하는데, 정성正聲 12구, 배성倍聲 12구이며, 각각 율려律呂가 있어 모두 24성聲이다. 등가登歌 때의 1가架에도 24구의 종鐘이다. 아악이 소멸되었다가 이에 이르러 다시 온전해졌다.

참고문헌

『周易正義』『尙書正義』『毛詩正義』『周禮注疏』『儀禮注疏』『禮記正義』
『春秋左傳正義』『春秋公羊傳注疏』『春秋穀梁傳注疏』『論語注疏』『爾雅注疏』『孟子注疏』『孝經注疏』(十三經注疏整理委員會 整理, 北京大學出版社, 2000年 12月 第1版)
『史記』『漢書』『後漢書』『三國志』『晉書』『宋書』『南齊書』『梁書』『陳書』『魏書』『北齊書』『周書』『南史』『北史』『隋書』『舊唐書』『新唐書』『舊五代史』『新五代史』『宋史』(中華書局 標點本)

高承 撰,『事物紀原』, 商務印書館, 1937.

郭茂倩 編,『樂府詩集』, 中華書局, 2017.

段安節 撰, 元娟莉 校注,『樂府雜錄』, 上海古籍出版社, 2015.

杜佑 撰,『通典』, 中華書局, 1996.

馬端臨,『文獻通考』, 中華書局 , 1986.

未詳,『信西古樂圖』, 音樂出版社, 1959.

常璩 撰,『華陽國志』, 齊魯書社, 2010.

楊慎 著, 岳淑珍 導讀,『詞品』, 上海古籍出版社, 2009.

王先慎 撰, 鍾哲 點校,『韓非子集解』, 中華書局, 2016.

袁枚,『隨園隨筆』, 江蘇廣陵古籍刻印社, 1991.

劉餗 撰, 程毅中 點校,『隋唐嘉話』, 中華書局, 1979.

劉歆 撰, 葛洪 輯,『西京雜記』, 中國書店, 2019.

張傳官 撰,『急就篇校理』, 中華書局, 2017.

朱載堉,『樂律全書』, 电子科技大學出版社, 2017.

陳暘 撰, 張國強 點校,『樂書』, 中州古籍出版社, 2019.

祝穆 撰, 祝洙 增訂,『方輿勝覽』, 中華書局, 2003.

郝懿行 撰, 樂保羣 點校,『山海經箋疏』, 中華書局, 2019.

賈嫚,『唐代長安樂舞研究』, 中國社會科學出版社, 2014.

吉聯抗,『隋唐五代音樂史料』, 上海文藝出版社, 1986.

김승룡 편역주,『樂記集釋』, 청계, 2002.

김영문 등,『문선역주』, 소명출판, 2010.

劉藍,『二十五史音樂志』, 雲南大學出版社, 2015.

沈冬,『唐代樂舞新論』, 北京:北京大學出版社, 2004.

岸邊成雄,『唐代音樂の歷史的研究』, 東京大學出版會, 1960.

任半塘,『唐戲弄』, 上海古籍出版社, 2006.

左漢林,『唐代樂府制度與歌詩研究』, 商務印書館, 2010.

中國音樂文物大系 編輯部,『中國音樂文物大系』(陝西天津卷, 河北卷), 大
　　　　象出版社, 1999, 2008.

許嘉璐 主編,『二十四史全譯, 舊唐書』, 同心出版社, 2012.

김미영,「唐代 破陣樂 연구 : 太宗·高宗·玄宗 시기를 중심으로」,『동양예술』
　　　　제16호, 한국동양예술학회, 2011.

劉鈞杰,「古人的綺(褲), 褌及禆」,『尋根』, 2006年 第4期.

范學輝,「從崩壞到重建 : 論宋太祖時期的武德司」,『鄭州大學學報』, 2006
　　　　年 第5期.

孫曉輝,「兩唐書樂志研究」, 揚州大學博士學位論文, 2001.

隋唐樂府文學研究班,「舊唐書音樂志譯注稿(1-6)」,『關西大學中國文學會
　　　　紀要』 35-41, 2014-2020.

岳敏靜,「唐代雜技相關問題研究」,『文物世界』, 2019年 第4期.

黎國韜,「唐宋四部樂考略」,『音樂研究』2003年 第3期.

葉嬌,「唐代文獻所見'袴奴'形制考」,『中國國家博物館館刊』, 2012年 第1期.

王國珍,「說'躡履' '躡屐'」,『阜陽師範學院學報(社會科學版)』, 2015年 第6期.

魏代富,「鐸舞考」,『北京舞蹈學院學報』, 2016年 第1期.

張哲俊,「房中與房中祠樂的性質」,『北京師範大學學報』2017年 第5期.

許繼起,「鼓吹十二案考釋」,『中国音樂學』, 2004年 第4期.

당송 예악지 역주 총서

연구책임 김현철

01 **구당서 예의지** 1 문정희 역주
02 **구당서 예의지** 2 문정희·최진묵 역주
03 **구당서 예의지** 3 김정신·방향숙·김용천 역주
04 **구당서 음악지** 1 최진묵·이유진 역주
05 **구당서 음악지** 2 이유진·하경심 역주
06 **구당서 여복지·신당서 거복지** 방향숙 역주
07 **신당서 예악지** 1 문정희·김현철 역주
08 **신당서 예악지** 2 최진묵·김정신 역주
09 **신당서 예악지** 3 김용천·이유진 역주
10 **신당서 예악지** 4·**의위지** 이유진·하경심·방향숙 역주
11 **구오대사 예지·악지** 문정희·이유진·하경심 역주
12 **송사 예지** 1 문정희 역주 근간
13 **송사 예지** 2 최진묵·김용천 역주 근간
14 **송사 예지** 3 김용천·김정신·최진묵 역주 근간
15 **송사 예지** 4 최진묵·문정희 역주 근간
16 **송사 예지** 5 문정희·김정신 역주 근간
17 **송사 예지** 6 방향숙 역주 근간
18 **송사 예지** 7 이유진 역주 근간
19 **송사 예지** 8 이유진·방향숙 역주 근간
20 **송사 예지** 9 김용천 역주 근간
21 **송사 악지** 1 이유진·하경심 역주 근간
22 **송사 악지** 2 문정희·이유진 역주 근간
23 **송사 악지** 3 하경심·최진묵 역주 근간
24 **송사 악지** 4 최진묵·김현철 역주 근간
25 **송사 악지** 5 이유진 역주 근간
26 **송사 악지** 6 문정희·방향숙 역주 근간
27 **송사 악지** 7 방향숙·문정희 역주 근간
28 **송사 의위지** 1 방향숙·이유진 역주 근간
29 **송사 의위지** 2 이유진·최진묵 역주 근간
30 **송사 여복지** 1 방향숙 역주 근간
31 **송사 여복지** 2 방향숙·문정희 역주 근간
32 **색인** 당송 예악지 연구회 편 근간

| 연구 책임 |

김현철

연세대학교 중국연구원 원장
중국 언어와 문화 전공자. 한국연구재단 중점사업 '중국 정사 당송 예악지 역주' 사업 연구책임자. 연세대학교 우수업적 교수상, 우수강의 교수상, 공헌교수상 및 우수업적 논문분야 최우수상을 수상
200여 편의 논문과 저역서 편찬, 『중국 언어학사』가 '1998년 제31회 문화관광부 우수학술도서', 『중국어어법 연구방법론』이 '2008년 대한민국학술원 기초학문육성 우수 학술도서', 『대조분석과 중국어교육』이 '2019년 학술부문 세종도서'로 선정

| 역주자 |

최진묵

연세대학교 중국연구원 연구교수
서울대 동양사학과를 졸업하고, 동대학원에서 '한대 수술학數術學 연구'로 박사학위를 받았다. 서울대 인문학연구원에서 HK연구교수로 문명연구를 수행하면서, 『제국, 문명의 거울』(공저) 『동서양의 접점 : 이스탄불과 아나톨리아』(공저) 등을 출간하였다. 주요 논문으로 「오경과 육경 : 악경의 위상과 관련하여」, 「상해박물관장 초죽서 '내례'를 통해 본 고대 인륜의 형성과정」, 「중국 고대 망기술望氣術의 논리와 그 활용」 등이 있다.

이유진

연세대학교 중국연구원 연구교수
연세대 중어중문학과를 졸업하고, 동대학원에서 '중국신화의 역사화歷史化 연구'로 박사학위를 받았다. 복잡한 중국 역사를 대중적인 언어로 소개하는 작업을 꾸준히 해왔다. 저서로 『중국을 빚어낸 여섯 도읍지 이야기』, 『상식과 교양으로 읽는 중국의 역사』, 『한손엔 공자 한손엔 황제 : 중국의 문화 굴기를 읽는다』, 『차이나 인사이트 2018』(공저) 등이 있고, 역서로 『신세계사』, 『고대 도시로 떠나는 여행』, 『미의 역정』, 『동양고전과 푸코의 웃음소리』, 『중국신화사』(공역) 『태평광기』(공역) 등이 있다.

당송 예악지 역주 총서 04

구당서 음악지 *1*

초판 1쇄 인쇄 2023년 8월 1일
초판 1쇄 발행 2023년 8월 16일

연세대학교 중국연구원 당송 예악지 연구회 편
연구책임 | 김현철

역 주 자 | 최진묵·이유진
펴 낸 이 | 하운근
펴 낸 곳 | 學古房

주   소 | 경기도 고양시 덕양구 통일로 140 삼송테크노밸리 A동 B224
전   화 | (02)353-9908   편집부(02)356-9903
팩   스 | (02)6959-8234
홈페이지 | http://hakgobang.co.kr
전자우편 | hakgobang@naver.com, hakgobang@chol.com
등록번호 | 제311-1994-000001호

ISBN 979-11-6586-093-6 94910
        979-11-6586-091-2 (세트)

값 : 21,000원